Über dieses Buch Alles Geschriebene genießt bei den Japanern seit Jahrtausenden große Verehrung. Diese Tradition lebt auch weiter, seit Mitte vergangenen Jahrhunderts die Schwarzen Schiffe des amerikanischen Kommodore Perry das fernöstliche Inselreich für den Westen öffneten. In Anlehnung ans Abendland entdeckten Japans Autoren plötzlich neue Sujets und neue Schreibweisen. Nur: Europäer und Amerikaner nahmen, von Fachleuten abgesehen, von diesen Schriftstellern kaum Kenntnis. Die beiden Japanologinnen Margarete und Diana Donath haben als kleine Handreichung zum Kennenlernen diesen Band ›Japan erzählt‹ zusammengestellt, der sich ausdrücklich auf Texte beschränkt, die in unserem Jahrhundert erstmals erschienen sind. Die Auswahl reicht von einer Parabel des durch sein Werk ›Rashōmon‹ weltbekannten Autors Akutagawa‹ bis zu einer Erzählung von Ōe Kenzaburō, der seit Jahren als aussichtsreicher Kandidat für den Nobelpreis genannt wird. Es geht in diesen Geschichten etwa um Japans Rolle während des Zweiten Weltkriegs und um Fragen, wie es denn mit dem immensen Zivilisationssprung von einer mittelalterlichen Feudalgesellschaft zur führenden Industrienation fertig wird. Der Band bringt einen repräsentativen, wenn auch gedrängten Überblick über Themen und Tendenzen, die von japanischen Schriftstellern im zwanzigsten Jahrhundert behandelt wurden. Alle Beiträge dieses Bandes wurden aus der Originalsprache übersetzt, einige erscheinen erstmals auf Deutsch.

Die Herausgeberinnen Margarete Donath promovierte in München in den Fächern Japanologie, Sinologie und Tibetologie; sie begleitete als wissenschaftliche Leiterin über zwanzig Studienreisen durch China und Japan. Diana Donath studiert Japanologie, Sinologie und Orientalische Kunstgeschichte in Köln und Bonn; mehrere Studienaufenthalte in China und Japan. Beide sind seit Jahren als Übersetzerinnen aus dem Japanischen tätig.

Japan erzählt

17 Erzählungen

Herausgegeben und mit einem
Nachwort versehen von
Margarete Donath
in Zusammenarbeit mit
Diana Donath

Fischer Taschenbuch Verlag

Originalausgabe
Veröffentlicht im Fischer Taschenbuch Verlag GmbH,
Frankfurt am Main, Oktober 1990

Quellenhinweise am Schluß des Bandes
Umschlaggestaltung: Manfred Walch, Frankfurt am Main
Abbildung: Hokusai, ›Coast of Seven Leagues‹
Gesamtherstellung: Clausen & Bosse, Leck
Printed in Germany
ISBN 3-596-10162-X

Inhalt

AKUTAGAWA RYŪNOSUKE

Der Faden der Spinne

1

Eines Tages erging sich Buddha im Paradies an den Ufern des Lotosteiches. Die Lotosblüten auf dem Teich schimmerten weiß wie Perlen, und ihre goldfarbenen Stempel und Staubfäden erfüllten die Luft ringsum mit einem unaussprechlichen Wohlgeruch.

Es war gerade Morgen im Paradies.

Schließlich blieb Buddha dicht am Teichrand stehen und schaute zwischen den Lotosblättern hinab in die Tiefe. Genau unter dem Lotosteich des Paradieses befand sich die Hölle, und so sah man durch das kristallklare Wasser, als blickte man in einen Guckkasten, deutlich den Fluß der Unterwelt und den Nadelberg.

Das Auge Buddhas fiel auf einen Mann namens Kandata, der sich zusammen mit anderen Übeltätern tief unten in der Hölle wand. Dieser Kandata war ein großer Räuber gewesen. Er hatte Menschen umgebracht, Häuser angezündet und noch so allerlei verbrochen. Ein einziges Mal aber hatte er Gutes getan. Und das war so gekommen: Einmal streifte er durch einen dichten Wald. Da sah er eine kleine Spinne am Wegrand kriechen. Schon hob er den Fuß, um die Spinne totzutreten. Plötzlich aber sagte er sich: Nein, nein! Wie winzig sie auch sein mag, es ist doch Leben in ihr. Ihr dieses Leben rücksichtslos zu nehmen wäre allzu unbarmherzig! So hatte er denn die Spinne verschont.

Daran erinnerte sich Buddha, während er seine Blicke durch die Hölle schweifen ließ. Als Lohn für diese eine gute Tat sollte man versuchen, den Mann aus der Hölle zu erretten, dachte Buddha. Ein glücklicher Zufall wollte es, daß er, als er zur Seite blickte, einen hübschen silbrigen Faden entdeckte, den eine Spinne des Paradieses auf den grünschillernden Lotosblättern gesponnen hatte. Behutsam faßte Buddha den Spinnfaden und ließ ihn zwischen den perlweißen Lotosblüten hinuntergleiten, tief hinab, geradewegs zum fernen Grund der Hölle.

2

Kandata trieb zusammen mit anderen Übeltätern in dem Blutteich in der Hölle. Wo auch immer man hinblicken mochte, überall war nichts als Finsternis. Und tauchte gelegentlich etwas aus der Finsternis hervor, dann war es ein Schimmern vom schrecklichen Nadelberg her, weshalb denn weithin unsagbare Verlassenheit herrschte. Außerdem lastete über allem Grabesstille, und was man hin und wieder hörte, war nur das leise Stöhnen eines Übeltäters. Wen es bis hier hinab verschlagen hatte, der war durch die vielfältigen Torturen der Hölle schon so ermattet, daß er nicht einmal mehr die Kraft zum Schreien hatte. Deshalb zappelte selbst der große Räuber Kandata hilflos wie ein sterbender Frosch in dem Teich und erstickte fast an dem Blut, das darin war.

Aber da geschah es, daß Kandata zufällig den Kopf hob und den Himmel über dem Blutteich betrachtete. Schwebte da nicht durch die totenstille Finsternis vom fernen, fernen Himmelsrand her ein silbriger Spinnfaden langsam zu ihm herab! Er schimmerte so schwach, als fürchtete er, entdeckt zu werden. Kandata klatschte vor Freude in die Hände. Wenn er diesen Faden ergriff und daran hinaufkletterte, würde er sicherlich der Hölle entrinnen können. Ach was, vielleicht hatte er Glück und gelangte auf diese Weise sogar ins Paradies. Dann bliebe es ihm erspart, im Blutteich ertränkt und den Nadelberg hinaufgejagt zu werden. Nach solcherlei Überlegungen packte Kandata rasch mit beiden Händen den Spinnfaden und begann, mit aller Kraft daran hinaufzuklet-

tern. Darauf verstand er sich gut, schließlich war er ja einmal ein großer Räuber gewesen.
Aber da nun Hölle und Paradies wer weiß wie viele Zehntausende Meilen voneinander entfernt lagen, war es nicht einfach, hinaufzukommen, mochte einer noch so emsig klettern. Nach einer Weile verließen selbst Kandata die Kräfte, und er brachte nicht mehr eine Hand über die andere. Ihm blieb nichts übrig, als sich für einen Augenblick auszuruhen. So hing er denn an dem Faden und sah hinab in die ferne Tiefe.
Da er geklettert war, was er nur konnte, lag der Blutteich, in dem er vorhin noch selber gesteckt hatte, schon im Dunkeln verborgen. Auch den schwach schimmernden schrecklichen Nadelberg hatte er weit unter sich gelassen. Noch einmal solch ein Stück, und er war vielleicht der Hölle entronnen! Kandata hielt mit beiden Händen den Spinnfaden umklammert, lachte, was er in all den Jahren, seit er hier war, nicht mehr getan hatte, und rief: »Geschafft! Geschafft!«
Doch plötzlich gewahrte er, daß unten am Ende des Fadens unzählige Übeltäter es ihm nachmachten und wie eine lange Reihe von Ameisen eifrig heraufgeklettert kamen. Vor Schreck und Angst starrte Kandata offenen Mundes wie ein Blöder. Nur seine Augen bewegten sich. Wie sollte denn der feine Faden, der schon unter seiner Last zu reißen drohte, das Gewicht so vieler Menschen aushalten! So weit hatte er sich nun hinaufgequält und würde kopfüber wieder in die Hölle hinabstürzen, wenn jetzt der Faden riß. Das war nicht auszudenken!
Aber inzwischen krochen Hunderte, Tausende von Übeltätern aus dem pechschwarzen Grund des Blutteiches heraus und kletterten in langer Reihe emsig den dünnen glitzernden Faden hinauf. Augenblicklich mußte etwas geschehen, sonst würde der Faden zerreißen. Also schrie Kandata mit lauter Stimme: »He, ihr Spitzbuben! Dieser Faden gehört mir. Wer hat euch erlaubt, daran hinaufzuklettern! Runter mit euch! Runter, sag ich!«

Und in diesem Augenblick riß der Faden, der noch bis dahin allem standgehalten hatte, mit einem feinen Knall gerade an der Stelle, wo Kandata hing. Deshalb war es auch um ihn geschehen. Ehe er es sich versah, stürzte er kopfüber hinab in die dunkle Tiefe und drehte sich dabei fortwährend um sich selber wie ein Kreisel.
Danach baumelte von dem mond- und sternenlosen Himmel nur noch der kurze, schwach schimmernde Spinnfadenrest aus dem Paradies herab.

3

Buddha stand am Ufer des paradiesischen Teiches, er hatte alles von Anfang bis zu Ende mit angesehen! Nachdem Kandata wie ein Stein im Blutteich versunken war, setzte Buddha mit traurigem Gesicht seinen Spaziergang fort. In seinen Augen war es betrüblich, daß Kandata so unbarmherzig war, daß er nur an seine eigene Rettung dachte und nun zur Strafe dafür wieder in die Hölle mußte.
Jedoch den Lotos im Teich des Paradieses kümmerte dies nicht im geringsten. Seine perlweißen Blütenkelche schwammen zu Buddhas Füßen auf dem Wasser, und die goldfarbenen Stempel und Staubfäden erfüllten die Luft ringsum mit unbeschreiblichem Wohlgeruch.
Im Paradies ging es nun auf Mittag.

Übersetzt von Jürgen Berndt

TANIZAKI JUNICHIRŌ

Tätowierung

Es war zu jener Zeit, als die Menschen noch die edle Tugend des Leichtsinns besaßen und nicht wie heute einen erbarmungslosen Kampf ums Dasein führten. Damals ging es in der Welt noch so schwerelos zu, daß Berufe wie die der Klatsch und Tratsch verbreitenden Tee-Bonzen, die als Sachverständige für die Teezubereitung angestellt wurden, und der spaßmachenden und speichelleckenden Geisha-Vermittler gedeihen konnten, auf daß die Fürsten und Kavaliere sich ja nicht langweilten und die Hofdamen und Kurtisanen das Lachen nicht verlernten. Vom Theater mit seinen beliebten Rührstücken bis hin zu den Unterhaltungsromanen jener Zeit galt nur der Schöne als sympathisch und stark, und der Häßliche unterlag. Jeder bemühte sich, schön zu sein, bis man schließlich so weit ging, sich tätowieren zu lassen. Kühne Linien und leuchtende Farben tanzten auf der nackten Haut der Menschen jener Zeit.

Wer Vergnügungsstätten besuchte, wählte sich Sänftenträger mit kunstvoller Tätowierung. Die Damen der Vergnügungsviertel Yoshiwara und Tatsumi bevorzugten mit ihrer Gunst schön tätowierte Männer. Hochstapler und Feuerwehrmänner, ehrsame Bürger und sogar Edelleute – alle ließen sich tätowieren. Von Zeit zu Zeit fanden öffentliche Zurschaustellungen von Tätowierungen statt. Dort zeigten die Männer protzend ihre nackten Leiber, und man kritisierte die Tätowierungen nach ihren künstlerischen Entwürfen, lobte die Originalität der einen und tadelte die Mängel der anderen.

Damals lebte ein begabter junger Tätowierer namens Seikichi. Man rühmte ihn überall als einen Könner und verglich ihn mit großen Meistern wie Charibun von Asakusa oder

Yakkohei und Konkonjirō von Matsushima-chō. Viele menschliche Körper wurden vor ihm entblößt und dienten seinem Pinsel und seiner Nadel als Betätigungsfeld. Von seiner Hand stammte ein großer Teil der Tätowierungen, die bei den Ausstellungen prämiiert wurden. Während der Tätowierer Darma Kin als Meister der stumpfen Manier und der Künstler Karakusa Gonta als Meister der zinnoberroten Tätowierung gelobt wurden, war Seikichi berühmt für seine phantasievollen Entwürfe.

Früher hatte Seikichi als Maler gearbeitet, in der Schule der Holzschnittmeister Toyokuni und Kunisada. Obgleich er zum Tätowierer herabgesunken war, hatte er sich doch sein künstlerisches Gewissen und seine Sensibilität bewahrt. Seine Kunst ließ er nur jemandem angedeihen, der durch Schönheit an Gestalt und Haut sein Herz erobert hatte, und die seltenen, so ausgewählten Kunden mußten nicht nur die künstlerische Ausgestaltung und den Preis ganz dem Willen Seikichis überlassen, sondern auch Wochen und Monate hindurch die fast unerträgliche Marter seiner Nadelstiche erdulden.

Im Herzen des jungen Tätowierers verbarg sich eine ungewöhnliche Leidenschaft. Er spürte ein überwältigendes Lustgefühl, wenn die von ihm tätowierten Männer vor Schmerzen laut aufstöhnten. Die meisten konnten diese Schmerzen nicht gut ertragen. Wenn er ihnen mit der Nadel durch die Haut in das schwellende, von Blut tropfende Fleisch stach, schrien sie laut. Die zinnoberrote und die stumpfe Tätowierung, die besonders schmerzhafte Prozeduren waren, machten ihm den meisten Spaß. Die Patienten mußten, wenn sie an einem Tage durchschnittlich fünf- bis sechshundert Nadelstiche bekommen hatten, anschließend heiß baden, um den Farben Glanz zu verleihen. Völlig erschöpft kamen sie dann aus dem Bad, und manche stürzten bewußtlos vor Seikichis Füßen nieder. Dann warf Seikichi einen gleichgültigen Blick auf ihre erbarmungswürdige Gestalt und fragte mit befriedigtem Lächeln:

»Es wird doch nicht weh tun?«
Wenn ein Mann verzweifelt das Gesicht verzog, mit den Zähnen knirschte oder laut aufschrie, als ob seine letzte Stunde gekommen sei, sagte Seikichi:
»Aber mein Herr, Ihr seid doch ein Großstädter! Nehmt Euch zusammen! Meine Nadeln sind nun einmal außergewöhnlich schmerzhaft!«
Und er tätowierte gleichmütig weiter, mit einem Seitenblick auf das tränenüberströmte Gesicht des Patienten. Wenn aber ein tapferer seinen Mut zusammennahm und mit aller Anstrengung versuchte, sich die Schmerzen nicht anmerken zu lassen, lachte Seikichi, die weißen Zähne bleckend:
»Na, einen so starken Willen hätte ich Euch gar nicht zugetraut. Doch es wird Euch nach und nach so zu schmerzen beginnen, daß Ihr es nicht mehr aushalten könnt!«

Seikichi hegte seit Jahren den einen Wunsch, einmal einer Frau von glänzender Schönheit sein höchstes Künstlertum auf die Haut zu tätowieren. Wenn er an das Aussehen und das Wesen dieser Frau dachte, stellte Seikichi hohe Ansprüche. Ein hübsches Gesicht und eine feine Haut allein konnten ihn noch lange nicht befriedigen. Obwohl er sämtliche Damen geprüft hatte, die im Kurtisanenviertel von Tōkyō als Schönheiten berühmt waren, hatte er keine finden können, die seine Sinne reizte. Stets stand ihm das Bild seiner Idealgestalt vor dem inneren Auge, doch in der Wirklichkeit konnte er es nirgends entdecken. So verstrichen drei, vier Jahre der Sehnsucht, und sein Verlangen nahm nur zu.
Im vierten Jahr, an einem Sommerabend, als Seikichi im Vergnügungsviertel Fukagawa am Restaurant Hirasei vorüberging, streifte sein Blick zufällig den nackten, schneeweißen Fuß einer Frau, der unter dem Vorhang einer vor der Tür wartenden Sänfte hervorsah. Seikichis geschärfter Blick las aus dem Fuß den Ausdruck der Schönheit, wie ihn sonst nur das Antlitz spiegelt. Dieser Frauenfuß war für Seikichi ein kostbares Juwel aus Fleisch. Diese Kette aus fünf zarten Ze-

hen, dieses Farbenspiel der Nägel, ähnlich dem der hellrosa Muscheln, wie sie am Strand von Enoshima gesammelt werden! Die Ferse in ihrer sanften Rundung glich einer Perle, und die Haut glänzte in einer Reinheit, als sei sie ständig mit dem klaren Wasser einer Felsenquelle bespült worden. Dieser Fuß, schien es Seikichi, müsse das Blut der Männer in Wallung bringen und ihre Herzen zertreten. Die Frau, der dieser Fuß gehörte, war die Frau aller Frauen, die er jahrelang so sehnsüchtig gesucht hatte. Seikichi bezähmte seine jauchzende Freude und eilte der Sänfte nach, voller Hoffnung, das Gesicht der Dame zu sehen. Doch er war kaum zwei-, dreihundert Meter gelaufen, da war ihm die Sänfte entschwunden.

Das Jahr verging, und aus Seikichis Sehnsucht erwuchs eine leidenschaftliche Liebe. Der Frühling des fünften Jahres war fast vorüber, als Seikichi eines Morgens auf der Bambusveranda seines Hauses in Saga-chó unweit des Vergnügungsviertels Fukagawa stand, mit der Morgentoilette beschäftigt und seine immergrünen Topfpflanzen betrachtend. Da war ihm, als höre er jemand durchs Gartentor kommen, und gleich darauf sah er aus dem Schatten des Zaunes ein Mädchen nähertreten, das er nicht kannte.

Das junge Mädchen war von einer Bekannten Seikichis, einer Sängerin im Vergnügungsviertel Tatsumi, mit einem Auftrag zu ihm gesandt worden.

»Meine Kollegin läßt Euch, verehrter Meister, bitten, auf das Futter dieses Umhangs ein Muster zu malen...«, sagte das Mädchen, entfaltete ein goldgelbes Einschlagtuch und entnahm ihm den Umhang, der nochmals in ein mit einem Schauspielerporträt verziertes Papier eingewickelt war, und einen Brief.

In dem Brief bat die junge Sängerin wiederholt, ihren Umhang zu verschönern, und zum Schluß erwähnte sie, daß das junge Mädchen, das den Brief überbringe, in nächster Zeit ihre Kollegin werden und als Sängerin auftreten würde. Er möchte sich des Mädchens doch so annehmen, wie er es bisher mit ihr selbst getan habe.

»Da ich dich nicht kenne, nehme ich an, daß du erst vor kurzem nach Tōkyō gekommen bist?« fragte Seikichi und begann, die Gestalt des Mädchens aufmerksam zu mustern. Es schien nicht älter als sechzehn oder siebzehn Jahre zu sein, doch waren ihre Gebärden beherrscht und ihr Gesicht seltsam gereift. Ihre Schönheit schien den Träumen all der hübschen Männer und Frauen entsprossen, die seit Jahrhunderten in dieser Großstadt gelebt hatten, dem Sammelbecken aller Reichtümer und Laster des Landes.

»Hast du nicht ungefähr im Juni letzten Jahres einmal das Restaurant Hirasei in einer Sänfte verlassen?« fragte Seikichi, und während er sie bat, auf der Veranda Platz zu nehmen, betrachtete er forschend ihren zarten Fuß, der, mit einer strohgeflochtenen Sandale bekleidet, auf der Stufe ruhte. Das Mädchen lachte über die merkwürdige Frage:

»Ach ja, damals lebte mein Vater noch, und er führte mich öfters ins Restaurant Hirasei.«

Da ergriff Seikichi die Hand des Mädchens, das sich gerade höflich verabschieden wollte, und sagte:

»Fünf Jahre sind es nun schon, daß ich auf dich warte. Heute ist es freilich das erste Mal, daß ich dein Gesicht sehe, aber damals habe ich deinen Fuß gesehen und ihn nie vergessen... Ich möchte dir etwas zeigen. Bitte, komm doch zu mir herein und fühle dich wie zu Hause.«

Er geleitete sie nach oben in ein Zimmer, von dem aus man eine schöne Aussicht auf den vorüberfließenden Strom hatte. Er holte zwei große Bildrollen herbei und entrollte die eine vor dem Mädchen.

Es war eine Darstellung der chinesischen Prinzessin Mo Xi, der Geliebten eines tyrannischen altchinesischen Zhou-Königs. Sie lehnte lässig am Geländer einer Treppe, und ihr langes Brokatkleid floß wellenförmig die Stufen herab. Eine schwere, mit Lapislazuli und Korallen besetzte Goldkrone schmückte ihr Haupt. In der rechten Hand einen großen Kelch haltend, blickte sie kalt auf ihr Opfer – einen Gefangenen, der im Hof vor ihren Augen hingerichtet werden sollte.

Er war an Armen und Beinen an eine bronzene Säule gekettet. In Erwartung seines Schicksals beugte er mit geschlossenen Augen den Kopf vor der Prinzessin. Der grausame Blick der Frau und das todesbleiche Gesicht des Mannes waren mit großer Ausdruckskraft dargestellt – nicht in grober Zeichnung, in der solche Szenen sonst wiedergegeben zu werden pflegen.

Das Mädchen betrachtete eine Zeitlang versunken das furchtbare Bild. Unbewußt leuchteten ihre Augen, und ihre Lippen zitterten. Auf geheimnisvolle Weise wurde ihr Gesicht dem der chinesischen Prinzessin ähnlich. Sie fand in dem Bild ihr verborgenes wahres Ich.

»In diesem Bild spiegelt sich deine Seele«, sagte Seikichi freudig erregt und sah sie lachend an.

Das Mädchen hob die bleiche Stirn und fragte:

»Warum zeigt Ihr mir so etwas Furchtbares?«

»Die Frau auf dem Bild bist du. Ihr Blut pulsiert in deinen Adern.«

Seikichi holte das dazugehörige andere Bild und rollte es auf. Es trug die Überschrift »Opfer«. In der Mitte des Bildes war eine junge Frau dargestellt, die am Stamm eines Kirschbaumes lehnte. Zu ihren Füßen lagen mehrere tote Männerkörper wirr übereinander. Die Augen funkelten wild vor Stolz und Freude. Sie war umflattert von einer Schar Vögel, die ein Lied des Triumphes zu singen schienen. Stellte das Bild ein Schlachtfeld dar oder einen Blumengarten im Frühling?

Beim Betrachten dieses Bildes war dem Mädchen, als entdecke es eine in der Tiefe seines Herzens verborgene Grausamkeit. Seikichi zeigte auf die gemalte Frau, deren Gesicht wiederum dem des Mädchens ähnelte, und sagte:

»Das ist deine Zukunft. Die Männer werden für dich ihr Leben lassen.«

»Oh, ich bitte Euch, nehmt schnell das Bild weg!« sagte sie, und, wie um seinem furchtbaren Zauber zu widerstehen, wandte sie sich vom Bild ab und warf sich auf die Fußmatte. Dann sagte sie mit zuckenden Lippen:

»Ich gestehe, Meister, Ihr habt recht. Ich habe den gleichen Charakter wie die Frauen dort im Bild. Aber bitte, tut die Bilder weg.«
Das unheimliche Lächeln wich nicht von Seikichis Gesicht.
»Sei kein Feigling! Sieh dir lieber das Bild genau an. Du wirst solche Bilder bald nicht mehr fürchten.«
Das Mädchen hob den Kopf nicht mehr. Sie lag am Boden, das Gesicht im Ärmel des Kimonos vergraben, und flehte immer wieder:
»Meister, laßt mich nach Hause. Ich habe Angst bei Euch.«
»Warte nur!« erwiderte Seikichi. »Ich mache dich zu einer Frau von wunderbarer Schönheit!«
Er rückte nah an sie heran. In einer Tasche hatte er ein Betäubungsmittel, das er früher einmal von einem holländischen Arzt gekauft hatte.

Die Sonne spiegelte sich im Strom und leuchtete hell in das acht Matten große Zimmer. Ihre vom Wasser reflektierten Strahlen malten zitternde goldene Wellen auf das Papier der Schiebetür und auf das Gesicht des schlafenden Mädchens. Seikichi hatte das Zimmer abgeschlossen und ließ sich neben dem Mädchen nieder. Jetzt konnte er zum erstenmal in Ruhe seine wundersame Schönheit genießen, und er vermeinte, ewig in den Anblick des vollkommenen, unbewegten Antlitzes versunken dasitzen zu können.
Doch der Drang, seinen langgehegten Wunsch in die Tat umzusetzen, stachelte ihn an. Er legte die Tätowierungsinstrumente bereit und entkleidete das Mädchen. Er klemmte den Pinsel in die linke Hand zwischen Daumen, Ringfinger und kleinen Finger und setzte die Pinselspitze auf den Rücken des Mädchens auf. In der rechten Hand hielt er die Nadel, mit der er längs der vorher gezogenen Pinselstriche einstach. Wie einst das Volk von Memphis das schöne Land Ägypten mit Sphinxen und Pyramiden schmückte, so schmückte Seikichi die reine Haut dieses Mädchens. Er ließ seine ganze Seele in

die Zeichnung fließen, und jeder eingespritzte Tropfen Zinnober war wie ein Tropfen seines eigenen Blutes, der in den Körper des Mädchens strömte.
Er merkte nicht, wie die Zeit verging. Der Mittag kam und ging, und der stille Frühlingstag neigte sich seinem Ende zu. Seikichis Hände waren unermüdlich an der Arbeit, ohne das Mädchen aus dem Schlaf zu wecken. Bald ging der Mond auf und ergoß sein träumerisches Licht über die Dachfirste der Häuser am anderen Flußufer. Die Tätowierung war noch nicht halb fertig. Seikichi unterbrach seine Arbeit nur, um die Lampe höher zu schrauben, setzte sich wieder und griff zur Nadel. Jedesmal, wenn er die Nadel einstach oder herauszog, holte er tief Atem und fühlte sich wie ins eigene Herz gestochen.
Allmählich mehrten sich die Spuren seiner Nadelstiche, und aus ihnen erwuchs der Umriß einer riesigen Spinne. Als die bleiche Morgendämmerung heraufzog, hatte das dämonische Tier seine acht Gliedmaßen ausgestreckt und sich über den ganzen Rücken des Mädchens gebreitet.
In der zu Ende gehenden Frühlingsnacht ertönten die Stimmen der Schiffer, die draußen auf dem Fluß die Boote mit weißen Segeln ruderten. Der Morgen dämmerte herauf, und die Dachziegel der Häuser in den umliegenden Ortschaften wurden sichtbar. Seikichi legte den Pinsel nieder und betrachtete die Spinne, die er auf den Rücken des Mädchens eintätowiert hatte. In dieses Tierbild hatte er seine ganze Lebenskraft gegossen. Nun, da das Werk vollendet war, war sein Herz leer.
Einige Zeit blieb Stille um die beiden Menschen im Zimmer. Dann erklang bebend Seikichis heisere Stimme:
»Ich habe meine ganze Seele in deine Tätowierung gelegt, um dich zur Schönsten aller Frauen zu machen. Von nun an gibt es keine Frau in Japan, die es mit dir aufnehmen könnte. Dein Herz wird nie mehr zagen. Alle Männer werden dir zum Opfer fallen – Opfer für den Stolz deiner Schönheit.«
Als hätte das Mädchen Seikichis Worte verstanden, kam ein

schwacher Seufzer von seinen Lippen. Langsam kam es zu Bewußtsein. Als es tief Atem zu holen begann und seine Schultern dabei hob und senkte, bewegten sich die Glieder der Spinne, als lebe sie.

»Du wirst wohl Qualen leiden. Denn die Spinne umschlingt deinen Körper.«

Das Mädchen schlug halb die Augen auf, die noch ausdruckslos blickten. Doch wie der Mond des Abends an Leuchtkraft zunimmt, glomm in ihren Augen ein Leuchten auf, und sie strahlte Seikichi an:

»Meister, zeig mir die Tätowierung auf meinem Rücken! Wenn ich nun Eure Seele in mich aufgenommen habe, muß ich sehr schön geworden sein!«

Es sprach wie im Traum, doch in seiner Stimme schwang ein Unterton neuen Selbstvertrauens.

»Zuerst nimm ein Bad, um den Farben ihre Vollendung zu geben. Es wird sehr weh tun, aber du mußt es durchstehen«, flüsterte Seikichi dem Mädchen fürsorglich ins Ohr.

»Ich will es ertragen, wenn ich nur schön werde!« sagte sie und zwang sich zu einem Lächeln. Sie folgte Seikichi die Stufen hinunter ins Bad, und als sie in das dampfende Wasser stieg, glitzerten ihre Augen vor Schmerz.

»Oh, wie das brennt!« stöhnte sie. »Meister, ich bitte Euch, laßt mich allein und wartet oben. Ich will nicht, daß ein Mann mich in einem solchen Zustand der Pein sieht.«

Als sie aus dem Bad stieg, noch feucht vom Wasser, stieß sie die zärtlich helfenden Hände Seikichis zurück und sank zu Boden, aufstöhnend in unerträglichem Schmerz. Das aufgelöste Haar fiel wirr über die Wangen. Der Spiegel hinter ihr warf das Bild zweier perlmutterweißer Fußsohlen zurück.

Seikichi folgte ihrem Wunsch und stieg hinauf, um sie oben zu erwarten. Eine halbe Stunde verging, und als sie schließlich kam, hatte sie sich angekleidet. Ihr schwarzes, vom Baden feuchtes Haar umrahmte, bis auf die Schultern fließend, ihr Gesicht. Ihr zarter Mund und die geschwungenen Brauen zeigten keinen Schatten des Schmerzes mehr, und wie sie, ans

Treppengeländer gelehnt, über den Fluß in die duftige Ferne hinausblickte, lag ein kalter Glanz in ihren Augen. Trotz ihrer Jugend hatte sie die Züge einer Frau, die jahrelang in Teehäusern gelebt hat und die Kunst beherrscht, Männerherzen zu bezaubern. Seikichi staunte über das veränderte Auftreten des Mädchens, das so im Gegensatz zu ihrer gestern gezeigten Scheu stand.

»Es ist nun wohl Zeit für dich, heimzugehen«, sprach er sie an. Er legte die beiden Bildrollen vor sie hin:

»Diese Bilder schenke ich dir, wie auch die Tätowierung.«

»Meister«, erwiderte sie, »mein Herz ist jetzt frei von Furcht.«

Der Blick des Mädchens durchdrang ihn wie eine frisch geschärfte Klinge. Es war der Blick der chinesischen Prinzessin und der anderen jungen Frau auf dem Bild mit dem Titel ›Opfer‹. Ihre Stimme hatte den Ton des Triumphes:

»Ihr, Meister, werdet mein erstes Opfer sein – Opfer meiner Schönheit!«

Da bat Seikichi:

»Laß mich deine Tätowierung sehen!«

Das Mädchen nickte stumm und entblößte seinen Körper. Die Strahlen der Morgensonne trafen den Rücken des Mädchens, und ihr goldener Glanz setzte die riesige Spinne in Brand.

Übersetzt von Heinz Brasch
(überarbeitet von Margarete Donath)

SHIGA NAOYA

Das Verbrechen des Han

Es geschah eines Tages, daß der junge chinesische Artist namens Han während einer Vorstellung beim Messerwerfen die Halsader seiner Frau durchschlug. Die junge Frau war auf der Stelle tot. Han wurde sofort verhaftet.
Zugesehen hatten der Direktor der Gruppe, der chinesische Gehilfe des Artisten, der Ansager und über dreihundert Zuschauer. Ganz hinten an erhöhtem Ort saß sogar ein Polizist. Und dennoch war es völlig unklar, ob die Tat vorsätzlich oder durch ein unglückliches Versehen geschehen war.
Die Nummer hatte darin bestanden, daß sich die Frau des Artisten vor ein dickes, etwa türgroßes Brett stellte und ihr Mann aus der üblichen Entfernung von vier Metern eine Reihe großer Messer – unter lauten Ausrufen – so kunstvoll auf sie zuwarf, daß sie in einem Abstand von etwa fünf Zentimetern ihren Körper in einer Bogenlinie absteckten.
Der Richter fragte zunächst den Direktor:
»Ist diese Nummer wirklich sehr schwierig?«
»Nein, für einen guten Artisten durchaus nicht. Es bedarf freilich einer besonderen Sicherheit und einer festen inneren Konzentration.«
»Dann kann es sich also kaum um einen unglücklichen Zufall handeln?«
»Diese Nummer wird nur dann vorgeführt, wenn über die erforderliche Sicherheit des Artisten kein Zweifel besteht.«
»Es war also, Ihrer Meinung nach, eine beabsichtigte Tat?«
»Das ginge zu weit. Der Artist braucht für dieses Kunststück, bei dem aus einer Entfernung von vier Metern scharfe Messer geschleudert werden, nicht nur ein gutes Training, sondern vor allem eine große intuitive Kraft. Er arbeitet nicht

mit der mechanischen Sicherheit einer Maschine. Bevor das Unglück geschah, habe ich aus diesem Grunde ein zufälliges Danebenwerfen für völlig ausgeschlossen gehalten. Doch jetzt bin ich in meiner Überzeugung wankend geworden!«

»Wie erklären Sie sich den Vorfall?«

»Er ist mir völlig unverständlich.«

Der Richter wußte sich zunächst keinen Rat. Vor ihm lag die Tatsache, daß ein Mensch einen anderen getötet hatte, doch nirgends fand sich auch nur der geringste Beweis, ob es ein unglücklicher Zufall oder überlegter Mord war. (War es Mord, dachte der Richter, so konnte es keinen raffinierteren geben!)

Bevor der Richter den Artisten Han zu sich rief, ließ er den chinesischen Gehilfen kommen, der bei dieser Gruppe schon seit vielen Jahren tätig war, und fragte ihn: »Wie benahm sich denn Han gewöhnlich?«

»Er führte ein tadelloses Leben. Er gab sich weder mit Glücksspielen ab, noch ließ er sich mit anderen Frauen ein. Auch trank er nie. Im letzten Jahr ist er zudem Christ geworden; er spricht gut Englisch und liest in seiner Freizeit in einer englisch geschriebenen Sammlung christlicher Predigten.«

»Und seine Frau?«

»Auch sie hat sich tadellos benommen. Umherreisende Artisten haben ja, wie Sie wissen, im allgemeinen nicht immer die besten Manieren. So manchmal vergreift sich da einer an der Frau eines anderen, und gar manche läuft ihrem Mann fort. Die kleine und hübsche Frau des Han aber hat sich, obgleich schon viele sie verführen wollten, zu bewahren gewußt!«

»Und welchen Charakter haben die beiden sonst?«

»Sie waren immer ungemein sanft und freundlich, anderen gegenüber beherrscht, und sie stritten nie in der Öffentlichkeit miteinander. Aber« – hier unterbrach sich der Gehilfe, überlegte eine Weile und fuhr dann fort: »Ich fürchte, es könnte für Han ungünstig sein, wenn ich so offen spreche, aber die beiden waren, so sanft und freundlich, so beherrscht vor anderen sie sich auch gaben, zueinander aus irgendeinem Grunde oft erschreckend grausam.«

»Warum?«

»Das weiß ich nicht.«

»War das von Anfang an so? Seit Sie die beiden kennen?«

»Nein. Vor zwei Jahren hat die Frau ein Kind geboren. Das Kleine, das eine Frühgeburt gewesen sein soll, starb schon nach drei Tagen. Und seitdem verschlechterte sich das Verhältnis der beiden zueinander immer mehr. Der nichtigsten Dinge wegen kam es oft zu heftigem Streit. Han wurde dann sofort kreidebleich. Doch immer war er es, der zuerst wieder schwieg. Und er hat seine Frau nicht ein einziges Mal geschlagen! Vielleicht erlaubte ihm das seine Religion nicht. Sah man ihm aber ins Gesicht, so sah man da eine fast irre Wut, die er sicher nur mit größter Mühe niederringen konnte. Ich fragte ihn eines Tages, warum sie denn, wenn sie sich so wenig mehr verstünden, immer zusammenblieben. Darauf antwortete er mir, er hätte keinen Grund, eine Scheidung zu fordern, höchstens seine Frau. Er faßte sich in unerschütterlicher Geduld. Aber es war ihm trotzdem unmöglich, seine Frau zu lieben, und so hörte sie, die sich von ihm nicht mehr geliebt fühlte, natürlich langsam auf, ihn ihrerseits zu lieben. Auch das sagte er mir. Schließlich scheint ihn das dazu gebracht zu haben, so viel in der Bibel und der englischen Predigtsammlung zu lesen. Er wollte sein Herz auf diese Weise beruhigen und seinen barbarischen und grundlosen Haß gegen seine unschuldige Frau in sich tilgen. Auch die Frau war ja zu bedauern. Seit ihrer Heirat mit Han war sie fast drei Jahre lang als ein Mitglied der fahrenden Artistengruppe durch das ganze Land gezogen. Sie besaß zwar in ihrer Heimat noch einen älteren Bruder, aber der hatte durch seinen liederlichen Lebenswandel das ganze Familienvermögen durchgebracht. Wäre sie, nach einer Trennung von Han, in ihre Heimat zurückgekehrt, hätte sich wohl kaum ein anderer Mann gefunden, der der Hilflosen eine neue Ehe geboten hätte. So blieb ihr, trotz des Zerwürfnisses, nichts weiter übrig, als weiter mit Han zu leben.«

»Was halten Sie denn so ganz allgemein von dem Vorfall?«

»Wollen Sie mich damit fragen, ob es ein unglücklicher Zufall oder Absicht war?«

»Ja.«

»Ich habe darüber viel nachgedacht. Aber je mehr ich das tue, desto weniger begreife ich es!«

»Warum?«

»Ich weiß nicht. Aber es ist so! Ich glaube, es geht jedem von uns so. Auch den Ansager habe ich gefragt, und auch der meinte, er könne es nicht verstehen.«

»Aber welchen Eindruck hatten Sie im Augenblick des Vorfalles?«

»Ich habe gedacht: Oh, nun hat er sie umgebracht... Ja, das schoß mir durch den Kopf.«

»So?«

»Aber der Ansager hielt es, wie er mir erzählte, im gleichen Moment nur für ein furchtbares Versehen!«

»So? Vielleicht kam dies bei ihm daher, daß er über die unglückliche Ehe ja kaum etwas wußte!«

»Das mag sein. Aber vielleicht dachte ich – so überlegte ich es mir nachher – nur deswegen gleich an Mord, weil ich so gut Bescheid darüber wußte!«

»Wie benahm sich Han in diesem Augenblick?«

»Er schrie leise auf. Als ich das Ganze begriffen hatte und genauer hinstarrte, da strömte schon das Blut aus ihrem Hals. Sie stand noch eine Weile da, dann knickten ihre Knie zusammen, und sie fiel in die Richtung, aus der Han das Messer geworfen hatte, doch sie riß dabei noch schnell das Messer aus dem Hals heraus. Wir alle standen wie gelähmt und starrten auf diese grauenhafte Szene vor unseren Augen. Mehr kann ich aber nicht darüber sagen. Ich bin nämlich gar nicht auf die Idee gekommen, mir über Hans Benehmen weiter Gedanken zu machen, ich hatte den Eindruck, daß auch er vor Schrecken so gelähmt war wie wir alle. Und da durchschoß es mich plötzlich: Oh, nun hat er sie umgebracht! Er stand noch immer kreidebleich und mit geschlossenen Augen da. Als man die Frau aufheben wollte, um sie wegzutragen, war sie schon tot. Han rief mit einem vor Grauen furchtbar entstellten Gesicht: Wie konnte ich nur so ungeschickt sein!, dann kniete er nieder und verrichtete ein langes, stummes Gebet.«

»Sah er nicht sehr bestürzt aus?«

»Doch.«

»Gut. Wenn ich Sie noch etwas zu fragen habe, rufe ich Sie noch einmal herein.«

Der Richter ließ den chinesischen Gehilfen gehen und Han vorführen. Totenbleich trat dieser ein. Er sah intelligent aus. Der Richter erkannte auf den ersten Blick, daß seine Nerven völlig zerrüttet waren. Er wandte sich, als sich Han vor ihm befand, mit folgenden Worten an ihn: »Ich habe den Direktor und den Gehilfen bereits vernommen, und nun will ich Sie selber fragen.«

Han nickte mit dem Kopf.

»Liebten Sie Ihre Frau denn nie?«

»Vom Tag der Hochzeit bis zur Geburt des Kindes habe ich sie von Herzen geliebt.«

»Und warum entzweiten Sie sich?«

»Weil ich erfuhr, daß das Kind gar nicht von mir war.«

»Kennen Sie den Vater?«

»Ich denke. Es ist der Vetter meiner Frau.«

»Ist er Ihnen genauer bekannt?«

»Er war ein guter Freund. Er hat auch unsere Ehe vorgeschlagen und mir sehr zugeredet, gerade sie zu heiraten.«

»Die Beziehungen zwischen den beiden waren wohl vor Ihrer Heirat?«

»Natürlich. Das Kind kam im achten Monat unserer Ehe zur Welt.«

»Der Gehilfe erzählte mir, es sei eine Frühgeburt gewesen.«

»Diese Erklärung gab ich den Leuten selbst.«

»War das Kind sofort tot?«
»Ja.«
»Und woran starb es?«
»Es erstickte an der Brust seiner Mutter.«
»Hat das Ihre Frau nicht vielleicht absichtlich getan?«
»Sie erklärte es mir als einen grausamen Zufall.«
Der Richter schwieg und sah ihm in die Augen. Han blickte mit erhobenem Kopf zu Boden und wartete auf die nächste Frage.
»Hat Ihnen Ihre Frau nie etwas darüber gebeichtet?«
»Nein. Ich habe es auch gar nicht versucht, sie zu fragen. Ich nahm mir vor, in dem Tod ihres Kindes die Sühne für ihre ganze Schuld zu sehen, und wollte nun möglichst großzügig zu ihr sein.«
»Aber das ist Ihnen schließlich dann doch nicht gelungen?«
»Nein. Sie haben recht. Mir war, als sei durch den Tod des Kindes doch nicht alles gesühnt worden. Solange ich nicht in ihrer Nähe war, konnte ich verhältnismäßig großzügig darüber denken, aber sobald sie vor meinen Augen erschien, immer wenn ich sie körperlich vor mir sah, da – ich weiß nicht weshalb – stieg in mir mit einem Schlag ein so heftiger Ekel gegen sie auf, daß ich ihn einfach nicht überwinden konnte.«
»Sie haben nie daran gedacht, sich scheiden zu lassen?«
»Ich wünschte es mir oft. Aber ich sprach zu ihr nie davon.«
»Aus welchem Grunde?«
»Ich war zu schwach. Sie hatte mir nämlich gesagt, sie könnte nicht mehr weiterleben, wenn ich mich einmal von ihr scheiden ließe.«
»Liebte Ihre Frau Sie denn?«
»Nein, sie liebte mich nicht!«
»Und warum behauptete sie dann, sie könnte ohne Sie nicht mehr leben?«
»Sie verzagte wohl vor der Notwendigkeit, die sich dann

für sie ergab, sich allein durchs Leben zu schlagen. Das Vermögen ihrer Familie war durch den Lebenswandel ihres Bruders vertan, und außerdem wußte sie gut, daß sich um die geschiedene Frau eines umherziehenden Artisten keiner mehr ernsthaft bemühen würde. Und selber arbeiten konnte sie nicht, dafür waren ihre Füße zu klein.«

»Wie waren die körperlichen Beziehungen zwischen Ihnen beiden?«

»Ich glaube, sie unterschieden sich nicht sehr von denen anderer Eheleute.«

»Fühlte Ihre Frau keine Sympathie für Sie?«

»Ich glaube, es muß eine furchtbare Qual für sie gewesen sein, mit mir zusammenzuleben. Ihre Geduld, mit der sie aber diese Qual ertrug, war wohl von einem Ausmaß, wie wir Männer sie uns gar nicht vorstellen können. Auf der anderen Seite sah sie mit kalten Augen zu, wie mein Leben allmählich immer mehr zusammenbrach. Sie beobachtete es mit mitleidlosen, kalten, ja gierigen Augen, wie ich stöhnend darum rang, mir mein ›wirkliches Ich‹ zu retten, mir mein wahres inneres Leben zu bewahren!«

»Und warum konnten Sie sich zu nichts entschließen?«

»Mir verwirrten die verschiedensten Gedanken den Kopf!«

»Was meinen Sie damit?«

»Ich war leidenschaftlich bemüht, ein sündenfreies Leben zu führen, aber ich war trotzdem außerstande, den Konflikt in meinem Herzen zu lösen.«

»Haben Sie denn nie erwogen, Ihre Frau zu töten?«

Han antwortete nicht. Der Richter wiederholte seine Frage. Han schwieg noch eine Weile, dann sagte er: »Ich habe mir früher oft vorgestellt, wie gut es für mich sein müßte, wenn sie tot wäre.«

»Hätten Sie Ihre Frau wohl auch getötet, wenn das Gesetz es Ihnen erlaubt hätte?«

»Mich hielt nicht die Furcht vor dem Gesetz zurück. Ich war nur eben zu schwach. Und außerdem war in mir das Verlangen, ein reines, inneres Leben zu führen, trotz dieser Schwäche viel zu stark!«

»Sie haben auch später nie daran gedacht, Ihre Frau zu töten?«

»Ich habe mich nie dazu entschlossen, doch wohl dran gedacht.«

»Und wie lange lag das vor diesem Ereignis zurück?«

»Es war in der Nacht zuvor. Gegen Morgen.«

»Hatten Sie vorher Streit miteinander?«

»Ja.«

»Aus welchem Anlaß?«

»Er war so geringfügig, daß ich ihn kaum zu erzählen brauche.«

»Nun, sagen Sie mir ihn trotzdem.«

»Es war wegen des Essens. Wenn ich Hunger habe, bin ich leicht jähzornig. Und ich war wütend geworden, weil meine Frau gar so lange mit den Vorbereitungen herumgetrödelt hatte.«

»War der Streit heftiger als sonst?«

»Nein, aber ich blieb noch lange erregt. Zudem wurde mir bewußt, daß ich in der letzten Zeit überhaupt kein wahres, inneres Leben mehr führte, und das quälte mich unerträglich. Auch nachdem ich zu Bett gegangen war, tobte es in mir weiter, und ich konnte nicht einschlafen. Die verschiedensten Gedanken zogen mir da durch den Kopf. Ich wälzte mich verdrossen von einer Seite auf die andere, aber das machte mich nicht ruhiger. Ich erkannte klar, daß ich nie in meinem Leben das bekommen würde, wonach ich mich wirklich sehnte; daß ich mich nie von dem befreien könnte, was so furchtbar auf mir lastete; daß ich dieses Leben des ständigen Zweifels erbittert haßte und an all dem nur das Verhältnis zu meiner Frau schuld war. Ich sah nicht das kleinste Licht auf meinem Weg vor mir, und ich verzehrte mich so sehnsüchtig nach einem solchen Licht! Ich hätte alles darum gegeben! Und der Grund, warum dieses Licht nicht in mir brennen konnte, lag gleichfalls in der unseligen Kettung an meine

Frau! Meine Sehnsucht aber schwelte unterdrückt und mich in alle Poren erregend weiter. Ich redete mir schließlich selber zu und sagte mir, daß mich dieser Kummer nur immer mehr vergiften und ich am Ende nur noch wie ein Toter leben würde. Und da beschloß ich, den jammervollen Zustand ohne Klage weiter zu ertragen. Zum anderen aber durchzuckte mich immer wieder der furchtbare, gemeine Gedanke, wie glücklich ich wäre, wenn meine Frau plötzlich nicht mehr lebte. Aber warum tötete ich sie dann nicht? Oh, die Folgen eines solchen Mordes bedeuteten mir in diesem Augenblick nichts! Sicher hätte man mich ins Zuchthaus geworfen, doch das Leben in einem Zuchthaus kann nicht furchtbarer sein als dieses, das ich nun führte. Sodann überlegte ich, daß jede Zeit die Erfüllung einer besonderen Pflicht gebot und ich den Schwierigkeiten um so kraftvoller widerstehen müsse, je stärker sie mich bedrängten. Und in diesem Kampf bis zum Tode bestehe, glaubte ich, mein eigentliches Leben... Während ich mich mit diesen Gedanken herumschlug, hatte ich ganz vergessen, daß meine Frau neben mir lag. Nun merkte ich auch mit einem Mal, wie müde und zerschlagen ich war. Aber das war keine Müdigkeit, die Schlaf spendet. Ich fühlte mich eher wie gelähmt. Als sich meine Nerven langsam entspannten, schwand auch der Gedanke in mir, sie zu töten. Ich fühlte mich traurig und unendlich einsam. Es bedrückte mich furchtbar, wie jämmerlich schwach meine Seele war und daß sie in dieser einen Nacht ihre ganze Lebenskraft verloren hatte! Endlich war es Morgen. Und ich nahm wahr, daß auch meine Frau schlaflos gelegen hatte.«

»Was war, als Sie dann beide aufstanden?«

»Wir sprachen kein Wort.«

»Warum kam Ihnen nie der Gedanke, Ihre Frau zu verlassen?«

»Sie wollen damit sagen, daß ich auf diese Art mein Ziel hätte erreichen können?«

»Ja.«

»Für mich lag das Problem ganz anders...«
Nach diesen Worten schwieg Han und betrachtete das Gesicht des Richters, der mit einem friedlichen Ausdruck leicht zustimmend nickte. Schließlich fuhr er fort:
»Und doch liegt ein tiefer Graben zwischen all diesen Überlegungen und dem Entschluß, sie zu töten. Ich war an jenem Morgen, ohne sichtbaren Grund, schrecklich nervös. Meine Nerven waren schmerzhaft überreizt und besaßen infolge meiner allgemeinen körperlichen Erschöpfung nicht die geringste Widerstandskraft. Ich brachte es einfach nicht fertig, mich gewaltsam zur Ruhe zu zwingen, und so ging ich aus dem Hause und ging da, wo ich sicher war, niemandem zu begegnen, ein wenig spazieren. Ich dachte erregt nur immer daran, daß ich jetzt um jeden Preis handeln müßte! Aber sie zu töten, wie ich es noch in der vorausgegangenen Nacht erwogen hatte, kam mir nicht in den Sinn. Schließlich beruhigte ich mich, und ich hatte für die Abendvorstellung nicht die geringste Sorge. Ich glaube auch, daß ich auf die Messer-Nummer verzichtet hätte, wenn mir auch nur ein wenig unsicher zumute gewesen wäre. Ich habe ja ein großes Repertoire, was wir zusammen aufführen konnten. Am Abend, als ich auf die Bühne trat, dachte ich nicht im Traum an einen Mord oder auch nur an ein mögliches Unglück. Wie gewöhnlich durchschnitt ich mit den Messern, um den Zuschauern zu beweisen, wie scharf sie waren, einige Blätter Papier und jagte die Messer auch in den Bretterboden der Bühne. Kurz darauf erschien meine Frau. Sie war stark geschminkt und gepudert und trug ein buntes chinesisches Gewand – ihr Anblick hatte für mich durchaus nichts Ungewöhnliches, sie erschien mir nicht anders als sonst. Sie begrüßte die Zuschauer mit liebenswürdigem Lächeln und stellte sich, hoch aufgerichtet, vor ein großes Brett. Ich stand, die Wurfmesser in der Hand, in der üblichen Entfernung vor ihr. Zum ersten Male seit der Nacht trafen sich jetzt unsere Augen, und im selben Augenblick begriff ich, wie gefährlich es gewesen war, diese Nummer für die Abendvorstellung auszuwählen und wie sehr ich

nun ganz Herr über mich selbst sein mußte, um dieser Gefahr zu entgehen. Ich mußte um jeden Preis meine Erregung meistern und meine zum Zerreißen gespannten Nerven zur Ruhe zwingen. Allein die ungeheure Mattigkeit, die mir bis ins Herz drang, hinderte mich daran. Als ich das erkannte, glaubte ich, alles Vertrauen in meine Arme verloren zu haben. Ich schloß meine Augen ein paar Sekunden, um so meine Ruhe wiederzuerlangen, aber ich fühlte nur, wie ein leises Beben durch meinen Körper ging.

Der Augenblick war da. Zunächst warf ich ein Messer über ihren Kopf. Es bohrte sich einen Zentimeter höher als sonst in das Brett. Dann schleuderte ich zwei Messer unter ihre Arme, die sie ausgebreitet hielt. Immer, wenn sich ein Messer aus meiner Hand löste, war mir, als haftete es, wie mit einer klebrigen Masse bestrichen, noch daran. Ich erkannte bald, daß ich selbst nicht mehr recht wußte, wohin ich die Messer warf. Bei jedem Wurf rief ich mir zu: Ich schaffe es schon! und dachte mit meiner ganzen Kraft: Ich muß ruhig bleiben! Ganz ruhig! Aber je mehr ich mir so zusprach, desto deutlicher fühlte ich, wie mir alle Kraft aus dem Arm schwand. Ich schleuderte ein Messer links neben ihren Hals, doch als ich darauf eines nach rechts zielte, erschien plötzlich ein seltsamer Ausdruck in ihrem Gesicht, als packte sie eine grauenhafte Angst. Ob sie es wohl vorausgefühlt hatte, daß mein nächstes Messer ihr den Hals durchbohrte? Ich weiß es nicht. Ich spürte nur, wie sich ihre entsetzliche Furcht mit gleicher Intensität nun auch meiner bemächtigte. Ich glaubte, im nächsten Augenblick ohnmächtig umzufallen. Aber dann setzte ich mein ganzes Vertrauen entschlossen auf die Kraft meines Armes, und ohne zu sehen – gleichsam mit im Dunklen geöffneten Augen – schleuderte ich das Messer, das ich in der Hand hielt.«

Der Richter schwieg.

»Dann durchzuckte es mich: Jetzt habe ich sie umgebracht!«

»In welchem Sinne meinen Sie das? Soll dies heißen, daß Sie sie absichtlich getötet haben?«

»Ja. Ich war mit einem Male überzeugt, daß ich es aus freien Stücken getan hatte.«

»Wie man mir sagte, knieten Sie nachher neben ihrer Leiche nieder und beteten.«

»Das war eine List, die mir plötzlich durch den Kopf schoß. Ich wußte, daß ich bei allen als ein glühender Christ bekannt war und diese Geste bei ihnen die Beurteilung meiner Tat entschied.«

»Sie waren also völlig überzeugt, absichtlich gehandelt zu haben?«

»Vollkommen. Doch ich wußte auch sofort, daß es mir leichtfallen würde, alles nur als einen unglücklichen Zufall glaubwürdig darzustellen.«

»Aber wie kam es denn, daß Sie mit einem Male glaubten, absichtlich getötet zu haben?«

»Ich hatte in meiner Seele das innere Gleichgewicht verloren.«

»Und Sie meinen, daß Ihre ›List‹, wie Sie es nennen, das Urteil der Zuschauer beeinflußt hat?«

»Ich habe seitdem nur mit Schaudern an diesen Augenblick zurückgedacht. Ich war furchtbar verwirrt, und ein scharfes Auge hätte sicher erkannt, wie absichtsvoll mein Benehmen war. Bei der bloßen Erinnerung daran läuft mir der kalte Schweiß über den Rücken. Ich war an diesem Abend fest entschlossen, mich freisprechen zu lassen. Nachdem ich mir mit äußerster Ruhe alles sorgfältig überlegt hatte, wußte ich, daß es nicht den geringsten greifbaren Beweis für meine Schuld gab. Da alle das Zerwürfnis unserer Ehe kannten, war es andererseits klar, daß der Verdacht, ich hätte meine Frau ermordet, nicht zu widerlegen war; doch konnte mir, falls ich mich auf die Behauptung versteifte, ein unseliges Mißgeschick treffe die Schuld, niemand das Gegenteil beweisen. So war ich überzeugt, daß ich aus Mangel an Beweisen freigesprochen würde. Ich ging noch einmal im Geist den ganzen Vorfall durch und legte mir sorgsam alle Argumente zurecht.

Doch dann erhob sich plötzlich ein Zweifel in mir. Warum war ich denn mit einem Male so überzeugt, daß ich sie absichtlich getötet hatte? Ich hatte in der vergangenen Nacht erwogen, ob ich sie nicht ermorden sollte – war es nun vielleicht nur die Erinnerung daran, die mich jetzt glauben machte, ich hätte vorsätzlich gehandelt? Mein Kopf brannte. Ich war schließlich außerstande, auch nur einen klaren Gedanken zu fassen. Es ergriff mich mit einem Schlag eine ungeheure Erregung. Bald begann ich am ganzen Körper zu zittern. Und gleichzeitig fühlte ich ein unbeschreibliches Glück, es durchströmte mich eine unsagbare Seligkeit, und ich hatte Lust, laut hinauszujubeln!«
»Sie waren also überzeugt, daß die Tötung Ihrer Frau doch nur ein Zufall war?«
»Nein, so weit ging ich nicht. Ich konnte nur selber nicht mehr begreifen, wie das alles geschehen war. Dann dachte ich, man würde mich sicher freisprechen, wenn ich nur alles offen bekannte. Es kam ja alles darauf an, wieder frei zu werden! Und um dies zu erreichen, glaube ich, wäre es besser, vollkommen aufrichtig zu sein und auszusagen, daß ich nicht wisse, wie es hatte geschehen können, als mich selbst zu täuschen und auf der Version eines unglücklichen Zufalls zu bestehen, eines Zufalls, der von einem unerklärlichen und plötzlichen Versagen meiner Nerven herrührte. Ich hatte ja wirklich weder unachtsam noch absichtlich gehandelt. Nein – es ist mir einfach unmöglich, überhaupt etwas darüber zu sagen.«
Han schwieg. Auch der Richter blieb einige Minuten still. Dann sprach er, als redete er mit sich selbst: »Das scheint im ganzen alles wahr zu sein. Haben Sie nach dem Tod Ihrer Frau Schmerzen empfunden?«
»Nein. Nicht im geringsten. Sogar in den Augenblicken meines leidenschaftlichen Hasses gegen sie hätte ich es nicht für möglich gehalten, daß ich eines Tages mit soviel Freude von ihrem Tod sprechen würde.«
»Es ist gut. Sie können gehen«, sagte der Richter.

Han verließ, gesenkten Kopfes, schweigend den Raum.
Ohne es sich erklären zu können, fühlte der Richter, wie etwas in ihm aufstieg. Er griff schnell zur Feder und schrieb: Nicht schuldig.

Übersetzt von Oscar Benl

INOUE YASUSHI

Ein Brief aus der Wüste

Heute erreichen wir Cheercheng, eine im südlichen Teil der Wüste Takla Makan gelegene Ortschaft.
Morgens sind wir von Niya aus aufgebrochen, und nach einer wilden Fahrt über dreihundertfünfzehn Kilometer trafen wir gegen Abend hier ein. Im Augenblick befinde ich mich in einem Zimmer im Gästehaus des Distrikts und sehe meiner ersten Nacht in Cheercheng entgegen.
Wir waren noch nicht lange da, als es zu folgendem Vorfall kam. Das Wort Vorfall mag übertrieben erscheinen; für mich indessen war es wahrhaftig ein Vorfall. Ich saß mit dem Dolmetscher Wang im Nebengebäude im Speisesaal beim Abendessen. Plötzlich trat der Soldat, einer von der Volksbefreiungsarmee, der den ganzen Tag über unseren Jeep gesteuert hatte, zu mir und sagte: »Morgen früh muß ich nach Chotan zurück. Nur heute durfte ich Sie begleiten. Gern wäre ich lieber mit Ihnen zusammengewesen und hätte Ihnen zur Verfügung gestanden; leider ist das unmöglich.«
»Trotzdem, haben Sie von Herzen Dank!« erwiderte ich. Wir hatten uns lediglich einen kurzen Tag lang gekannt, doch dieser in jeder Hinsicht freundliche Soldat schließlich war es, der dafür gesorgt hatte, daß ich die Reise durch die rauhen Gestade der Wüste Takla Makan ohne Schwierigkeiten und aufs bequemste überstand.
Darauf er: »Falls Sie Briefe nach Japan haben, ich könnte sie mitnehmen. Sie kennen diese Gegend: Nach dem Jeep kommen drei Stationen, an denen die Post auf Kamele umgeladen wird, dann ist sie zehn Tage mit dem Lkw bis Urumchi unterwegs, und von Urumchi aus geht sie mit der Bahn nach Peking.« Und er setzte hinzu: »Einen Monat etwa, schätze ich, braucht sie bis Japan.«

»Zu liebenswürdig, aber im Moment habe ich eigentlich keine Post nach Japan zu schicken«, entschuldigte ich mich. In Wahrheit ist es mir bisher nie eingefallen, auf einer solchen Wüstenfahrt Briefe an meine Bekannten in Japan zu schreiben.

Ich verließ den Speisesaal, spazierte durch den weiten Garten des Gästehauses und kehrte in das mir zugewiesene Zimmer zurück.

Hätte ich Briefe, die ich dem Soldaten mitgeben könnte – was für Briefe denn wären das?

Ich setzte mich auf den Stuhl in der einen Ecke des Zimmers, und für eine Weile war ich damit befaßt, mir das vorzustellen: Schon nur um bis nach Urumchi zu gelangen, müßten die Briefe, wie der freundliche Soldat vorhin erklärt hat, eine ungefähr halbmonatige, beschwerliche Reise durch die Wüste Takla Makan zurücklegen – eine Reise im Jeep, auf Kamelrücken, mit dem Lkw. Außerdem gibt es keine Gewähr dafür, daß es eine sichere Reise ist. Und vor allem: habe ich überhaupt Adressaten, die ich erreichen muß?

Die Sonne ging unter, und als die Dämmerung draußen tiefer wurde, begann ein heftiger Wind zu heulen. Man hat mir gesagt, Cheercheng sei das ganze Jahr hindurch vom Sturm umtobt. Also stimmt es, dachte ich.

Noch weiß ich, kaum angekommen, von dieser Stadt so gut wie nichts; nur daß dies die Stelle ist, an der vor rund zweitausend Jahren ein kleines Reich mit Namen Qiemo existierte. Auf den Landkarten heißt der Ort daher entweder Cheercheng oder aber Qiemo.

Ausgangspunkt meiner diesmaligen Reise war Chotan, die zentrale Stadt an der Südroute der Seidenstraße; von dort aus fuhr ich über Wüstenpisten ostwärts, blieb eine Woche lang in der Ortschaft Niya, und heute nun traf ich hier in Cheercheng ein. Von Chotan bis Niya dreihundertfünfzehn Kilometer; dazwischen Geröllfelder und Sanddünen und keine

Siedlung, die diesen Namen verdient; selbst Niya und Cheercheng bestenfalls kleine Inseln inmitten der Wüste.
Tatsache ist, daß ich mich jetzt auf der kleinen Wüsteninsel Cheercheng in der südlichen Takla Makan befinde und unter dem Geheul des Windes die erste Nacht hier verbringe; und dabei bin ich – das hat jener freundliche Soldat bewirkt – wie besessen von seltsamen, bisher nie gedachten Gedanken.
Angenommen, ich schriebe von hier aus einen Brief – wer in aller Welt sollte der Empfänger sein? Kommt hinzu, daß ich nicht genau weiß, ob der Brief auch wirklich in seine Hände gelangt oder nicht. Nun, wenn dem so ist – ich muß ihn schließlich nicht unbedingt schreiben, oder? Natürlich nicht. Eben deswegen habe ich ja dem Soldaten, der mir freundlicherweise seine Hilfe anbot, entschuldigend erklärt, ich hätte keine Briefe zu schreiben.
Und dennoch, wie ich so auf dem Stuhl in der Ecke meines Zimmers sitze und dem Heulen des um die Wüsteninsel tobenden Windes lausche, spüre ich, daß ich von den bisher nie gedachten Gedanken, auf die ich am Abend durch den Soldaten der Volksbefreiungsarmee verfallen bin, einfach nicht loszukommen vermag.
An wen könnte ich jetzt, wenn überhaupt, einen Brief schreiben?
Und als ich so in aller Unbefangenheit den Gedanken wieder und wieder umkreise, höre ich plötzlich: »Wirklich, du fährst mir schon in seltsame Gegenden! Du kannst doch hier nichts Besonderes zu tun haben; warum also treibst du dich an solchen Orten herum? Irgendwo hat es auch mit den Liebhabereien seine Grenzen. Damals in der Mittelschule warst du sprunghaft, und du bist es noch.«
Höre ich plötzlich aus dem wilden Geheul des Winde draußen ganz deutlich deine Stimme, lieber H. F.
»Da gibt es nichts zu spaßen. Ich bin«, kommt es mir über die Lippen, »nicht umsonst hierhergefahren. Ich will dir einen Brief schreiben; deshalb bin ich hier.« Denn in diesem

Augenblick ist mir auf einmal klar: Nur dir hätte ich einen Brief zu schreiben.
Zwanzig Jahre, seit du gestorben bist, H. F. – wie die Zeit vergeht...

Lieber H. F.
Wenn ich Dir, der Du vor zwanzig Jahren gestorben bist, jetzt und hier einen Brief schreibe, weiß ich natürlich, daß er nie in Deine Hände gelangen wird. Würde ich Dir aber jetzt und hier nicht schreiben, käme, fürchte ich, die Gelegenheit dazu nie wieder, solange ich lebe. Tatsächlich habe ich das Gefühl, ich hätte den ganzen langen Weg bis hierher nach Cheercheng nur gemacht, damit ich Dir diesen Brief schreibe.
Es war, glaube ich mich zu erinnern, in meinem zweiten Mittelschuljahr. Wahrscheinlich zu Beginn des zweiten Semesters, zu einem Zeitpunkt jedenfalls, nicht eben lange, nachdem wir uns angefreundet hatten. Nach dem Unterricht, es war im Schulhof, strecktest Du mir eine aus einem Heft herausgerissene Seite entgegen, auf der geschrieben stand:

Hart
klirren die Kieselsteine.
Es ist Herbst.

»Was soll denn das sein?« werde ich, denke ich, gefragt haben. Daß es in dieser Welt so etwas wie »Gedichte« gibt, davon hatte ich bis dahin keine Ahnung; ich wußte nichts damit anzufangen.
Verglichen mit mir, warst Du sehr viel erwachsener und voller Begeisterung für Lyrik, für freie wie für gebundene. Vor allem aber: Du gehörtest zu den »Pfundskerlen« von Sitzenbleibern, die nach dem zweiten Jahr die Versetzung nicht geschafft hatten und so in unsere Klasse gekommen waren. Die Sitzenbleiber, fanden wir, wären großartige Burschen, erfahrener, lässiger, und statt Hausaufgaben zu machen, gingen sie ihren Vergnügungen nach.

Wie es kam, daß ich mit Dir, einem solchen Sitzenbleiber, Freundschaft schloß, ist mir nicht klar; wahrscheinlich war ich als ein Spätentwickler gerade deshalb von Dir fasziniert.

Jetzt, da ich daran denke, leuchtet jener für mein Leben so entscheidende Augenblick wieder deutlich vor mir auf, jener Augenblick, in dem Du mir damals nach dem Unterricht, es mag an einem Tag im September oder Oktober gewesen sein, das kurze, dreizeilige Gedicht zeigtest.

»Was soll denn das sein?«

»Ein Gedicht.«

»Das also ist ein Gedicht? Komisches Zeug.«

»Du bist mir einer! Weißt nicht mal, was ein Gedicht ist. Aber du wirst doch bei diesen drei Zeilen irgendwas empfinden.«

»Ich empfinde nichts.«

»Meinst du nicht, daß der Herbst gut beschrieben ist?«

»Nein.«

»Sei doch mal ernst und versuch, dir was vorzustellen! Es ist gerade Herbst. Durch den heiteren Herbsthimmel, durch die klare Herbstluft ist das Klirren von Kieselsteinen zu hören...«

»Wieso? Jetzt haben wir Herbst, und nichts dergleichen ist zu hören.«

»Mann, du kannst einen zur Verzweiflung bringen!«

... Und mir ist, als sähe ich Dein ungeduldiges Gesicht leibhaftig vor mir.

Hart
klirren die Kieselsteine.
Es ist Herbst.

Daß ich Deinen Dreizeiler als etwas Besonderes erkannte und dann davon nicht mehr loskam, geschah zu der Zeit, als ich in einer Stadt an der Japansee auf der Oberschule war. Seit-

dem Du mir dieses Gedicht zuerst gezeigt hattest, waren einige Jahre vergangen.
An der Japansee sah ich dreimal den Herbst kommen und gehen, und sooft es Herbst wurde, hörte ich von irgendwoher das Aneinanderschlagen der Steine.
Gedichte, dachte ich, sind demnach wahrhaftig eine schöne Sache, und von da an begann ich, selber auch welche zu schreiben, wobei ich Dein Herbstgedicht nachahmte. Heute, gut fünfzig Jahre später, betreibe ich diese Kunst noch immer, und das verdanke ich allein Deinem Dreizeiler.
Indessen frage ich mich, ob umgekehrt Du, der Du besagtes Herbstgedicht schriebst, nicht vielleicht der Dichter nur dieses einen Gedichts geblieben bist. Nach jenem Augenblick im Schulhof jedenfalls hast Du mir unsere ganze Mittelschulzeit hindurch nie wieder ein Gedicht gezeigt und hast nie wieder von Gedichten gesprochen.
Ich, der ich noch heute Gedichte schreibe, darf es Dir sagen: Zwar warst Du der Verfasser nur eines einzigen Gedichts, aber um so hervorragender, finde ich, warst Du. Hingegen habe ich mein Leben lang Gedichte geschrieben, und mir scheint, es ist keines darunter, das an Dein Herbstgedicht heranreicht.
Nicht daß ich Dir damit schmeicheln wollte. Wer würde schon bis nach Cheercheng an der Südroute der Seidenstraße reisen, um von hier aus einem vor zwanzig Jahren gestorbenen Freund aus der Mittelschulzeit bloße Artigkeiten zuzurufen.
Wenn ich diesen Brief an Dich richte, tue ich es in dem Gefühl, daß ich Dir einmal sagen muß, was ich Dir längst hätte sagen sollen: Hab Dank! Hab, lieber Freund, Dank dafür, daß Du mich gelehrt hast, welch ein wunderbares Ding es ist, das Gedicht. Dafür hab Dank!
Bisher war, sooft es Herbst wurde, immer irgendwo das Klirren von aneinanderschlagenden Steinen zu hören, und ich kam von Deinem Gedicht nicht los; in dieser Ortschaft Cheercheng aber bin ich zum ersten Mal frei davon.

Nur auf dieser inmitten der Wüste gelegenen kleinen Insel namens Cheercheng ist kein Klirren von Steinen zu hören. Gibt es den heiteren Himmel nicht und nicht die klare Luft, daß das Klirren hörbar würde?
Eben habe ich, weil der Sturm gar so heftig tobte, das Fenster ein wenig geöffnet und einen Blick hinausgeworfen. Im weiten Garten des Gästehauses bogen die Bäume sich, von wilden Böen geschüttelt, bis tief hinab. Wie können die Leute, die in dieser Ortschaft leben, bei solchem Sturmgeheul jede Nacht nur schlafen?
Nachts der Sturm, tagsüber die Sandwolken – hier ist unmöglich von irgendwoher das Kirren von aneinanderschlagenden Steinen zu hören. Ja, lieber H. F., so leid es mir für Dich tut, hier zumindest trifft es nicht zu, Dein Gedicht:

Hart
klirren die Kieselsteine.
Es ist Herbst.

Das menschliche Dasein ist ein seltsam Ding. Im Gegensatz zu Dir, der Du ein so hervorragender junger Dichter warst, Dich dann aber nach einem Leben ohne Beziehung zur Literatur hastig davonstahlst aus dieser Welt, ist aus mir, angespornt durch Dein Herbstgedicht, ein Erzähler, ein Lyriker geworden, und unvermerkt habe ich Dich bereits um zwanzig Jahre überlebt.
Nun kam ich in diesen Wüstenort namens Cheercheng, und während ich nach langer Zeit, ja nach wie langer Zeit wieder einmal an Dich dachte, legte ich mich ins Bett, und vom Geheul des Sturms über der Wüsteninsel eingehüllt, fiel ich schließlich in Schlaf.
Im Morgengrauen wurde ich wach. Das Toben des Windes hatte sich ein wenig beruhigt.
Wenn ich hier stürbe...
Plötzlich dieser Gedanke.

Und bin ich gestorben, alles danach ist einfach. In der Wüste unter Kreuzdornbüschen werde ich begraben, ich verwandle mich in eine Mumie. Nichts von Hölle, nichts von Paradies. In einer Welt nur aus Sand. Es kommt keiner von meiner Familie. Auch niemand sonst. Ich werde zur Mumie.
Ich schloß die Augen; die Vorstellung versetzte mich wie in ein Schweben. Ich war bereit, mich dem unbeschreiblichen Gefühl einer Erleichterung mit Leib und Seele zu überlassen.
Dabei fiel mir ein, diese eben gehabte Vorstellung sollte ich während meines Aufenthalts in Cheercheng zu einem Gedicht verarbeiten, das ich Dir zu lesen gäbe. Ein Einfall, der mir ganz plötzlich kam, gewiß, und dennoch hatte ich den Eindruck, als wäre das die Aufgabe, die ich, einmal bis auf diese Wüsteninsel vorgedrungen, zu erfüllen hätte.

Hart
klirren die Kieselsteine.
Es ist Herbst.

Als wir jung waren, hast Du mir dieses herrliche Kurzgedicht gezeigt; jetzt, da seitdem an die sechs Jahrzehnte vergangen sind, bin ich an der Reihe, Dir mein Gedicht zu zeigen. Es ist nicht leicht, gegen die jugendliche Sensibilität in Deinem Herbstgedicht zu bestehen; doch ich hoffe, ich werde hier in Cheercheng etwas zustandebringen, das, als von einem gealterten Dichter geschrieben, gleichwohl an Dein Herz zu rühren vermag.

Lieber H. F.
So habe ich nun diese Nacht – nach wie langer Zeit! – wieder einmal Dir gegenübergesessen, mit Dir die Stunden verbracht. Es hat sich, fühle ich, gelohnt, daß ich nach Cheercheng kam.
Ich denke voller Dankbarkeit an den Soldaten von der Volksbefreiungsarmee, der mir die Gelegenheit dazu verschaffte.

Diesen langen Brief aber, den ich Dir heute nacht in meinem Herzen schrieb, will ich, zusammen mit dem noch zu verfassenden Gedicht, am Rande der Wüste unter einem Tamariskenbaum vergraben.
Der Wind ist schwächer geworden, ich habe das Fenster aufgestoßen. Der weite Garten des Gästehauses ist von einer Sandwolke wie von Nebel eingehüllt. Vorhin trat ein vielleicht sieben- oder achtjähriges Kind aus der Sandwolke hervor. Offenbar gehört es zu jemandem, der hier im Gästehaus beschäftigt ist. Eine Weile darauf tauchte ein Esel auf. Kind und Esel gingen eigenwillig ihrer Wege hierhin und dorthin; beide, so schien es, machten ihren Morgenspaziergang.
Lieber H. F., laß mich hiermit diesen Brief an Dich schließen.

Postskriptum.
Das Gedicht für Dich, lieber H. F., habe ich inzwischen fertiggestellt, ich füge es bei. Sein Titel lautet »Sollte es hier geschehen«.

> Wenn ich stürbe...
> Dachte ich, als ich nach zehn Stunden Fahrt quer durch Sandwüste und Geröllfelder ankam in der Ortschaft gegen Abend, und der Wind hatte sich fürs erste gelegt.
> Wenn ich hier stürbe...
> Dachte ich wieder, als ich zu Bett ging in jener Nacht. Bin ich aber dann gestorben, alles danach ist einfach. In der Wüste unter Kreuzdornbüschen werde ich begraben, ich verwandle mich in eine Mumie. Nichts von Hölle, nichts von Paradies. In einer Welt nur aus Sand. Es kommt keiner von meiner Familie. Auch niemand sonst. Ich werde zur Mumie.
> Wenn ich hier stürbe...
> Mein Schlaf war friedlich in jener Nacht. Ich schlief in einem Gefühl der Erleichterung, wie ich es früher nie empfunden hatte.

Wirklich ist mein Gemütszustand zur Zeit genauso wie im Gedicht beschrieben.
In einer solchen Landschaft mit tagsüber fünfzig und nachts dreißig Grad muß wohl in einem das Gefühl des Vergänglichen aufkommen. Und der Gedanke an den Tod enthält etwas großartig Einfaches.
Von eigentlichen Jahreszeiten, glaube ich, kann man hier nicht sprechen. Wir haben jetzt Oktober, der Herbst müßte also auf seinem Höhepunkt sein; doch nichts erinnert an eine Herbststimmung, wie sie Bo Luotian mit »rotem Ahornlaub und Seidengrasblüten und herbstlichem Rauschen« schildert. Statt dessen liegt über allem, möchte ich sagen, eine Vorahnung von Verfall, ist alles im Übergang zum Verfall begriffen, und es herrscht die unumstößliche Gewißheit, daß, mit dem Hingang der Zeit, auch Mensch und Pflanze notwendigerweise im Tod enden.
Ich schreibe dies in der zweiten Nacht, die ich in Cheercheng verbringe; wieder ist draußen das Geheul des Windes zu hören...

Übersetzt von Siegfried Schaarschmidt

Der Bergasket

Wenn tagsüber unablässig die Zikaden schrillen, klingt dies schon denen, die dem Lotos-Sutra nicht anhängen, wie das »Namu-myōhō-renge-kyō, Namu-myōhō-renge-kyō«. Holzfäller und Dörfler bilden sich gar ein, es müßte ein Büßer sein bei seinen Übungen. Also suchen die Leute aus dem Dorf nach irgendwelchen Pilgern. Aber nirgends eine Spur davon. Was sind das nur für Zikaden? Ihr so vielstimmiges Geschrill strudelt durch das Zederndickicht; es dehnt sich einem bis tief in die Gehörgänge hinein. Vielleicht – was durchaus möglich wäre – ist einer der Bergasketen nach langen Exerzitien schließlich in seinem Fleisch verfault, ist zum kahlen Gerippe, zum Knochenschädel geworden; dessen ungeachtet aber lebt seine Zunge, die sich des segenbringenden Sutra-Textes erinnert, und regt sich und singt ihr »Namu-myōhō-renge-kyō! Namu-myōhō-renge-kyō!« Ja, dergleichen sei, heißt es in einem Buch, im Dorf Kumano im Distrikt Muro der Provinz Kii vorgefallen.

Es fuhr einer im Bus die Straße am Kumano-Fluß hinauf; vom Dorf Toro aus ging er zu Fuß, indem er den nach Nachi führenden Weg nahm. Er war einsdreiundsiebzig groß und wog fünfundneunzig Kilo, zählte also zu dem selbst heute in der Nachkriegszeit noch von der Norm abweichenden Schlag der Großwüchsigen. Auf der Oberschule hatte er Sumō und Jūdō betrieben. Gut gewesen war er beim Sumō-Ringkampf in den Hazu-, Nodowa- und Tsuppari-Methoden und beim Jūdō im rüden Ōsotogari- sowie im unweigerlich niederzwingenden Osaekomi-Griff, in reinen Krafteinsätzen mithin, die als Techniken zu bezeichnen man durchaus Vorbehalte haben kann. Bei einem Riesen, heißt es, reicht der Verstand nun mal nicht für den ganzen Körper; und wirklich war mancher in seiner Umgebung davon überzeugt, diese Redensart träfe genau auf ihn zu. Jedenfalls hatte er etwas an sich, daß auf die Bemerkung, er sei eben ein Mann aus Kumano, ein jeder beifällig zustimmte, ohne zu wissen, was denn Kumano eigentlich bedeute oder um was für eine Gegend es sich dabei handele. Über ihn waren unzählige, zumeist freilich recht alberne Geschichten im Umlauf. Einmal hatte er in der Wohnung eines Bekannten zwei Flaschen Whisky hintereinander wie Cola ausgetrunken, wovon er dann so besoffen war, daß er den Wandschrank in dem Zimmer aufschob und lang und ausgiebig hineinpißte. Oder ein andermal auf dem Heimweg von einer Party, als sie in Gruppen zu dritt, zu viert auf den Bahnsteigen der Station Shinjuku standen, um in die verschiedenen Richtungen davonzufahren, und das Mädchen, auf das er versessen war, hatte ihren Zug bestiegen, hängte er sich plötzlich – was mochte ihm nur eingefallen sein? – an das Fenster des bereits anfahrenden Zuges, mit dem Resultat, daß er diesen zum Stehen brachte.

Wenn es heißt, bei einem Riesen reicht der Verstand nicht für den ganzen Körper, so ist damit keineswegs gesagt, daß der Großwüchsige schwachsinnig sei; vielmehr meint das, es falle ihm schwer, mit seinem riesigen Körper umzugehen, ihn unter Kontrolle zu halten. Er ist, anders ausgedrückt, ein Mensch, der einen Überschuß an physischer Kraft und Vitalität besitzt. Nun, hier hätte man besser nicht von einem Riesen, sondern von einem dicken, einem massigen Mann gesprochen. Die Körpergröße von einsdreiundsiebzig allein macht heutzutage noch keinen zum Riesen. Dazu ist sie doch zu häufig. Jetzt muß einer schon die einsachtzig überschreiten, um von sich selbst wie auch von anderen als Riese eingeschätzt zu werden. Was indessen den Riesen wirklich von dem Normalwüchsigen oder Normalgewichtigen unterscheidet, ist die Tatsache, daß von ihm, einfach wie er so dasitzt, ein Geruch von roher Gewalt ausgeht. Wahrscheinlich waren die Asketenpriester, die durch die Kumano-Berge gezogen, ebensolche Riesen gewesen wie er. Wahrscheinlich hatten sie ihre überschüssige Kraft und Vitalität loswerden wollen und waren deshalb umhergewandert, hatten deshalb Hanfstricke um ihre Fußknöchel gebunden und sich so kopfüber in den Abgrund hängen lassen, dabei das Lotos-Sutra rezitierend.

Nachdem er sich an das Abteilfenster gehängt und damit den Zug zum Stehen gebracht hatte, heiratete er das Mädchen. Sie hatten zusammen zwei Töchter, und indem sie sich mit den Eltern seiner Frau darauf einigten, daß diese die Hälfte des Darlehens auf sich nähmen, gaben sie die zu eng gewordene Mietwohnung auf und zogen in ein Fertighaus am Rande Tōkyōs, das sie nun, die Schwiegereltern eingeschlossen, zu sechst bewohnten.

Zu richtigen Ehekrächen kam es bei ihnen nicht. Dafür tobte er allein. Einmal hieb er im Wohnzimmer auf den Kronleuchter ein, den die ausführende Firma dort aufgehängt hatte, ein Ding, so recht im Stil moderner Eigenheimausstattung, und schlug ihn kurz und klein; dann warf er den Kühlschrank um und demolierte die Sitzgarnitur. Nur weil er betrunken war. Seine Frau, die er dabei verprügelt hatte, hockte wie ein Lumpenbündel zusammengekauert in einer Ecke, unfähig noch zu weinen. Ähnliches hatte sich schon früher gelegentlich zugetragen. Damals in der Mietwohnung war er, wenn er zuviel getrunken hatte, von der kleinsten Kleinigkeit hochgefahren. Woraufhin sie, das liederliche Weib, nachdem sie von ihm Schläge bezogen, zu ihren in der Nähe wohnenden Eltern geflohen war. Jetzt im neuen Fertighaus hatte sie eine solche Fluchtmöglichkeit nicht mehr. Er besaß eine Statur und eine Kraft in den Armen, daß ihn, wenn er erst zu toben anfing, selbst drei starke Männer nicht zu bändigen vermochten. »Ich möchte sterben! Bringt mich doch um!« brüllte er mit gewaltiger Stimme und, unbekümmert um die Umstehenden, machte aber gleichwohl nicht die geringste Miene zu sterben, kippte den Tisch um und zertrümmerte ihn. Seine Frau indessen wartete nur, bis der den in seinem Inneren tobende Sturm, bis die Explosionen aufhörten. Manchmal wieder, auch wenn er getrunken hatte, konnte er außerordentlich zärtlich zu ihr sein, und überflutet von den Gefühlen, als wäre ein Damm gebrochen, schloß er sie, die neben ihm lag, in die Arme; dann wünschte er sich, gemeinsam mit ihr bis ans äußerste Ende zu gehen. Sie schien zum bloßen Spielball seiner Kräfte, seines Körpers, seiner Leidenschaften geworden. Ja, sie war allmählich erschöpft; obwohl noch nicht bis zu dem Punkt, daß sie sein Gesicht nicht mehr hätte sehen, seine Stimme nicht mehr hätte hören mögen, war sie es doch leid und sprach von Scheidung. Daraufhin schaltete sich jenes Ehepaar ein, das einst ihre Heirat vermittelt hatte, und auf dessen Vorschlag begannen sie fürs erste damit, daß sie getrennt lebten; er kam bei seiner Firma um Urlaub nach und kehrte hierher nach Kumano, seine Heimat, zurück.

Wie ein Bergasket streifte er durch die Kumano-Wälder. Die Augen starr auf das Wurzelgeflecht unterm Zederndickicht gerichtet und so den kaum noch andeutungsweise vorhandenen Weg suchend, lief und lief er, und überall nichts als das vielschichtig gemischte Geschrill der Zikaden. Von den dichten Zedernwipfeln droben behindert, fiel das Sonnenlicht nur hier und da in spärlichen Strahlen bis zu ihm herein. Woran er dabei eigentlich dachte? Ach, es gab nichts zu denken. Das einzige war, daß er, um endlich in seinem Inneren leer und frei zu werden, dem Rauschen seines eigenen Atems und dem auf- und abbrandenden Geschrill der Zikaden lauschte. Zwei, drei Stunden lang lief er ununterbrochen so; dann mußte selbst einer wie er die Müdigkeit spüren. Er setzte sich unter einen Baum, an eine feuchte, moosbewachsene Stelle, und da er den Zigaretten wie dem Alkohol abgeschworen hatte, gab er sich wohl ober übel mit dem Wasser aus der Feldflasche zufrieden. Davon begann er zu schwitzen. Er zog das an seinem Gürtel hängende Handtuch hervor, wischte sich den Schweiß. Und er stand wieder auf, atmete kräftig durch, um weiterzugehen, abermals das tiefste Innere seines Herzens entleerend und indem er die Stimmen der Zikaden wahrnahm, deren Lärm ihn rings umschloß. Sie schienen ihm menschlicher als die Stimmen von Menschen.

Das alles wiederholte sich zu unzähligen Malen. Er lief, er rastete, lief weiter und rastete erneut. Doch endlich erreichte die Erschöpfung ihren äußersten Punkt. Ermüdungserscheinungen beim Sport, in seinem Falle aber beim Sumō und Jūdō, hatte er durch seine körperliche Energie und Vitalität stets problemlos zu unterdrücken, zu kontrollieren gewußt; diesmal jedoch war es anders. Die Balance zwischen Leib und Seele war völlig zerbrochen, und die Erschöpfung hatte eine Art, daß sie sich beim kleinsten Fehlgriff nur mehr in seinem Inneren ausbreiten mußte. Taumelnd zwar, ging er trotzdem weiter. Und er sah: Durch das Zederndickicht kam ihm ein verstorbener Blutsverwandter entgegen, kräftigen Schrittes, und während er, als weißgewandeter Bergasket mit Hanfstrick und Muschelhorn, das Sutra rezitierte.

Er wollte ihn ansprechen. Doch die Stimme versagte ihm. Den taumelnden Körper an den dicken Stamm einer Zeder gelehnt, die Augen geblendet vom eigenen Schweiß, innerlich erfüllt von nichts als dem ohrenbetäubenden Zikadengeschrill, blickte er stumm auf das Gesicht des Verwandten, auf dessen Gestalt. Jünger noch als er und mit unablässigem »Namu-myōhō-renge-kyō! Namu-myōhō-renge-kyō!« schritt dieser Mann, ohne irgend zu keuchen, durch das unter den Bäumen wuchernde, niedrige Gras, stieg über die von Quellwassern nassen Steinbrocken und ging davon in Richtung Ise, den Weg, auf dem er selbst zuvor gekommen. Er versuchte zu rufen, den Mann aufzuhalten. Aber statt der Stimme strömte ihm nur das Atmen aus dem Mund mit einem Geräusch, das sich sogleich dem Auf und Ab einer besonders schrillen Zikadenstimme vermischte. Im übrigen bildete er sich ein, es habe ihm dieser Mann im Vorübergehen einen kurzen Blick zugeworfen, was, wie er meinte, irgendwie eine Ermutigung für ihn hatte bedeuten sollen. Lange sah er dem sich entfernenden toten Verwandten nach. Erst als dieser Mann hinter dem offenliegenden Felsen verschwand, gewahrte er, daß die vorhin in seiner Kehle zusammengeklumpten Worte wie der aus der Schnittfläche an einem Pflanzenstengel dringende milchige Saft schließlich doch Stimme zu werden begannen. Bist du wirklich gestorben? Was heißt das, daß ich dir, einem Toten, hier in diesen Bergen begegne? Warum gehst du und gehst, ohne innezuhalten?

Und wieder lief er selber taumelnd weiter. An einer Stelle, auf die durch die Wipfel ein Sonnenstrahl hereinfiel, sah er, wie dicht an dicht und hingeduckt zwei Frauen, die einen Säugling dabei hatten, miteinander flüsterten. Das muß ich, dachte er, vor Erschöpfung halluzinieren; oder aber es ist das böse Gaukelspiel eines Fuchs- oder Dachsgeistes. Und indem er so tat, als hätte er es nicht bemerkt, lief er mit leisen Schritten und sich ein um das andere Mal verbergend von Stamm zu Stamm. Die Frauen hielten das Kind zu zweit im Arm; sie redeten leise, sie schluchzten. Die eine war eine junge Frau mit einer erstaunlich hellen Haut, die andere eine zahnlose Alte, offensichtlich die Mutter von ihr. »Was für ein Schicksal!« hörte er die Stimme der Alten zwischen jedem Schluchzen sagen. Die junge breitete eine blaue Frotteedecke auf das vom durchsickernden Licht nur spärlich gewachsene, niedrige Gras, und während sie mit heißem Wasser aus einer geblümten Thermosflasche Milch anrührte für das Kleine, weinte sie. Nein, während sie weinte, rührte sie die Milch an. Ein seltsamer Anblick. Der Säugling schrie; davon betroffen und indem sie das Kleine, das in eine weiße Decke gewickelt war, wieder in ihrer beider Arme nahmen, brachen die Frauen abermals in Tränen aus. »Was für ein Schicksal!«

Er, in der Absicht, den Grund dafür herauszufinden, daß die Frauen weinten, trat auf sie zu. Auch wollte er erkunden, warum sie sich so tief in den Bergen befänden. Alles glich haarklein dem, wie es im Wohnzimmer einer normalen Familie abzulaufen pflegte. Nach dem Verhalten der Frauen zu urteilen, wäre am natürlichsten die Vermutung gewesen, sie hätten mit dem Kind einen Picknickausflug unternommen.

Dumpf und wie abgesunken klang ihm jetzt das Zikadengeschrill. Er stand seitlich neben den Frauen. Die jüngere hob das Kind auf und gab ihm die Brust, in die sie die milchgefüllte Flasche geschoben hatte; dann wandte sie sich zu ihrer Mutter um und weinte. »Was für ein Schicksal!« wiederholte die Alte, wie um mit diesen Worten sowohl die Tochter als auch sich selber zu trösten, und schluchzend preßte sie die Finger auf die Augen. Das Kind glich von Gesicht weder der jungen Frau noch ihrer Mutter. Eher müsse es jenem ähneln, der sein Vater, der Mann also der jungen Frau, wäre; jedenfalls meinte er das, obwohl er diesen Vater, diesen Ehemann ja nicht kannte. Und plötzlich: es ist mein Kind! schoß es ihm durch den Kopf, wobei er das Gefühl hatte, daß auf einmal seine Hüftgegend nicht mehr recht funktionierte, so sehr schmerzte ihn das Stehen, vielmehr wußte er nicht, ob er überhaupt stand oder saß.
Er lief weiter. Die Zikadenstimmen hallten in seinem völlig leeren Inneren wider. Das alles sind, dachte er, Halluzinationen, sind alles böse Träume. Aber wahrscheinlich war es so, daß er, um diese Halluzinationen, die bösen Träume zu haben, lebte Tag für Tag und hierher in die Kumano-Berge gegangen war. Die von Feuchtigkeit geschwängerte, kalte Luft bergauf, bergab unter den keinen Lichtstrahl einlassenden Zedern und wieder Zedern träfe – hatte er die angenehme Empfindung – unmittelbar auf sein blankes Fleisch an einer Stelle, an der man ihm die behaarte, harte Haut abgerissen. Ja, allein daß so Erschöpfung auf Erschöpfung folgte, bedeutete ihm, anders als das bei Jūdō oder Sumō künstlich ins System gebracht wurde, eine angenehme Empfindung. Er trank Wasser, das aus einer Felsritze quoll. Gleich darauf kam er in einen niedrigen Zedernwald, der einen Gipfel zu bedekken schien. Von hier aus waren bis weithin Rücken an Rücken Berge zu sehen. Am Fuß einer besonders großen Zeder lagen kleine Steine aufgehäuft und stand ein wohl für Blumenschmuck gedachtes Bambusrohr. Er setzte sich davor hin; und während er diesen Platz betrachtete, an dem wer weiß

wann irgendein auf demselben Weg Wandernder vor den aufgehäuften Steinen und vor dazugestellten Blumen heilige Texte rezitiert haben mochte, schlummerte er ein. Noch stand die Sonne am Himmel und leuchteten die Bergketten hell und klar.

Davon, daß ein ungewöhnliches Geräusch an seine Ohren schlug, erwachte er aus dem Schlaf. Drei Männer, die Gesichter so von Tüchern verhüllt, daß nur die Augen freiblieben, waren vor ihm dabei, Stein auf Stein zu setzen. Er vergaß sich zu rühren und sah die drei an. Der erste hatte Strohsandalen um seine Handgelenke gebunden; Handteller besaß er offenbar, aber Finger weder an der Rechten noch an der Linken. Indem er einen Steinbrocken zwischen die mit abgewetzten Strohsandalen umwickelten Handgelenke klemmte, versuchte er, diesen auf zwei bereits aufeinanderliegende zu setzen. Doch das mißlang. Der Steinhaufen fiel in sich zusammen. Er sagte etwas mit einer Stimme, die freilich, da sein Mund von diesem Tuch verdeckt war, fast unverständlich blieb, und wieder fing er von vorne an, klemmte die Steine zwischen beide Handgelenke und setzte Stein auf Stein. Der zweite saß auf einer Holzpritsche, beugte sich vor und häufte seine Steine geschickt aufeinander. Er hatte offenbar beide Beine verloren. An der Unterseite der Holzpritsche waren vier Räder angebracht, seitlich ein Banner aufgepflanzt. Die Schriftzeichen auf dem Banner waren von Wind und Wetter verblichen, dazu das Tuch zerfetzt, so daß es schwer hielt, das Geschriebene zu entziffern. An dem dritten und letzten schien konkret nichts befremdlich zu sein. Er war nach der Art eines Pilgers oder eines Toten gekleidet. Unser großwüchsiger Mann tat, als ob er schliefe, und hoffte, er könnte verstehen, worüber sich diese drei beim Aufsetzen der Steine unterhielten. Flirrend stahl sich ein angenehmes Sonnenlicht von droben durch die Zedernwipfel.

»Ach, der Arme!« ließ sich die Stimme dessen mit den Strohsandalen vernehmen; ein kraftloses Gemurmel, während er die fingerlosen Hände, also die um die beiden Handgelenke

gebundenen Strohsandalen, andächtig aneinanderlegte, um das Sutra zu rezitieren. Danach sagte er wieder: »Ach, der Arme!« Und dabei warf er sich hin und her. Es war wie ein stummes Weinen. Mit Mühe verhinderten die Kleider, die er trug, daß sein Fleisch von innen her zerfiel. »Kann es ein größeres Unglück geben?« meinte der mit dem Banner. »Amida-Buddha hat es gewollt«, bekräftigte der im Pilgergewand; und nach der Art zu urteilen, in der er es sagte, mußte es sich um einen Fall aus dem Dorf handeln. Vielleicht um einen, der im Krieg umgekommen war, vielleicht um die Eltern eines solchen Gefallenen. Ganz klar war das nicht. Man hätte aber auch heraushören können, daß die Rede von einem anderen gewesen wäre, von einem Gefährten, der gemeinsam mit den dreien unter Qualen durch die Berge gewandert war. Drei Tage zuvor war er gestorben. Nein, in Wahrheit hatte er, als sie hier angekommen waren, weder mehr laufen noch kriechen können, und damit er von den über den tiefen Wäldern kreisenden Vögeln wie den Krähen und den Weihen um so leichter entdeckt würde, hatten ihn die drei unter Anrufung Amida-Buddhas der Zukunft auf einen Felsen außerhalb des Dickichts geschleppt. Da lebte er noch. So gehe also hin ins Paradies, nun kannst du es erreichen! hatten die drei ihren Gefährten aufgemuntert, sich hierauf aber von dem Felsen entfernt und versteckt, um stumm zuzuschauen, wie erst eine, dann eine zweite Krähe herniederschwebte.
Er schlummerte ein, er erwachte, und wieder schlummerte er ein. Die drei Männer waren nicht mehr da, neu zurückgeblieben aber drei aus Steinen aufgehäufte Säulen. Befangen in der Halluzination, daß Tag und Nacht und Tag mehrmals miteinander abgewechselt hätten, glaubte er, sein Körperinneres wäre nun völlig leer. Er stand auf, und weiter ging er durch das Zederndickicht. Wozu eigentlich, fragte er sich, laufe ich in diesen Bergen herum, ohne genügend Proviant, ohne mich ordentlich vorbereitet zu haben? Die Stimmen der Zikaden, durchdringender und stärker als sonst, umspülten ihn, so klang es, wie in riesigen Wogen. Am Ende habe ich

mich verlaufen, dachte er. Ehe er in die Berge aufgebrochen, hatte er sich noch einmal bei einem älteren Jūdō-Kameraden aus der Oberschulzeit wegen des nach Nachi führenden Weges erkundigt, war dann aber nie auf das Merkzeichen jener Kreuzung gestoßen, an der sich dieser Weg mit einem anderen, nach Koya führenden schneiden sollte. Das Zeichen sei ein kleiner Shintō-Schrein; wenn man sich dort nach rechts wende, komme man nach Koya, nach links zu gehe es in Richtung Nachi. Tatsächlich war er mehr nur vor sich hingetaumelt; unsicher, wo er sich befand, während es ohne Unterbrechung bei dem gleichen Anblick von nichts als Zedern blieb. Sein Gehen als solches war ihm wie ein im Halbschlaf geträumter Traum. »Namu-myōhō-renge-kyō! Namu-myōhō-renge-kyō!« Irgendwann, als wäre er einer der Bergasketen, die sich ihren Weg durch diese Wälder bahnten und im Herumwandern ihre Exerzitien betreiben, hatte er, wie er bemerkte, damit angefangen, das Lotos-Sutra zu rezitieren.
Und er lief. Jetzt, dachte er, möchte ich dem verstorbenen Blutsverwandten noch einmal begegnen. In Wahrheit handelte es sich bei dem verstorbenen Blutverwandten um einen seiner älteren Brüder. Als er selber zwölf gewesen, hatte dieser sich, im Alter von vierundzwanzig Jahren und ohne Gründe genannt zu haben, erhängt. Obwohl ein Vorfall, der lange zurücklag, hatte sich der Anblick des in den Sarg gebetteten, von Blumen überschütteten Blutsverwandten im weißen Totenkleid für immer so in seine Hirnrinde eingeprägt, als wäre es gestern gewesen. Gern hätte er sich vergewissert, daß dieser Blutsverwandte rüstig hier durch die Berge wanderte, hätte ihn, sofern das möglich, danach gefragt, warum er sich erhängt habe. Seine Mutter war inzwischen recht alt. Eine Mutter, die nur lebte, um die Jahre ihres toten Kindes zu zählen.
Bevor er nach Kumano zurückgekehrt war, hatte er manchmal das Gefühl gehabt, dieser verstorbene Blutsverwandte stünde neben ihm und starrte ihn stumm an; so wenn er in Tōkyō mit dem Firmenwagen Material zu den Kunden

brachte, oder wenn er mit seiner Frau und deren Eltern im Wohnzimmer saß und darüber lachte, wie sich seine beiden Töchter aufführten. Einmal bei einer Feier zum dritten Todestag eines Mannes, dem er viel zu verdanken gehabt, hatte er heftig getrunken und mit zunehmender Trunkenheit bald mit jedem Streit angefangen. Auch dabei meinte er die Anwesenheit des Blutsverwandten gespürt zu haben. Die Gesellschaft endete, und er und seine Frau fuhren mit den anderen los. Weil er es jedoch unbefriedigend fand, daß er sich von jenen, mit denen er sich gestritten hatte, trennen sollte, legte er sich, darüber betrübt, in einer Privatbahnstation vor der Sperre rücklings auf den Boden. Erst nachdem seine Frau ihn beruhigt hatte, erhob er sich, und sie stiegen in eine andere Privatbahn um. In Shinjuku merkte er, daß er Monatskarte und Führerschein verloren hatte. Plötzlich machte er seiner Frau die heftigsten Vorwürfe. »Du bist schuld daran!« Und er zwang sie, die bleich war und entkräftet, mit ihm zu dem Haus zurückzukehren, in dem die Trauerfeier stattgefunden hatte. Dort angekommen ging seine Frau sogleich auf die Toilette. »Warum sind Sie nur so zu ihr?!« hielt ihm die Witwe weinend eine Strafpredigt. »Wenn ein so groß geratener Mann wie Sie sie verprügelt, wird das ihr Tod sein.« Seine Frau kam nicht wieder von der Toilette. Als sie auch nach über einer halben Stunde noch immer in der Toilette verschwunden blieb, schrie er: »Was soll das heißen?« Erst da gab die Witwe zu, daß sie ihr zur Flucht verholfen habe. Er raste vor Wut. Er fuhr nach Hause und zog seine Frau hervor, schlug auf sie ein; er machte Trümmer aus dem Bücherregal und Trümmer aus den Stühlen. Leben – was eigentlich ist das? Er hatte über das vierundzwanzigste Jahr, in dem sein Bruder Selbstmord begangen, hinweggelebt; obendrein hatte er Frau und Kinder. Er hätte so gern gefragt: Was bedeutet zu leben? Was bedeutet zu sterben?

In sein entleertes Körperinnere ergoß sich ein Schwall fahl rauschender Trauer. Der großwüchsige Mann setzte sich, völlig erschöpft, an den Fuß einer Zeder; und wie sonst dem vielfältig ineinander verschränkten Geschrill der Zikaden lauschend, das weithin die tiefen Wälder erfüllte, erhob er unter Tränen seine Stimme. »Erkläre es mir, ich bitte dich! Mach, daß ich dir noch einmal begegne! Ach, hilf mir doch!« erklang sein lautes Weinen. Niemand hätte glauben mögen, daß dieser Mann einst beim Sumō-Ringen in den Hazu-, Nodowa- und Tsuppari-Methoden und beim Jūdō im rüden Ōsotogari- sowie im unweigerlich niederzwingenden Osaekomi-Griff der Überlegene gewesen war, so bitterlich weinte er, während sein Gesicht am Stamm der Zeder rieb: »Ich möchte dich treffen, möchte dich sehen! Ach, hilf mir doch!« Nein, das war mit verzerrtem Gesicht und weitaufgerissenem Mund ein wildes Geheul.

Müde vom Weinen schlummerte er ein, und erwachte er, weinte er von neuem. Endlich fiel er in einen richtigen Schlaf. Lautlos kam die Nacht in die Kumano-Berge, in die er vom Dorf Toro aus nach Nachi zu gezogen war. Alles übermalte sie mit schwarzer Düsternis. Aber dann war da ein Geklingel »Chirin-chirin!« zu hören. »Chirin-chirin!« Und davon wurde er wach. »Chirin-chirin!« ertönte es in regelmäßigen Abständen, wobei er den Eindruck hatte, es käme langsam durch das Dunkel auf ihn zu. Völlig verstummt die Zikaden. Die feuchte Finsternis nur, die nach Erde roch, nach Gras und Zedern. Ein Geklingel wie von einem Glöckchen, so winzig, als schlüge an den Gräsern Blatt an Blatt. Nicht ein Windhauch wehte. Es war kalt. Den Rücken an den Zedernstamm gelehnt, beugte er sich vor und lauschte. Und das Geklingel, langsam, wie fast ersterbend leise – jetzt verstummte es, jetzt klang es wieder. Er wartete. War es eine Yamauba, oder war es eine blinde Gottheit, die hier in den Bergen hauste, oder war es ...? »Chirin-chirin!« näherte sich das Geklingel und erlosch. Abermals schlummerte er ein. Er träumte. Nein, offenbar war das kein Traum, sondern Wirklichkeit. Ein Bergasket, übermäßig groß wie er selber, nicht klug genug, um ein gelehrter Mönch zu werden, und unfähig auch, sich an das Leben im Dorf zu gewöhnen, hatte ein heiliges

Feuer entzündet und sprang über die lodernden Flammen, kletterte dann auf einen Felsen und ließ sich vom Rand der Klippe in den Abgrund hängen. Da band sich der dicke und massige, der große Mann Hanfstricke an seine Fußgelenke, und vom Wipfel einer Zeder baumelnd rezitierte er das segenbringende Lotos-Sutra.

Übersetzt von Siegfried Schaarschmidt

YASUOKA SHŌTARŌ

Regen

Vielleicht war es die Regenzeit, daß wir so wahnsinnig viel Regen hatten. Es war ein Regen, wie es ihn sonst kaum gibt: Tag für Tag fiel er fast ohne Unterbrechung.

»So geht das jetzt schon drei Tage...«, dachte ich, und mir krümmte sich das Herz im Leibe. Der Regenmantel, unter dem ich noch dickes Zeug trug, reichte zwar unten bis auf die Füße und war oben eng geschlossen, aber von den Regentropfen, die den Mantelkragen trafen, kam die Nässe lauwarm am Hals hereingesickert.

Jedenfalls war ein solcher Regen unerträglich. Eine Novelle von irgendwem, die ich früher einmal las, handelte von einem jungen Mann, der sich aus Liebe zu einer Müßiggängerin sein ganzes Leben lang abplagte, und ich entsinne mich deutlich, daß das Haus, in dem der junge Mann aufwuchs, eine Wäscherei war. Wenn ich mich recht erinnere, war der Bursche aus der Wäscherei, der das ganze Jahr von früh bis spät im üblen Geruch des vom Dampf der Bügeleisen halbfeuchten Stoffes baden mußte, da er seit seiner Geburt in diesem Hause lebte, zwangsläufig ein unausgegorener und vergifteter Mensch geworden. Auch bei jenem berüchtigten Verbrecher K., der kurz nach dem Kriege von sich reden machte, weil er seine Frau tötete, nachdem er sie dazu gebracht hatte, sich zu verkaufen, war das Familiengewerbe eine Wäscherei, und wenn man so will, lag es eben an der Atmosphäre, die in Schwaden über der Wäscherei hing, daß er von jenem unerklärlichen, brennenden Gefühl der Brutalität erfüllt wurde, das ihn hinter den bis in die Nacht erleuchteten Fenstern der Wäscherei langsam aber sicher umklammert hatte.

Wer weiß, ob nicht auch mein sonderbares Betragen während dieser drei Tage von dem ständig fallenden Regen beeinflußt war. Jedenfalls fühlte ich mich getrieben, mir rowdyhafte, andere körperlich und seelisch quälende Gewalttaten auszudenken. Und zum Spaß strolchte ich drei Tage ständig mit dem Hackbeil in der Hand durch die Stadt.

Ich hatte vor, einen Einbruch auszuführen. »Nur zum Spaß«, sage ich jetzt, aber ich glaube auch wieder nicht, daß mein Motiv und Entschluß dazu so ganz harmlos waren. Ich hatte ja keine Stellung, keine Familie, hatte auch nicht mehr das Fahrgeld, um aufs Land zurückzugehen, und ich wußte nicht, was ich sonst tun sollte.

Außerdem hätte das Gewerbe des Einbrechens nicht besonders schwierig sein sollen. Nach einem Plan oder Schema in der Art der Kriminalromane würde es, sofern man nur ein ruhiges, gefaßtes Verhalten beibehielte, unter allen Umständen erfolgreich ausgehen müssen. In erster Linie brauchte es Entschlossenheit, dann würde alles weitere sich davon ableiten – wenn man nur Beharrlichkeit besäße –, und das ganze Unternehmen wäre eine höchst simple Sache.

Zuerst hatte ich die Absicht, meinen Gegner mit einem Messer zu bedrohen, das ich gerade zufällig besaß. Ich würde es eben so handhaben, daß ich die gewünschte Wirkung hundertprozentig erreichen mußte.

Jedoch als ich durch das Wohnviertel, das ich für meinen Einbruch ins Auge gefaßt hatte, eine erste Runde machte, herrschte dort eine wenig vertrauenerweckende Atmosphäre. Ich ging unterwegs in ein Kino in einem Neubau, und nachdem ich dort eine Weile überlegt hatte, kam ich zu dem Schluß, daß ich mir als Waffe doch etwas Waffenähnlicheres beschaffen müsse. Daraufhin verließ ich das Kino und begab mich unverzüglich in eine Eisenwarenhandlung. Ich hatte vor, einen bläulich schillernden Dolch im Rohholzfutteral zu erwerben, aber da fielen mir plötzlich die auf einem Regal nebeneinandergereihten Holzhackerbeile ins Auge, und ich entschloß mich für ein solches Beil. Das wenige Geld, das ich hatte, ging für die vierhundert Yen des

Kaufpreises drauf. Das war das Objekt, das ich nun unter dem Regenmantel bei mir trug.
Am nächsten Tag spazierte ich wieder durch das Stadtviertel D., das ich mir ausgesucht hatte. Das Resultat war jedoch das gleiche wie am Vortage. Bei einem Haus nach dem anderen nahm ich Tore und Mauern in Augenschein, ohne etwas Geeignetes zu finden. Ich wurde sehr entmutigt. Während ich meine Inspektion noch einmal wiederholte, gelangte ich wieder bis zu dem Neubau, wo in dem Kino, in das ich nichts denkend hineinging, noch derselbe Film wie gestern gegeben wurde. Vielleicht, weil meine Aufmerksamkeit abgelenkt war, wurde ich plötzlich von der Erfahrung, daß sich auf derselben Breitleinwand dieselben Bilder breitmachten, furchtbar erschreckt. Ich weiß nicht warum, aber in dem Moment, als ich sie sah, fand ich sie fürchterlich. Und ich fand, daß ich selber ein durch und durch schlechter Mensch geworden sei. Ich würde einfach nicht nur den Einbruch nicht durchstehen. Selbst wenn sich in Zukunft einmal irgendeine günstige Chance böte, wenn sich vor meinen Augen ein Weg öffnete, der ganz mühelos zum Erfolg führen könnte, würde ich bestimmt ohne besonderen Grund, aus purer Unentschlossenheit, diese Chance ungenützt lassen...
Auf der Leinwand wurde ein breiter blauer Ozean gezeigt. Mehrmals wollte ich mit dem Vorsatz, noch einmal das D.-Viertel ansehen zu gehen, von meinem Sitz aufstehen. Doch kaum war ich im Begriff, mich zu erheben, als ich mich sogleich, wie durch eine von der Leinwand herunter sich anwälzende Welle überrollt, auf den Sitz zurückgedrückt fühlte. So blieb ich denn bis zum Ende der Vorstellung auf meinem feuchten Sessel mit den ausgeleierten Sprungfedern sitzen und konnte mich zum Schluß überhaupt nicht mehr rühren.
Am dritten Tage – das heißt heute –, als es Abend wurde, verspürte ich wenig Lust, mich aufzuraffen. Weil ich den ganzen Tag mit dem herunterbaumelnden Hackbeil umhergelaufen war, schmerzten mich jetzt, wenn ich aufste-

hen wollte, die Muskeln in der Gegend des linken Oberschenkels, wie von Nadeln gestochen. Jedoch gerade dieser Schmerz wurde für mich zum Ansporn. Während ich in den zwei Tagen bei meinem Umherstreifen nichts gefunden hatte, was mir als Anreiz hätte dienen können, fachte das Gefühl, diesen Schmerz im Bein besiegen zu müssen, endlich doch meinen Mut an.

Wenn man von der Station D. herunterkommt, liegt direkt davor ein halbrunder Teich, und von dem ihn umgebenden halbkreisförmigen Platz führen fünf Avenuen fächerförmig auseinander. Diese fünf Straßen, die die Stäbe des Fächers bilden, sind durch zahlreiche kleine Gassen quer miteinander verbunden. Ich beschloß, eine solche Hauptstraße geradeaus zu durchlaufen und am Ende der Straße in das letzte Haus hineinzugehen. Denn ich war der Meinung, es sei wichtiger, das, wozu ich mich einmal entschlossen hatte, unverzüglich in die Praxis umzusetzen, als erst lange nach einem geeigneten Objekt herumzusuchen.

In einer mit Efeu dicht überwachsenen Steinmauer war ein niedriges Eisentor halb geöffnet. Trat man ein, so stand da eine mächtige Kiefer mit ausladenden Ästen von wahrhaft imponierenden Ausmaßen, und ihr gegenüber war ein Hauseingang in europäischer Ziegelbauweise zu sehen. Im Schatten der Gartengewächse stand ein kleiner grüner Privatwagen, dessen regennasse Rückseite wie die Flügel eines riesigen Mistkäfers glänzte. Ich ging in den Vorgarten hinein, während ich auf den Laut des unter meinen Schritten knirschenden Kieses hörte. Die Entfernung bis zur Haustür erschien mir entsetzlich weit. Als ich bis zu den Treppenplatten des Steingartens am Haus vorgedrungen war, lagen dort zwei Fußmatten nebeneinander, eine aus Drahtgeflecht, die andere aus Palmfaser. Ich gab mir extra Mühe, auf keine von beiden zu treten.

Dann drückte ich auf die Klingel. Zugleich knöpfte ich – unter dauerndem Hin- und Herschwanken des Hackbeils – vorn meinen Regenmantel auf und hielt meine rechte Hand in Bereitschaft, während ich auf das Öffnen der Haustür wartete. Ich konnte hören, wie der Schlüssel im Schloß umgedreht wurde. Sofort schob ich meinen Körper mit der linken Schulter voran in den Türspalt hinein. Im gleichen Augenblick nahm ich unter plötzlichem Schaudern einen Geruch wie von Moder wahr. Vor meinen Augen zeigte sich in gebückter Haltung und mit gesenktem Kopf eine grauhaarige Frau im Küchenkleid. Ich packte das Hackbeil und trat einen halben Schritt nach vorn.

»Ah!«

Die Frau tat einen kleinen Schrei und hob das Gesicht empor, dessen Ausdruck jedoch wider Erwarten voller Ruhe und Sanftmut war. Sie mochte etwa fünfzig Jahre alt sein. Über ihr Gesicht, auf dem der unauffällig aufgetragene Gesichtspuder in seinem rötlich-weißen Schimmer so nahe an die Augen reichte, daß er fast in sie überging, huschte sogar etwas wie ein welkes Lächeln.

Unwillkürlich lockerte ich meine Hand, die unter dem Regenmantel den Griff des Hackbeils umklammert hielt. In dem Moment geschah es, daß die Frau, mit runden, aufgerissenen Augen in der Art der vom Theater bekannten Pose des Erstaunens, mir einen verblüffenden Satz zuwarf.

»Ah, der Herr Elektriker ist es! Wenn Sie bitte nach hinten zum Personaleingang herumgehen würden...«

Sie hatte den Satz nicht zu Ende gesprochen, als sie mit abstoßend hoher Stimme in Gelächter ausbrach. Dieses wahnsinnige, unerträgliche Lachen war für mich eine Niederlage, wie ich sie mir schlimmer nicht hätte vorstellen können.

Eine Weile war ich von ohnmächtiger Wut gepackt. Als ich wieder zu mir kam, stand ich, beide Füße ordentlich nebeneinander, auf den Steinfliesen außen vor der Haustür. Während ich ein paar Schritt auf den hinteren Personaleingang zuging, kam ich mir plötzlich selber verrückt vor. In meinen Ohren hing noch der Nachklang des Gelächters der Frau. Es war ein ganz unbekümmertes Lachen gewesen, und doch hatte in der Stimme auch ein formeller Klang gelegen, ein

Surren wie mit Seife poliert, und ich wußte nicht, wie ich dem begegnen sollte.

Am besten, ich verhielte mich, wie sie gesagt hatte, täte so, als ob ich der Elektriker wäre, und versuchte, ganz gelassen in das Haus hineinzugehen. Statt mit einem Gefühl der Verzweiflung sah ich die Sache auf einmal mit Neugier an. Aus der Richtung der Küche, wo anscheinend gerade eine Suppe zubereitet wurde, strömte der Geruch gekochten Fleisches mit einem schweren süßlichen Aroma. Doch just, als ich meine Schritte dorthin lenken wollte, war plötzlich eine laute, aufgeregte Stimme – wohl die des Dienstmädchens oder der Haustochter – zu hören. Panische Furcht und Selbstverachtung zugleich stürmten auf mich ein, und ich lief schleunigst zum Gartentor hinaus.

Geistesabwesend rannte ich weiter, bis ich vor einem kleinen Park herauskam. Das war ein Platz, der mir schon früher ins Auge gefallen war. In einer Ecke dieses Parks gab es am Ende einer Allee im Gebüsch einen toten Winkel, der von keiner Seite her einzusehen war. Ehe ich allerdings bis dahin gekommen war, hörte ich wieder das Geräusch eines auf die Blätter der Bäume prasselnden Regenschauers, und meine Stimmung sank noch tiefer.

Ich ließ mich auf eine Bank am Rande eines Teiches nieder, der mit schlammigem Wasser gefüllt war. Dabei beruhigte ich mich nach und nach und fragte mich, warum ich mir eigentlich solche Angst hatte einjagen lassen. Wer mochte jene Frau gewesen sein, die aus der Haustür herausgekommen war? Vermutlich die Hausherrin. In diesem Fall mußte der Umstand, daß sie ein Küchenkleid trug, wohl bedeuten, daß sie mitten in den Vorbereitungen für die baldige Ankunft eines Gastes steckte. Als ich nun zufällig zu ihrem Haus gekommen war, mußte ich irrtümlich für diesen noch nicht erwarteten Gast gehalten worden sein. Daß ich ausgerechnet zu diesem Zeitpunkt hereinplatzte, war für die Frau wohl ein Grund, über mich zu lachen. Trotzdem fühlte ich keinen Haß mehr gegen sie. Im Gegenteil, das Gelächter jener alten Frau

erschien mir jetzt sogar unerklärlich süß. Ohne Logik entstand in mir jetzt der Eindruck, als sei diese Frau von naiver Unschuld gewesen oder vielleicht von so edler Denkungsart, daß sie es fertigbrachte, einen Einbrecher wie einen Gast in allumfassender Brüderlichkeit aufzunehmen. Deshalb war auch der Suppengeruch, der aus der Küche dort kam, sehr appetitlich gewesen.
Vor mich hinmurmelnd stand ich auf. Doch in derselben Sekunde verspürte ich einen stechenden Schmerz im rechten Hüftgelenk und sank sogleich mit dem Hinterteil auf die Bank zurück. Beim Weglaufen hatte ich nicht darauf geachtet, aber das Hackbeil, das ich unter dem Regenmantel trug, war in dauerndem Schwanken unzählige Male gegen meine Hüfte gestoßen. Als ich mich auf den Schmerz konzentrierte, kam es mir vor, als ob sich die ganze Gegend des Oberschenkels plötzlich lebenswarm befeuchtet anfühlte. Kam da etwa Blut geflossen? Es konnte ja sein, daß die Schneide des Hackbeils, das ich ohne Schutzhülle trug, die Hose aufgeschlitzt und irgendwo in den Oberschenkel geschnitten hatte. Ängstlich zerrte ich das Beil unter dem durchnäßten Regenmantel hervor und sah nach. Im fahlen Licht der regnerischen Abenddämmerung verbreitete es einen stumpfen silbrigen Glanz, während ich es lautlos und wie im Schlafe auf meinem Knie balancierte. Es wies keine Blutspuren auf, und die Schneide war auch nicht ausgebrochen.
Ich war beruhigt, fühlte aber zugleich eine aus Enttäuschung resultierende Nervosität. Alles und alle erschienen mir albern und ärgerlich. Dieses D.-Viertel, wo an jedem Haus Täfelchen in der Art der mit Ölfarbe gepinselten Namensschilder eines Botanischen Gartens angebracht waren, dieses Gelächter der alten Frau von vorhin, das mir noch auf dem Grunde der Ohren haftete – alles war albern. Was hatte ich da für lächerliche Vorstellungen von ›edler Denkungsart‹ und so gehabt! Der Lächerlichste von allen aber war niemand anders als ich selbst. Während ich mir das Beil auf meinen Knien betrachtete, dachte ich noch einmal über die Panik nach, die

mich vorhin, als ich aus jenem Hause floh, ergriffen hatte. Eigentlich war es keine richtige Panik gewesen, sondern eher etwas wie die feige Furcht, die ein Kind empfindet, das bei seinen Spielkameraden eine Blamage erlitten hat. Jedenfalls war ich nicht von dem Gedanken, ich könnte gefaßt und der Polizei ausgeliefert werden, sondern einfach nur von der plötzlich ertönenden Stimme des Dienstmädchens oder der Haustochter erschreckt worden.

Ich mußte noch einmal völlig von vorn anfangen. Mit einem solchen Rückzug ging es nicht.

Ich überdachte alles von Anfang an und beschloß, möglichst ohne ›Plan‹ zu arbeiten. Machte ich einen unbesonnenen Plan, mußte ich, wenn meine Berechnungen unterwegs auch nur ein bißchen schiefgingen, gleich eine Niederlage erleiden. Nur wollte ich diesmal darauf verzichten, in ein fremdes Haus einzubrechen, sondern mich im Dickicht eines der üblichen Gebüsche versteckt auf die Lauer legen.

Aber aus irgendeinem Grunde gab es unbegreiflicherweise gerade da, wo ich anfing zu lauern, überhaupt keinen Fußgängerverkehr. Allerdings hatte ich es von vornherein auf einen ruhigen Flecken abgesehen gehabt, aber hier war es so völlig menschenleer, daß man zweifeln konnte, ob überhaupt jemand hier wohnte... Da ich keine Uhr besitze, weiß ich nicht genau, wie lange es war, aber ich hielt mich wohl über eine Stunde vergeblich im Schatten dieses Gebüsches versteckt.

Ich war mir nicht sicher, ob es nicht vielleicht ungut war, in diese Stimmung des Wartens zu geraten. Während ich das dachte, bemerkte ich, daß dem Gebüsch genau gegenüber auf der anderen Seite der Allee eine Mauer aus großen Feldsteinen ausdruckslos emporragte. Im Anschluß an diese Mauer aus Feldsteinen blockierten eine Betonmauer und nebenan auf der anderen Seite eine Mauer, die aus einem grasbewachsenen Erddamm über einem Steinfundament bestand, so gänzlich die Sicht, daß sie jedermanns Geduld auf die Probe stellen zu wollen schienen... Aber ich hatte doch gestern ganz gewiß in dieser Gegend eine alte Amerikanerin, die ihren Hund wegen des Regens mit einem Regenmantel bekleidet hatte, getroffen und am Tag davor einem jungen Mädchen, das ganz allein war, nachgesehen. Daß nun ausgerechnet heute kein einziges Hündchen vorbeikam, war wohl mein ganz besonderes Pech.

Das Übermaß an Langeweile war der Grund, warum ich mich aus dem Gebüsch halb aufrichtete. Und da war unvermutet direkt vor mir ein Mensch zu erblicken.

Hatte er etwa mein Gesicht sehen können? Hastig duckte ich mich wieder nieder wie vorher. Falls er mein Gesicht gesehen hatte, wäre es das beste gewesen, in ganzer Größe aufzustehen, aber da es ebensogut möglich war, daß der andere mich nicht beachtet hatte, blieb ich unentschlossen. Er befand sich zwar direkt mir gegenüber, doch war der Abstand ziemlich groß, und außerdem hatte ich auf meiner Seite Rückenlicht... Jedenfalls bot die Kleidung dieses Mannes – er trug weite Hakama-Hosen zu einem vornehmen, mit Familienwappen verzierten Kimono und weiße Socken in hohen Holzsandalen –, wenn man alles miteinander verglich, unbedingt einen disharmonischen Anblick. Ich wunderte mich noch darüber, als jener zu meinem Erschrecken plötzlich von der Allee aus mitten in den Park hereinkam. Indem er irgend etwas vor sich hinmurmelte, schritt er geradewegs auf einen etwa zwei Meter neben dem Platz, wo ich kauerte, vorbeiführenden Trampelpfad zu. Ich hatte das Gefühl, als ob die Glatze auf seinem mageren Hals hin- und herschaukelte.

»Sehr fatal ist das, wirklich, eine höchst fatale Sache...«

Solche Ausdrücke wiederholte er, während er eine weiß eingewickelte Schachtel, die er unter dem rechten Arm getragen hatte, unter den linken Arm klemmte, mit dem er schon einen Schirm hielt, und anfing, gegen einen Baumstamm zu pinkeln.

»Sehr fatal ist das, sehr fatal...«

Es war wohl zu sich selbst gesagt, was er so vernehmen ließ. Seine Pose, wie er in der einen Hand den Schirm und das

Paket hielt und mit der anderen die Hakama-Hose vorne weit emporraffte, war äußerst bedrohlich, so daß ich bei seinem bloßen Anblick nervös wurde, und worüber ich mich überdies entrüstete, war, daß er nach Beendigung seines Geschäftes keine Anstalten machte, wieder wegzugehen, sondern in seinem Selbstgespräch fortfuhr.

»Sehr fatal ist das, als Bürger dieser Stadt, was gutes Benehmen angeht, was soll man denn von mir denken, ein frommer, gläubiger Mensch bin ich nicht, sehr fatal ist das.«

Der Mann mußte von Beruf wohl Priester an einem Shintō-Schrein sein. Vielleicht hatte er in der weißen Schachtel Schreinorakellose oder Papieramulette und war unterwegs, um sie zu verkaufen. Wenn dem so war, hatte ich guten Grund, für ihn eine Art von kollegialer Verbundenheit zu empfinden. Aber in Wirklichkeit ging mir sein Gerede auf die Nerven.

»Da habe ich nun sieben Kinder und habe heute nichts zu essen für sie... Sehr fatal ist das, als Bürger dieser Stadt, als ob es mich nichts anginge, gebe ich meinen letzten Heller aus...«

Wie lange wollte dieser Mann denn noch so weiterreden? Zufällig blickte ich auf, und da spazierte eine mit einem schwarzen Regenmantel bekleidete dickliche Dame mittleren Alters schweigend und mit geneigtem Haupt die Allee vor mir entlang. Das war die große Chance! Wenn ich jetzt hervorstürmte und das Hackbeil schwänge, würde sie allein das veranlassen, ihre Handtasche wegzuwerfen und davonzulaufen.

Aber in einem bestimmten Moment wurde mir bewußt, daß ich ja von diesem Mann mit dem Habitus eines unfähigen Priesters vollständig in Schach gehalten wurde. Offen gestanden war ich selbst seit eben von dem Drang zum Urinieren befallen, konnte aber seinetwegen keine körperliche Bewegung wagen. Ich überlegte, ob ich lieber zuerst diesen Mann angreifen sollte, aber da ich dauernd sein Gejammer hörte, brachte ich es aus irgendeinem Grunde nicht fertig.

Nicht etwa, daß ich Mitgefühl für ihn empfand, aber mit seiner brammelnden Baßstimme im Ohr sank mir einfach der Mut, schwand mir die Kraft aus dem ganzen Körper, und ich konnte mich zu nichts entschließen.
Gleich darauf verstummte sein Murmeln. Aber ich war nur einen Augenblick erleichtert. Als ich hinblickte, war er zu meinem Entsetzen dabei, sein mitgebrachtes Essen zu verzehren. Als ich das sah, ergriff mich ein Gefühl völliger Hoffnungslosigkeit. Zugleich, während meine Nerven, die die letzten drei Tage angespannt gewesen waren, erschlafften, wurde mir schmerzlich bewußt, daß ich seit heute morgen noch nichts in den Magen bekommen hatte.
Ich bekam aus tiefstem Herzen Wut auf diesen Mann. Während er ununterbrochen schmatzte, konnte ich das Geräusch des Kauens von Salzrettich sowie das Geräusch, wenn er sich von Zeit zu Zeit ein Klümpchen kalten Reises in die Kehle stopfte, und den gurgelnden Laut, wenn er ein hartes Stück vom Huhn verschlang, deutlich unterscheiden. Um ein Haar wäre ich aus dem Gebüsch hervorgesprungen und hätte dem Mann seine halb aufgegessene Mahlzeit weggerissen und in den verschlammten Teich geworfen. Da geschah es. Aus der Tiefe der Dunkelheit ertönte eine bleierne Stimme: »Heda!« – Es war ein Polizist.
»Hallo, Sie, was machen Sie denn da! In diesen Park darf man nachts nicht mitten hineinlaufen, das steht doch ausdrücklich auf der Verbotstafel!... Los, kommen Sie schnell! Wenn Sie nicht schleunigst herauskommen...«
Jedoch der Mann drehte sich nur einmal wortlos um. Wie behext hantierte er weiter mit seinen Eßstäbchen. Als sei er ungehalten über die Störung, und in einer Art, als interessiere ihn nicht, ob der Polizist wieder wegginge, gab er sich mit ganzem Herzen dem Essen hin.
Ich stand aus dem Gebüsch auf. Direkt hinter dem Mann blieb ich stehen und schaute ein Weilchen zu, wie er aß. Ich konnte sehen, wie sich die zu beiden Seiten seines mageren Halses hervorragenden Kieferknochen während des Kauens

unablässig auf und ab bewegten. Während ich seine keilförmige Glatze und seinen zusammengequetschten Hinterkopf anstarrte, stieg in mir langsam die Mordlust auf. Von seiner runzeligen Haut, die aus dem Kragen herauslugte, schien beinahe modrig der Geruch des Salzrettichs auszuströmen. Ich mußte den Moment abpassen, wenn er mit dem Verzehren seiner Mahlzeit fertig war, um dann das Hackbeil genau auf die Mitte seiner Glatze zu hauen. Schon knöpfte ich vorne an meinem Regenmantel sämtliche Knöpfe auf. Diesmal würde ich ihn wirklich fertigmachen! Aber da kam unerwartet aus dem Munde des Mannes wieder ein Murmeln.

»So kann ich nicht zurückkehren... so kann ich nicht zurückkehren...«

Wohin wollte er denn überhaupt zurückkehren? Was hieß das, »nicht zurückkehren«? Nach seinen Worten zu schließen bekümmerte ihn wohl, daß sein Erlös so gering gewesen war. Mich jedoch erinnerte seine Stimme, die, tief und schwer, gleichsam auf der Erde dahinkroch, unvermittelt an meine Heimat und mein Elternhaus, und alle Kraft schwand mir aus der Hand, die den Schaft des Hackbeils umklammert hielt.

Der Regen, der kurze Zeit aufgehört hatte, fing wohl wieder an zu fallen, denn ich hörte den Laut der auf die Blätter der Bäume und das Gras pochenden Tropfen und spürte etwas Kaltes auf der Wange. Ich holte tief Luft und packte noch ein letztes Mal den Schaft des Beiles fester. Doch der Mann, der unverwandt sein Essen und die Eßstäbchen in beiden Händen hielt, fuhr fort, seine gleichsam in die Dunkelheit der Nacht geratenen Worte zu murmeln:

»So kann ich nicht zurückkehren, so kann ich nicht zurückkehren...«

Übersetzt von Margarete Donath

MISHIMA YOKO

Rosinenbrot

Jack kam an einem Augustabend, nachts um halb zwölf, von der Seite des Yuigama-Hotels und stieg, den weißen Gebissen der Meereswellen den Rücken kehrend, den steilen Sandweg hinauf zum Durchstich zwischen den Felsen. Bis dorthin war er von Tōkyō irgendwie per Anhalter gekommen. Zu der Verabredung mit Peter, Haiminara und Kiko am Bahnhof Inamuragasaki, einer Station der Enoshima-Linie, hatte er sich reichlich verspätet. Dazu hatte ihn der Lastwagen noch an einer unpassenden Stelle abgesetzt; aber auch von hier führte ein Weg zum Versammlungsplatz. Nur war es ein großer Umweg und dadurch viel weiter. Peter und die anderen hatten ihn sicher längst aufgegeben, wahrscheinlich waren sie direkt zum Versammlungsplatz gegangen.

Jack ist mit seinen zweiundzwanzig Jahren ein durchsichtiger Kristall. Er hat sich zu einem durchsichtigen Menschen gemacht, denn das war von jeher sein Wunsch.

Englisch ist seine Stärke, und als Job übersetzt er ein Buch von F. S. Er verfügt über die Erfahrung eines Selbstmordversuches, ist mager und hat ein schönes weißes, aus Elfenbein geschnittenes Gesicht. Man könnte ihn schlagen, wie man wollte, sein Gesicht würde wahrscheinlich keine Reaktion zeigen. Daher hatte ihn auch noch niemand geschlagen.

»Wenn man diesen Kerl anrennt, hat man das Gefühl, durch seinen Körper durchzukommen, ohne es zu merken, wirklich!« hat einmal ein Besucher des Modern-Jazz-Cafés über Jack geurteilt.

Je weiter er hinaufstieg, desto näher rückten die hohen Felswände des Hohlweges aufeinander zu. Am Himmel standen nur wenige Sterne, hinter seinem Rücken schwand das Rauschen der Wellen und das Dröhnen der Autos von der ›Ge-

bührenstraße‹, dann wurde alles zu dichter Dunkelheit. Von seinen nackten Fußrücken über den Gummisandalen rann der Sand.
Die Dunkelheit ist irgendwo gebunden, dachte Jack, eine große Tüte Dunkelheit, deren Öffnung zugebunden ist. Die kleinen Nahtstellen – so winzig, daß man nicht wußte, ob sie da waren oder nicht – waren Sterne; sonst gab es keine einzige durchlässige Naht für das Licht.
Die Dunkelheit, die er durchschritt, schien ihn langsam zu durchdringen. Die eigenen Schritte klangen ihm fern und fremd. Sein Dasein erzeugte Wellen in der Luft. Dieses Dasein war auf engsten Raum verdichtet, er brauchte die Dunkelheit nicht zu zerteilen, durch die feinsten Risse im Mikro-Organismus der Dunkelheit konnte er sich hindurchfädeln.
Jack ist von allem frei. Um vollkommen durchsichtig zu sein, gibt es an ihm keine hinderlichen Muskeln oder Fett.
In seiner Vorstellung ist er nur ein schlagendes Herz in einem ›Engel‹ wie aus weißem Zuckergebäck.
Wahrscheinlich war dies alles auf den Einfluß der Schlaftabletten zurückzuführen. Bevor er sein Appartement verließ, hatte Jack fünf Schlaftabletten, in einem Glas Bier aufgelöst, zu sich genommen.
Der steile Weg, den er erklommen hatte, öffnete sich auf ein weites Plateau. In einiger Entfernung waren zwei Wagen zu sehen, die sich auf dem harten Sandboden duckten wie weggeworfene alte Schuhe.
Jack rannte los. Ich renne ja, ich renne, dachte er, über sich selbst verwundert, und lief einfach hinter sich her. Dort, wo der breite Weg über den Platz hinausführte, weitete sich rechts ein tiefes Tal. Jack sah, daß im Talgrund, wo die Dunkelheit sich noch stärker festgesetzt hatte, plötzlich eine glatte Flamme emporschlug. So, wie an der Leckstelle eines Dammes eine Wasserflut ihren Anfang nimmt, stürzte von diesem Punkt aus die Dunkelheit unter Getöse in sich zusammen.
Jack stolperte über Grasbüschel und rannte dann halb rut-

schend (einen Weg konnte man es nicht nennen) den Sandhang hinunter auf den Talgrund zu, einer Fliege ähnlich, die in ein Zuckergefäß hineinrutscht. Die Geräusche von dem Völkchen im Talgrund kamen näher. Aber da das Tal in sich nochmals gewunden war, verschwand die große Flamme wieder, die er zuvor gesehen hatte; nur die Stimmen klangen nah, ohne daß irgend jemand zu erblicken war. Zu seinen Füßen wurde es immer steiniger. Wie in einem Traum schwollen die Steine manchmal plötzlich an und verstellten den Weg, oder sie verschwanden wieder im Sand und es wurde eben.

Als Jack zu einer Biegung des Hanges kam, erblickte er eine Gruppe großer Schatten, die dort den Hang hinauftanzten. Dann sah er auch das offene Feuer. Aber das Feuer wurde plötzlich kleiner, und nur die Füße der Leute, die dort auf dem von Steinen und Sand unebenen Boden hin- und herliefen, wurden beleuchtet; ihre Gesichter schwebten, in Dunkelheit gehüllt. Nur das Lachen von Kikos hoher Stimme war herauszuhören: »Hör auf! Ich bin von Adel, nämlich aus einer achtköpfigen Spießbürgerfamilie! Ich bin als Edelfräulein aufgewachsen mit Schmetterlingen und Blumen, mit Flöhen und Läusen!«

In diesem Augenblick stolperte Jack über ein schwarzes Knäuel, schwärzer als die Nacht. Unwillkürlich legte er seine Hand darauf und entschuldigte sich. Seine Hand, obwohl etwas verschwitzt, berührte ein ungewöhnlich kühles, sehr feines, wie aus schwarzem Ton geknetetes Schulterfleisch.

»Never mind«, sagte Neger-Harry und gab seiner Konga, die er zwischen den Knien hielt, mit flacher Hand einen Schlag, einen einzigen Schlag nur, dessen dumpfer Klang sogleich in den ringsum liegenden Bergflanken weit und breit schallte.

Die jungen Leute, die sich regelmäßig in einem Modern-Jazz-Lokal trafen, hatten sich vorgenommen, noch im Laufe des Sommers irgendwo an einem Strand eine außergewöhnliche Party zu veranstalten. Dabei sollte auf dem Sand Twist

getanzt und ein am Spieß gebratenes Schwein gegessen werden. Auch wenn über den Ursprung solcher Feten nichts bekannt war, gehörte doch die primitive Tanz-Zeremonie dazu. Alle waren begeistert und, nachdem jeder für sich nach einem Platz gesucht hatte, fiel die Wahl auf dieses ›Niemandstal‹. Einige waren zum Schweinekauf nach Fuchu gefahren, hatten von dort wegen der knappen Kasse jedoch nur ein halbes Schwein mitgebracht.
Wer hätte gedacht, daß nicht weit entfernt von einem gewöhnlichen Badestrand, einer Kartoffelwäscherei für das stupide Volk, solch ein verlassener Platz zu finden sei. Sie hatten immer von einem Platz geträumt, der eine seidige Patina haben sollte wie abgewetzte Blue Jeans.
Ein Platz, der gewählt, gewaschen und geweiht werden mußte.
Bisher hatten das Licht der Neonreklamen, schmutzige zerfetzte Kinoplakate, Autoabgase und Scheinwerfer ihnen das Licht der Weisen, den Duft von Feldern, Moos und Haustieren und all den Blumen in der Natur ersetzt. Aber nun wollten sie aus dem Sandboden einen kostbaren Teppich fertigen und einen ›absoluten Sternhimmel‹ haben, der wie ein von Künstlerhand geschaffenes Schmuckstück sein sollte.
Um die Welt von allem Schlechten zu heilen, muß man das Schlechte zuerst einmal säubern. Gerade, was das stupide Volk für dumm und minderwertig hält, mußte verherrlicht werden! Dabei könnte man die Leute in ihrer treuen Gläubigkeit und ihrem geschäftlichen Eifer geradezu nachahmen.
Das war sozusagen kurzgefaßt der Sinn der Party. Die dreißig bis vierzig Teilnehmer hatten sich um Mitternacht getroffen, denn das ist ihre Zeit, ihre Geschäftszeit, ihr eigentlicher Mittag.
Als das Feuer plötzlich nachließ, rauchte und ebenso plötzlich wieder aufflammte, wußte Jack, daß dies vom Fett des Schweines herrührte. Das Schwein, das schon an einem dikken Eisenspieß steckte, war fast gar, und jemand goß ab und zu billigen Rotwein über das Fleisch. Die Gesichter konnte

man nicht erkennen, nur die Hände, die diese Bewegungen ausführten, leuchteten im Licht der Flammen.

Neger-Harrys Trommel dröhnte weiter. Auf dem Sandboden tanzten einige Twist, aber da der Sandboden voller Steine war, blieben sie mit den Fußsohlen fest stehen, und nur die Knie und Hüften bewegten sich in langsamem Tanz.

Am Rand der Klippe waren Bier- und Saftkisten aufgestapelt. Leere Flaschen waren zwischen die Steine gerollt, auf ihren Bäuchen sammelte sich das spärliche Licht der Nacht.

Jacks Augen, die sich schon an die Dunkelheit gewöhnt hatten, konnten die Gesichter der dort Versammelten nicht erkennen; die Flammen des offenen Feuers, die gerade auf dem Boden krochen, verhinderten es sogar. Da und dort leuchtete in der Dunkelheit die Flamme eines Feuerzeugs oder Streichholzes auf und verlosch wieder. Aber da dieses Licht am Rande des Gesichtsfeldes vorbeischoß, konnte er nichts erkennen.

Auch die Stimmen boten keine Hilfe bei der Orientierung. Denn selbst wenn eine laute Stimme lachte oder schrie, so wurde sie, von der Dunkelheit der Umgebung unterdrückt, zur verwischten Stimme des Dunkels. Aber Harrys Konga und die Rufe seiner Fistelstimme, die den Eindruck erweckten, als könne man tief in seine rosafarbene Mundhöhle hineinsehen, durchbrachen ständig die Dunkelheit.

Nur Kiko war eine Ausnahme. Jack konnte dieser Stimme sofort folgen und Kikos dochtdünnen Arm fassen.

»Doch gekommen. Allein?« sagte Kiko.

»Hm.«

»Alle haben auf dich in Inamuragasaki am Bahnhof gewartet. Aber bei deinen Launen! Da sind wir eben vorausgegangen. Und du bist ja auch nicht abhanden gekommen«, sagte Kiko und schürzte ihm im Dunkeln die Lippen entgegen. Da die Bewegung von den Backen zu den Lippen und das Weiß ihrer Augen kurz zu sehen waren, drückte Jack zum üblichen Gruß seine Lippen auf Kikos, rieb sie leicht und löste sie wieder. Es fühlte sich an, als küßte er die Rückseite eines Bambusblattes.

»Wo sind die anderen?«

»Haiminara und Peter sind dort drüben. Gogi ist auch da. Dem scheint's aber in den Schädel gefahren zu sein, daß seine Puppe nicht gekommen ist. Laß ihn lieber in Ruh.«

Jacks Namen war man gewöhnt, einfach weil ihn alle so nannten, aber bei Gogis Namen wußte man nicht, welcher Sinn dahintersteckte. Vielleicht bedeutete er ›brutal‹.

Jack an der Hand hinter sich herziehend, schlängelte Kiko sich zwischen den Twisttänzern hindurch zu einer Gruppe von Burschen, die auf den Felsen der Klippe saßen. »Jack ist da.«

Haiminara hob zur Antwort lässig die Hand. Er trug sogar in dieser Dunkelheit eine Sonnenbrille.

Peter entflammte demonstrativ sein Feuerzeug und wiegte es vor seinem Gesicht hin und her. Über seinen Augenlidern war eine grüne Linie gezogen und wo diese an den Augenwinkeln scharf nach oben bog, fing Silberpuder das Licht ein und glänzte.

»Warum hat er so ein Make-up im Gesicht?«

»Peter sagt, er will nachher 'ne Show machen«, erklärte Kiko von der Seite.

Gogi lehnte halbnackt und schlechtgelaunt an einem Baum in der Nähe. Als er merkte, daß es Jack war, räkelte er sich und ließ sich dann mit untergeschlagenen Beinen zwischen den Grasbüscheln nieder, wobei alle eine starke Bierfahne riechen konnten. »Tja...«, sagte er.

Jack mochte Gogi nicht besonders, aber Gogi brachte ihm sein ganzes Vertrauen entgegen; irgendwann einmal hatte er ihn sogar mit einer Freundin in seinem Appartement besucht.

Gogi trieb Bodybuilding und war stolz auf seinen Körper. Er besaß geradezu überwältigende Muskeln. Wenn er seine Arme und Beine bewegte, reagierten sie so empfindsam, als ginge ein Blitz durch die Muskeln. Wie die anderen war auch

Gogi der Meinung, daß die Welt ohne Sinn und alle Menschen minderwertig seien, aber sinnloserweise hatte er doch seine Muskelpakete gezüchtet. Indem er mit diesem Schild den Wind der Belanglosigkeit von sich abhielt, war er in der Dumpfheit seiner blinden Kraft eingeschlafen.

Was Jack als unangenehm empfindet, ist, daß ein Muskelgebilde wie Gogi die Eigenschaft der Undurchsichtigkeit hat und den Blick auf die durchsichtige Welt versperrt: dieser nach Schweiß stinkende Körper trübt den durchsichtigen Kristall, den Jack immer rein halten will. Dazu diese unablässige Angeberei mit seiner Kraft – wie lästig.

Der süße aufdringliche Achselgestank, die Körperhaare und die unnötig laute Stimme waren sogar in der Dunkelheit da, wie ein dreckiges und verschlissenes Unterhemd. Der Ekel davor störte Jacks Empfinden und veranlaßte ihn, etwas zu sagen, was er sonst nicht gesagt hätte: »Es war ein Abend wie heute, als ich meinen Selbstmord beging. Das war letztes Jahr um diese Jahreszeit. Dann wäre heute mein Todestag. Wirklich!«

Haiminaras Stimme war mit dünnem Lachen vermischt, als er sagte: »Wenn man Jack einäschert, dann macht's ›pfffft‹, und er vergeht wie ein Stückchen Eis.«

Auf jeden Fall war Jack inzwischen geheilt. Er hatte sich geirrt, als er einmal gedacht hatte, die Welt mit ihrem stupiden Volk werde ausgelöscht, wenn er Selbstmord beginge. Als er das Bewußtsein verloren hatte, war er ins Krankenhaus getragen worden, und als er wieder zu sich kam, war die Welt mit ihrem stupiden Volk so quicklebendig wie zuvor und hatte ihn zugleich wieder in der Schlinge. Und wenn die Welt eben unheilbar ist, bleibt nichts anderes, als sich selbst zu heilen.

Da stand Peter auf und sagte, während er Jack zur Feuerstelle führte: »Kennst du Gogis Puppe?«

»Kenn ich nicht.«

»Gogi sagt, ein steiler Zahn. Ob's stimmt, weiß keiner. Wenn die Gogi nicht hundertprozentig im Stich gelassen hat, wird sie bis morgen früh hier aufkreuzen.«

»Vielleicht ist sie schon da. Bei dieser Dunkelheit erkennt man kein Schwein. Die will nur, daß man sie im Morgenrot sieht – auf den Effekt hat sie's abgesehen. Die hat das los.« Durch einen kleinen Windstoß schlug ihnen der Fettgeruch entgegen; die beiden wandten das Gesicht ab.

Jack ging ein Bier suchen. Auf diesem kurzen Gang stolperte er über unzählige Steine und Campingbeutel und dann über irgendeinen weichen Gegenstand. Eng zusammengedrängt wie die Gepäckstücke und mit aufeinandergepreßten Lippen lag dort ein Paar, das sich nicht einmal bewegte, als Jacks Gummisandalen leicht an sie anstießen.

Wer mochte nur Gogis Puppe sein. Vielleicht war sie in der raunenden Gruppe der fremden Gesichter oder im Schatten des dunklen Grases, im Schatten des in Rauch gehüllten Gehölzes, vielleicht im Nachtschatten des Sandes, dort, wo der sandige Steilhang bei der leisesten Berührung in sich zerfiel. Aber wenn sie ein ›steiler Zahn‹ war, ein besonderes Gesicht hatte, müßte sich, wo so ein Gesicht war, doch ein Lichtschimmer davon in die Dunkelheit verirrt haben. In diesem dunklen Tal, unter dem vom Salzwind geblähten Sternhimmel, müßte ein so schönes Gesicht doch irgendwo hervorleuchten.

»'s geht los. 's geht los mit der Zeremonie. Wenn der Tanz zu Ende ist, wird das Schwein verteilt. Alle einverstanden? Macht ein bißchen mehr Feuer, das gibt Stimmung!« rief Haiminara, der wie immer seiner Schlaftabletten wegen beim Sprechen trällerte. Seine zum Feuer gerichtete Sonnenbrille spiegelte die Flammen in Miniaturbildern.

Die Töne der Konga waren verklungen, da Harry das Trommelfell mit einer Kerzenflamme einrußte. Währenddessen schwiegen die jungen Leute im Tal. Wie Leuchtkäfer atmeten unzählige glühende Zigaretten ringsum in der Dunkelheit.

Jack hatte endlich eine Bierflasche gefunden. Er wandte sich an einen Fremden neben ihm, der seine weißen Zähne bleckte, und dieser öffnete ihm wie gebeten den Flaschenver-

schluß säuberlich mit seinen schmalen Schneidezähnen. Von seinem Mund troff weißer Schaum auf seine Hemdbrust. Der Fremde lachte stolz und zeigte dabei wieder seine weißen Zahnreihen.
Die Konga, die zu trommeln begonnen hatte, geriet in Fahrt. Als Peter in seiner Badehose zu tanzen begann, schlugen die Flammen des Feuers höher und beleuchteten seltsam das Muster aus Silberpuder und Farbe, das da und dort auf seinen Körper gemalt war.
Jack konnte Peters Trunkenheit nicht verstehen. Warum er wohl tanzte? Weil er unzufrieden war? Weil er glücklich war? Oder nur, weil es besser war als einfach zu sterben?
An was mag Peter glauben, überlegte der durchsichtige Jack. Sein Körper tanzt im Schein des Feuers. Peter hatte irgendwann von einem Leid erzählt, das nachts wie eine feuchte schwere Wattedecke auf ihm lastete. Ob das gelogen war?
Jack hatte gedacht, daß alles in einem Punkt verankert sei; zumindest er selbst. So war er nach und nach durchsichtig geworden. Bestand nicht der Tanz, der dem Menschen von innen heraus unwillkürlich die Glieder bewegt, nur aus abgehackten Zeichen? Peter streute sie ringsum in die Dunkelheit, wie man bunte Spielkarten verstreut... Unwillkürlich hatte Jack mit den Füßen den Takt übernommen.
Als Peter seine von Lidschatten umringten Augen verdrehte, glänzte das Augenweiß in den Flammen. Es wirkte in der Dunkelheit wie große Tränentropfen.
Dann erschien einer, der ein Leopardenfell um die Hüften geschlungen hatte. In der einen Hand hielt er ein Buschmesser und in der anderen ein schlotterndes weißes Huhn, das noch lebte. Es war Gogi.
Gogis verschwitzte Brustmuskeln glänzten im Schein des Feuers. Jack sah – dichter als die Dunkelheit der Umgebung – das Dunkel seines orangefarbenen Fleisches.
»Schaut, er macht's, er macht's«, sagten die Umstehenden. Was wollte Gogi denn beweisen! Sein dicker Arm hatte das Huhn auf den Stein gedrückt. Das Huhn schüttelte sich, es

verstreute weiße Federn, die, vom Hauch der Flammen erfaßt, überraschend schnell emporstiegen. Die weißen Federn flatterten nach oben: so, wie leichte Empfindungen aufsteigen können, wenn der Körper gequält wird und leidet.
Jack kannte das nur allzu gut.
Jack sah daher nicht zu. Das Messer war mit starkem Geräusch gefallen, auf dem Stein war kein Geschrei mehr zu hören, kein Blut zu sehen. Das Huhn war in sich verdreht, und sein Kopf schien vom Körper getrennt.
Ekstatisch hielt Peter diesen Kopf hoch und wälzte sich im Sand. Da konnte Jack plötzlich seine Trunkenheit verstehen.
Als Peter wieder aufstand, war auf seiner flachen jugendlichen Brust deutlich ein Streifen Blutstropfen zu sehen.
Es war ein Tod aus Unfug. Daß das Huhn in seinem Kopf den Endeffekt dieses komödiantenhaften Todes nicht begreifen konnte, ist ohne Zweifel. Sicher sind seine beiden ernsten offenen Augen voller Fragen gewesen...
Aber Jack hatte es nicht gesehen.
Heiligung im Scherz. Die Würde, die der von seinem roten Kamm gekrönte Hühnerkopf gewonnen hatte, warf auf Jacks nicht grausames, aber kaltes Herz einen winzigen flammenfarbigen Widerschein.
»Aber ich fühle nichts Es gibt nichts zu fühlen.«
Peter hielt den Hühnerkopf zwischen zwei Fingern. Er war aufgestanden und tanzte, wobei er am Feuer einen Kreis beschrieb. Er vergrößerte diesen Kreis immer ausgelassener und wählte sich dabei Zuschauerinnen aus, denen er – immer kreisend – den Hühnerkopf ins Gesicht drückte. Da entstand ein Geschrei, das sich im Kreise fortpflanzte.
Warum sind im Frauengeschrei alle Stimmen gleich, dachte Jack. In dem Augenblick stieg ein besonders schöner und klarer, fast tragischer Schrei zum Sternenhimmel auf und entschwand. An diese Stimme konnte Jack sich nicht erinnern.
Dieses Schreien könnte von Gogis Puppe sein.
Jack ist ein geselliger Mensch.
Deshalb blieb er nach der Party noch den ganzen Tag, döste

auf Sand und Gras, wobei er reichlich von Mücken gestochen wurde, und ging mit den anderen zusammen schwimmen. Als er am Abend erschöpft in sein Appartement in Tōkyō zurückkam, schlief er, so wie er war, sogleich ein.
Als er wach wurde, war sein Viereinhalb-Matten-Zimmer schrecklich still. Warum ist der Morgen so dunkel, dachte er und sah nach der Uhr. Es war noch elf Uhr des gleichen Tages.
Obwohl er bei offenem Fenster schlief, strich kein Wind durch das Zimmer. Der Körper, noch schlaftrunken, war naßgeschwitzt wie ein Wischtuch. Er schaltete den Ventilator ein, nahm vom Buchregal das ›Lied von Maldoror‹ und las es im Bett, auf dem Bauch liegend.
Er las nochmals sein Lieblingskapitel über Maldorors Hochzeit mit dem Hai.
... Wer sind die Soldaten des Meeresungeheuers, die dort mit unglaublicher Geschwindigkeit die Wellen schneidend sich nähern?
Das sind sechs Haie.
... und was ist das dort am Horizont, das die Wasser so aufpeitscht?
Das ist ein weiblicher Hai, der bald Maldorors Braut wird.
Der Wecker vor seinem Kopfkissen meißelte über das Ventilatorengeräusch hinweg mit schweren Tönen die Zeit. Er war nur ein widersprüchliches Schmuckstück in Jacks Leben, denn zum Wecken hatte er ihn noch nie gebraucht.
Jacks Bewußtsein war wie ein Rinnsal, das Tag und Nacht unverändert fließt und in dem er, alter nächtlicher Gewohnheit folgend, sein Ich zu halten versucht. Sein Wecker ist sein Freund, sein Sancho Pansa, der diese Gewohnheit seit je zur Komödie macht. Die Töne der billigen Maschine sind ein wundervoller Trost, sie machen sich lustig über sein ganzes Leben.
Die Uhr, selbstgemachte Spiegeleier, eine längst verfallene Monatskarte... und dann Haie, unbedingt Haie, dachte Jack mit aller Kraft.
Die unsinnige, mehr als unsinnige Party von gestern ging

ihm wieder durch den Sinn. Der Kopf des Huhns, das schwarzgebrannte Schwein... Aber am erbärmlichsten war der Tagesanbruch. Alle hatten auf einen schönen Tagesanbruch gewartet, wie es ihn nur einmal in tausend Jahren geben mag und vielleicht nicht einmal dann. Aber was kam, war ein erbärmlicher, ein erbärmlich unansehnlicher Tagesanbruch. Er war das Letzte.

Als die erste schwache Dämmerung die Westseite des Tales erhellte, merkten sie, daß die Bäume, die ihren einsamen Platz schmückten, nur ein uninteressantes, von Salz zerfressenes Gehölz waren, wie man es überall findet. Das ging noch. Das Licht glitt allmählich den steilen westlichen Hang herab und füllte das Tal mit weißer Wäschebleiche. Ein Sammelsurium leerer Bier-, Limonade- und Cola-Flaschen, die zusammengefallene Feuerstelle, schmutzige, abgekaute Maiskolbenreste, die dort weggeworfen waren. Taschen und ähnliche Sachen unordentlich verstreut, die halbgeöffneten Münder von Leuten, die Arm in Arm im Felsschatten, im Gebüsch und auf dem Sand schliefen, über den einen Mündern Bartstoppeln, auf den anderen verschmierter Lippenstift. Das war der Platz, auf dem stupides Volk ein Massaker von einem Picknick gehalten hatte.

Einige waren schon im Lauf des Abends verschwunden. Von Gogi war gegen Morgen keine Spur mehr zu sehen.

»Gogi ist weg. Seine Puppe ist doch nicht gekommen, und nun hat er sich davongemacht. Dieser Kerl ist trotz allem eitel, wer hätte das gedacht«, sagte Peter.

Tick-tack, tick-tack: der Wecker am Kopfende konnte ein Lachen nicht zurückhalten.

Irgendwann ist er von Schönheit und Tugend begnadet aufgewachsen. Jedermann war voll des Lobes über die Intelligenz und Güte des Jungen. Kaum jemand, der ein so reines, von geistiger Macht beseeltes Antlitz sah, verfügte über genug Gewissen, um nicht vor Scham zu erröten. Auch gab es niemanden, der sich ihm ohne Respekt genähert hätte, weil in seinen beiden Augen der Blick eines Engels zu erkennen war.

Jacks Begriff von Engeln mochte auf derartigen Maldoror-Dichtungen gewachsen sein. Vor ihm tauchte das verschwommene Bild eines Engels am Spieß auf. Ob er Hunger hatte?
Im Meer sinkt ein leckgeschlagenes Schiff. Ein Schiff, beladen mit dem Reichtum der Liebe der Welt und voll mit allem Sinn, ist in Seenot geraten, und sie müssen es suchen. Am fernen Himmel hängt eine geneigte Glaswaage. Der hächelnde Atem dreier Hunde, die am Strand laufen ... Jack hatte damals kurz vor seinem Selbstmord den Eindruck gehabt, als rolle er die Erdkugel in seiner Hand wie einen Würfel. Gab es einen Grund dafür, daß ein Würfel nicht rund sein durfte? Die Würfelaugen würden sich eins um das andere zeigen, die Entscheidung bliebe in der Schwebe, und bei einem solchen runden Würfel ginge in Ewigkeit keine Wette in Erfüllung.
Jack hatte Hunger. Das war die Ursache von allem. Er stand auf und ging den Schrank aufmachen. Einen Eisschrank besaß er nicht.
Es gab nichts zu essen.
Der schwimmende Mann und die gerettete Haifrau sahen sich in die Augen. Sie verharrten einige Minuten Auge in Auge ...
Jack fühlte sich plötzlich zum Sterben elend vor Hunger. Er schüttelte eine Dose Reisgebäck; auf ihrem Grund erklang nur das schwache Geräusch von Krümeln. Eine Orange hatte Vertiefungen grünen Schimmels; sie war verfault. Am Rand des Schrankes entdeckte er kleine rote Ameisen, die dort in einer Reihe entlangliefen. Sorgfältig erdrückte er die Ameisen, eine nach der anderen. Den Speichel schluckend, der sich unter seiner Zunge gesammelt hatte, fand er endlich tief hinten im Schrank ein halbes Rosinenbrot, das er einmal gekauft und dann vergessen hatte.
Einige Ameisen hatten sich zwischen den Rosinen ins Brot gefressen. Jack schüttelte die Ameisen flüchtig ab, legte sich wieder auf den Bauch ins Bett und untersuchte dann unter dem Licht der Stehlampe sorgfältig die Oberseite des Brotes. Dann las er noch zwei Ameisen vom Rosinenbrot.

Beim Hineinbeißen schmeckte es halb bitter, halb sauer: Da der Geschmack Nebensache ist, wenn man einen dauerhaften Imbiß für die lange Nachtzeit braucht, biß er von der Seite langsam Stück für Stück ab. Das Innere des Brotes war von geheimnisvoller Weichheit.

Die beiden umkreisten einander stetig, um sich nicht zu verlieren, und während sie so schwammen, dachte jeder heimlich bei sich: ›Ich hatte bis jetzt nicht recht. Es gibt hier Wesen, die bösartiger sind als ich.‹ So stimmten beider Gedanken vollkommen überein. Die Haifrau, mit den Flossen das Wasser teilend, und Maldoror, mit den Armen die Wellen schlagend, glitten aufeinander zu...

Jack hörte ein Klopfen an der Tür.

Schon vorher hatte es im Gang wirre Geräusche von Schuhen gegeben und einen Laut, als stieße ein Körper gegen die Wand. Aber da es ein Appartementbau war, in dem viele abends spät nach Hause kamen, hatte er nicht weiter darauf geachtet.

Jack, an seinem Rosinenbrot beißend, stand auf und öffnete die Tür. Als kippe ein großer Paravent um, stürzten da ein Mann und ein Mädchen ins Zimmer. Das ganze Zimmer erschütterte, die Stehlampe stürzte um.

Jack machte die Tür hinter seinem Rücken zu und blickte – zu erschrecken lohnte sich nicht – auf die mitternächtlichen Gäste herab. Der Mann war Gogi, unter seinem hochgekrempelten Hemd war das Rückgrat zu sehen.

»Zieht wenigstens die Schuhe aus«, sagte Jack.

Daraufhin streckten die beiden sich die Hände entgegen, zogen sich schlampig gegenseitig die Schuhe aus und warfen sie dann zur Tür. Sie schüttelten sich vor Lachen. In dem kleinen, engen Zimmer verbreitete sich sofort der Sakegeruch, den die beiden ausatmeten.

Jack betrachtete aufmerksam das mit geschlossenen Augen lächelnde blasse Frauengesicht. Er sah diese Frau zum erstenmal, sie war unbeschreiblich schön.

Selbst mit geschlossenen Augen wußte dieses Gesicht, daß jemand es betrachtete, und spielte noch in der Trunkenheit mit seinem Charme. Die überaus zierliche Nase voll wilden Atems wirkte ruhig wie Porzellan. Das Haar bedeckte halb die Stirn, es war schön gewellt. Die geschlossenen Lider waren leicht gewölbt, und dahinter verbargen sich die sensiblen Bewegungen der Augen; die langen, wohlgepflegten Wimpern waren fest geschlossen. Die Lippen waren von geschickter, präziser Form, die Kerbung der Mundwinkel wirkte so frisch, als sei sie gerade geschnitten worden. Andrerseits erfüllte das ganze Gesicht etwas von einer Würde und Reife, wie sie nur eine Frau mit vierundzwanzig oder fünfundzwanzig Jahren hat.

Das ist also der ›steile Zahn‹, dachte Jack, an seinem Rosinenbrot kauend. Um sein verlorenes Gesicht zu retten, muß Gogi den ganzen Tag nach dieser Frau gesucht und sie dann hierher gebracht haben.

»Matratzen sind keine da. Aber es gibt zwei, drei Sitzkissen.«

Gogi, der nicht antwortete, hatte ein Lachen in den Augenwinkeln, als schiene er sich in seinem Innern entschlossen zu haben, diese Nacht nichts zu sagen.

Jack harkte mit dem Fuß drei Sitzkissen zusammen und kickte sie zu Gogis Rücken hinüber, dann ging er wieder zu seinem Bett, legte sich auf den Bauch und las, Rosinenbrot kauend, in seinem Buch weiter.

Da die ablehnende Stimme der Frau stärker wurde, legte Jack das Buch beiseite, stützte den Kopf auf eine Hand und blickte zu den beiden hin.

Gogi war inzwischen schon ganz nackt. Seine schweißglänzenden Muskeln wanden und drehten sich. Obwohl die Frau nur Büstenhalter und Slip anhatte, lehnte sie, mit unverständlicher Stimme sich zierend, ab. Ihr Körper war wie eine Schicht glatten, magnolienfarbigen Fleisches.

Da die Frau inzwischen verstummt war, kehrte Jack den beiden den Rücken und las, an seinem Rosinenbrot beißend, sein Buch.

Ächzen und Atmen, das nun beginnen sollte, war hinter

Jacks Rücken nicht zu hören. Das dauerte sehr lange, und er bekam es satt. Als er noch einmal über die Schulter blickte, war die Frau ganz nackt. Die beiden lagen eng zusammen und gaben ein Atemgeräusch von sich, das an das Fauchen eines bei der Abfahrt verspäteten Zuges erinnerte. Von Gogis kräftigem Rücken rann reichlich Schweiß auf die Bodenmatte.

Endlich wandte Gogi sein Gesicht herüber. Aus diesem Gesicht war alle Kraft gewichen, unklar wie Dunst schwamm ein Lachen darüber.

»Es geht einfach nicht. Jack, hilf mal etwas.«

Jack, an seinem Rosinenbrot kauend, stand auf. Da sah er seinen Freund, das Muskelpaket, halb erschlafft. Langsam umkreiste er das Kopfende der beiden wie ein müder Kampfrichter.

»Was soll ich machen?«

»Zieh mal kräftig an dem Bein, vielleicht geht's dann.«

Als klaube er die Gliedmaßen einer vom Zug überfahrenen Leiche auf, erfaßte Jack das Fußgelenk der Frau und hob es hoch. Das Bein war nicht sonderlich verschwitzt, aber da es in der Hand rutschte, wechselte er zur rechten Hand über. Jack kehrte den beiden, so wie er stand, den Rücken und blickte in Richtung auf einen Brauereikalender, der dort an der Wand hing.

Während er mit der linken Hand sein Rosinenbrot aß, las er gelangweilt den Kalender an der Wand:

August: 5. Sonntag, 6. Montag, 7. Dienstag (Hundstage), 8. Mittwoch (Herbstbeginn), 9. Donnerstag, 10. Freitag, 11. Samstag, 12. Sonntag, 13. Montag, 14. Dienstag, 15. Mittwoch (Jahrestag des Kriegsendes), 16. Donnerstag, 17. Freitag, 18. Samstag, 19. Sonntag.

Jedesmal, wenn Gogi sich mit anscheinend zu Kräften gekommenem Atem der Frau näherte, gingen durch das Bein, das in Jacks rechter Hand hing, kurze wellenartige Bewegungen, sein Gewicht nahm zu, aber es war nicht zu befürchten, daß Jack die Zügel fahren ließe. Sein Rosinenbrot war nach wie vor bitter und sauer, und je mehr er davon aß, desto mehr klebte es in seinem Mund. Inzwischen, da Jack nicht glauben konnte, daß in seiner rechten Hand ein Frauenbein hing, überprüfte er dies noch einmal im fernen Licht der Stehlampe. Der Lack der Fußnägel war halb abgesplittert, und besonders der Nagel der kleinen Zehe, der zur Hälfte im Fleisch steckte, bildete eine seltsame Halbform. Die Schwielen von den Stöckelschuhen berührten Jacks Mittelfinger.

Bald darauf spürte er, wie Gogi aufstand und ihm auf die Schulter faßte.

»Es reicht«, sagte er. Jack ließ das Bein auf die Bodenmatte fallen.

Gogi zog rasch seine Hosen an und lief mit dem Buschhemd in der Hand zur Wohnungstür: »Danke auch, ich geh wieder. Das Weitere überlasse ich dir.«

Jack hörte das Geräusch des Türschließens. Er sah auf die liegende Frau herab, schob das letzte Stück Rosinenbrot in den Mund und fuhr fort in seinem langsamen trockenen Kauen. Mit der Fußspitze berührte er die Innenseite der Oberschenkel der Frau, aber sie stellte sich tot und bewegte sich nicht. Jack setzte sich mit untergeschlagenen Beinen zwischen ihre Beine. Man hatte das Weitere ihm überlassen. Dieser Kerl war wirklich arrogant und gab seltsame Aufträge.

... Er näherte sein Gesicht, mit übertriebener Etikette. Soviel die Frau sich auch tot stellen mochte, ihr Bauch atmete gesund. Der Wecker schnitzte die Zeit mit unheimlich primitivem Geräusch.

Arm und Flosse waren liebevoll verschlungen, sie umfaßten die Körper der Liebenden. Da erstarben ihre Kehle und ihre Brust und wurden alsbald zu einem blaugrünen, nach Tang stinkenden Stück...

Übersetzt von Itsuko Gelbrich

YOSHIYUKI JUNNOSUKE

Erdbeeren

»Kommen Sie kurz herein und ruhen Sie sich etwas aus. Darf ich Ihnen Tee anbieten?«
»Vielen Dank.«
»Daß eine hübsche Frau wie Sie als Autovertreter ins Haus kommt, hätte ich nicht gedacht. Sie machen sicherlich viele Abschlüsse.«
»Hübsch ja nun nicht. Aber mit meiner Arbeit geht es gut.«
»Das darf man wohl annehmen. Bei mir ist es doch auch so. Ich wollte noch keinen neuen Wagen kaufen, aber gegen alle Vorsicht ist auf einmal doch ein neuer Abschluß zustande gekommen.«
»Sie scherzen nur...«
»Sicher sind Sie durstig – bitte. Die Erdbeeren haben eine schöne Farbe. Sie paßt gut zu diesem Glasteller.«
»Wirklich schön. Aber Sie selbst haben ja gar keine Erdbeeren abbekommen.«
Der Mann ist vierzig Jahre alt; Direktor einer kleinen Firma.
»Ich esse nichts zwischendurch. Bitte, greifen Sie zu.«
»Ich habe Erdbeeren...«
»Mögen Sie keine?«
»Doch, ich mag sie. Aber unten habe ich eine Zahnprothese...«
»Bei Ihrer Jugend – das ist aber selten. Und daß Sie so offen davon sprechen! Normalerweise verbirgt man so etwas.«
»Wissen Sie, Erdbeeren haben viele kleine Vertiefungen, und in jeder ist ein winziges Kernchen versteckt, so klein wie Mohnsamen. Das ist das Schlimme daran. Das geht unter die künstlichen Zähne und bohrt sich ins Zahnfleisch.«

»Aha... Sind die oberen Zähne noch Ihre eigenen?«
»Ja.«
»Das sind doch schöne und gesunde Zähne. Warum sind dann die unteren Zähne...? Aber die Zähne unten sehen gar nicht wie künstliche aus.«
»Sie sind nicht künstlich.«
»Wie bitte?«
»Sie sind nur eingesetzt, aber es sind meine eigenen Zähne.«
»Aha, dann sind das eigene Zähne, die man in den Kiefer eingesetzt hat.«
»Sie wissen ja gut Bescheid. Bis jetzt habe ich nie jemanden getroffen, der das richtig verstand.«
»Mich erinnert das an eine Geschichte, die ich einmal gehört habe. Eine lustige Geschichte übrigens. Ihnen...« Der Mann nahm aus seiner Tasche die Visitenkarte, die ihm die Dame überreicht hatte, und las: »...Ihnen, Fräulein Mieko, äh, Frau Mizawa, will ich die Geschichte erzählen:
Es war einmal ein komischer Kauz. Etwa um die Zeit, als dieser Mann zum Studium in England war – es muß Mitte der zwanziger Jahre gewesen sein –, hatte er zum erstenmal seit seiner Geburt einen schlimmen Zahn, der sehr schmerzte. Er ging zum Zahnarzt und ließ ihn behandeln, aber das tat ihm wieder schrecklich weh. Wir kennen das ja, für einen empfindlichen Menschen ist eine zahnärztliche Behandlung unerträglich. Nun, oben und unten hat man zusammen zweiunddreißig Zähne.«
»So viele werden es sein.«
»Die Zahl der Zähne läßt Sie kalt. Aber dieser Mann überlegte sich, daß er noch einunddreißig Zähne übrig hatte und damit ebenso viele Gelegenheiten, Schmerzen zu bekommen. Als er das bedachte, fand er es in jeder Weise unerträglich. Für einen Zahn ohne Loch gibt es keine Garantie, daß er das ganze Leben ohne Loch bleibt. Deshalb bat er den Arzt, ihm mit einer Vollnarkose alle Zähne auf einmal zu ziehen und ihm ein Gebiß zu machen. In solch einem Fall kann man

für das künstliche Gebiß die eigenen Zähne gebrauchen. – Die Geschichte habe ich einmal gehört.«

»Daher kennen Sie das. Es gibt doch sonderbare Menschen.«

»Wenn bei Ihnen, Frau Mizawa, auch die eigenen Zähne verwendet wurden, muß es doch ein ähnlicher Fall sein.«

»Bei mir war es nicht aus Angst vor Schmerzen. Nur nach dem Unterkiefer hatte ich keine Lust mehr und ließ es oben dann bleiben.«

»Ihr falsches Gebiß, Frau Mizawa, ist offensichtlich nichts für Erdbeeren.«

»Dafür taugt es nicht.«

Mizawa Mieko nahm eine Erdbeere, die auf dem Glasteller lag, mit den Fingerspitzen hoch und betrachtete sie genau: »Böser brauner, kleiner Kern...«, sagte sie. Aber in ihre Worte mischte sich ein Ton, als habe sie eine Schwäche für diese Frucht.

»Da steckt doch sicher eine Geschichte dahinter.«

»...«

»Merkwürdig, daß Sie es nicht verheimlicht haben. Auch das scheint sich auf die Geschichte zu beziehen.«

»Ja...«

»Wollen Sie nicht erzählen?«

Seit Miekos Hochzeit mit Mizawa Shunzo war ein halbes Jahr vergangen.

Shunzo war dreiunddreißig Jahre alt. Kurz vor der Hochzeit hatte er zögernd angedeutet: Er habe ein falsches Gebiß. Mieko hatte schon früher etwas geahnt. Shunzo hatte eine für ein falsches Gebiß günstige Mundbildung; wenn er lachte, sah man das Zahnfleisch nicht. Dadurch konnte man mit den Augen nichts feststellen.

Beim ersten Kuß war keine Zeit dafür. Aber später bekam Mieko Lust, der Sache nachzugehen. Leicht zögernd betastete sie mit der Zungenspitze seine Schneidezähne. Aber mit dem Tastsinn der Zunge ließ es sich nicht feststellen. So wurde Miekos Zunge in seinen Mund gelockt. Einmal fand

ihre Zunge an der Rückseite seiner Zähne etwas wie Harz, und ganz hinten am Oberkiefer war etwas Glattes, Metallisches zu fühlen.
Aber so genau ließ es sich nicht feststellen. Er verbarg es wie eine Blöße. Ja, sogar nach der Heirat, wenn eine Blöße keine Blöße mehr ist, hatte er im Mund etwas zu verbergen.
Als er es nicht verriet, fragte Mieko geradeheraus: »Was ist mit deinem Gebiß?«
Er machte eine unsichere Miene und heftete seine Augen auf Miekos Ohrläppchen:
»Ich hatte verschiedene Schwierigkeiten, dadurch sind sie so schlecht geworden.«
»Gibt es denn einen Zusammenhang zwischen Schwierigkeiten und Zähnen?«
»Zum Teil hab' ich's von den Eltern geerbt. Mein Vater hat auch mit dreißig schon ein ganzes Gebiß bekommen.«
»Was, du hast ein ganzes Gebiß?«
»Nicht ganz.«
»Wieviel denn?«
»Relativ schlimm. Ziemlich schlimm.«
Hätte sie noch mehr gefragt, so hätte er sich ausgefragt gefühlt, darum ließ Mieko es bleiben.
Drei Monate nach der Hochzeit wußte Mieko noch immer nichts Genaueres über sein Gebiß. Wenn sie sich morgens, bevor er zur Arbeit ging, von hinten seinem Rücken näherte, machte er jedesmal eine heimliche Bewegung. Dann wandte er sich ihr zu, sein Gesicht mit dem Handtuch reibend, und sein Mund war wie sonst. Aber ihr kam es vor, als läge auf seinem Gesicht ein Anflug von Scheinheiligkeit.
»Hast du was?«
»Was denn?«
»Zeig mal.«
»Was denn?«
»Du brauchst doch vor mir nichts verbergen. Zeig mal her.«

»Ja, aber was?«
»Deinen Mund ohne Gebiß.«
»Ich mag das nicht, irgendwie hab' ich was dagegen. Allerdings, da ich noch jung bin, ändert sich die Mundform nicht, wenn ich die Zähne herausnehme. Nicht wie bei einem alten Mann, bei dem sich der Mund zusammenschiebt und viele senkrechte Fältchen bildet.«
»Dann ist's doch gut.«
»Du bist aufdringlich. Wenn ich es nicht mag, brauchst du mich nicht erst daran zu erinnern.«
»Aber ich habe das Gefühl, daß du ein Geheimnis hast.«
»Das nennt man doch kein Geheimnis.«
»Aber es ist für die Frau unangenehm, mit einem Mann zu leben, von dem sie nicht weiß, wieviel Zähne er hat«, sagte sie liebkosend. Doch er sagte gleich schlechtgelaunt: »Sei nicht so aufdringlich. Hör auf!«

Ein halbes Jahr später bekam Mieko Mizawa Besuch von Michida Tomoko, einer Klassenkameradin aus der Zeit der Höheren Schule.
»Heut' ist ausgerechnet Sonntag – störe ich dich? Ich gehe gleich wieder, ich wollte nur kurz vorbeikommen, da ich gerade in der Nähe war«, sagte Tomoko, wobei sie beim Lächeln die Eckzähne zeigte. Mieko hatte Tomoko lange nicht gesehen. Es war nur natürlich, daß Tomoko inzwischen sehr erwachsen geworden und fast nicht wiederzuerkennen war. Ihre Gesichtszüge schienen ganz anders als früher.
»Macht nichts. Bleib ruhig da.«
»Ich gratuliere zur Heirat. Ich habe zufällig davon gehört.«
»Und du?«
»Noch nicht. Da ist so einiges gewesen... Neuerdings neige ich zum Alleinsein.«
»Aber nein! Jedenfalls haben wir uns ewig nicht gesehen. Es sind doch schon über zehn Jahre.«
»Ja. Neulich bekam ich ein Adreßbuch von der Schule zugeschickt, und da habe ich mich wieder an dich erinnert und

eine Gelegenheit abgepaßt, dich einmal zu besuchen. Jedenfalls ein Glück, daß du heute nicht ausgegangen bist.«
»Weißt du, ich gehe noch arbeiten, deshalb bleibe ich sonntags mit meinem Mann einfach zu Hause. Mein Mann baut im Hof an einem Briefkasten oder etwas Ähnlichem, er ist nämlich Sonntagsbastler. Ich rufe ihn herein.«
»Ach, laß doch bis später, wenn er gerade beschäftigt ist.«
»Macht nichts. ich möchte ihn dir zeigen. Er ist ziemlich hübsch. Er gefällt mir.«
»Fängst du wieder so an. Du bist immer noch die alte, Mieko.«

Der Mann und die beiden Frauen hatten im Wohnzimmer angefangen, sich zu unterhalten. Da sagte Mieko: »Bis zum Essen ist noch eine Weile, Tomoko, kann ich dir nichts vorsetzen?«
»Schon gut, mach keine Umstände. Ich gehe gleich wieder.«
»Es ist noch Mais da, den ich gestern gekauft habe. Das ist zwar nicht vornehm, aber Maisknabbern erinnert so an früher«, sagte Mieko und machte dabei ein Gesicht, als wolle sie sich an etwas erinnern, aber es gelang ihr nicht.
»Für Shunzo ist gedämpfter Mais besser. Mir wäre ja, wenn es ohnehin nicht vornehm zu sein braucht, gegrillter Mais mit Sojasoße am liebsten. Aber gedämpfter ist weicher... Mein Mann hat nämlich sehr schlechte Zähne, Tomoko. Obwohl er noch jung ist, hat er beinahe eine volle Prothese.«
»Na, na«, fuhr Shunzos Stimme leicht ärgerlich dazwischen. Ausgerechnet vor einer Frau, die er zum erstenmal sah, brauchte sie das nicht zu sagen. Noch dazu vor einer recht attraktiven Frau...
Da sagte Tomoko: »Ach, ich habe auch sehr schlechte Zähne.« Ihrer Stimme hörte man an, daß sie Shunzo zu Hilfe kommen wollte.
»Aber schöne Zähne –«, sagte Mieko. Da fiel ihr plötzlich ein, an was sie sich vorhin nicht erinnern konnte: »Aber

natürlich, Tomoko, du hattest ja schon in der Schulzeit schlechte Zähne. Jetzt fällt mir ein, daß dir vorn ein Zahn fehlte. Aber sie sind sehr schön repariert.«
Tomoko öffnete leicht den Mund und drückte die Fingerspitzen gegen die Schneidezähne: »Nennt man das reparieren? Aber nachdem ich gehört habe, daß dein Mann ein volles Gebiß hat, kann ich ja ruhig zugeben, daß ich inzwischen auch ein ganzes Gebiß bekommen habe.«
»Was, Sie auch«, fuhr es Shunzo heraus. In seiner Stimme war Erstaunen und Sympathie. »Aber man merkt es nicht, es sieht aus wie die eigenen Zähne...«, begann Mieko, aber Shunzo schnitt ihr das Wort ab: »Ihr Zahnarzt ist geschickt. Wenn die Zahnreihe zu schön geordnet ist, sieht sie eher künstlich aus. Aber hier ist sie absichtlich etwas unregelmäßig gesetzt; das ist vernünftig.«
»Wirklich. Man kann die Eckzähne sehen.«
Bis hierhin hatte Mieko an diesem Gespräch noch Interesse gehabt und Shunzos Worten beigepflichtet.
»Das stimmt. Anfangs wurden mir, wie Sie sagten, schön geordnete Zähne gemacht. Als ich aber zu meinem späteren Arzt in Behandlung kam, sagte er, meine Zähne seien nicht besonders gut gemacht und ich soll ihm ein Bild aus meiner Kindheit mitbringen. Daraufhin habe ich ein Bild mitgenommen, auf dem ich lache. Bei diesem Bild merkte man, daß ich vorstehende Eckzähne gehabt hatte.«
»Jedenfalls ist dieser Arzt sehr gut. Welcher Arzt ist es denn?«
»Ja, das heißt – er ist voriges Jahr gestorben.«
»Das ist aber schade. Ich dachte, Sie könnten mich empfehlen. Denn man muß doch irgendwann einmal die Zähne neu machen lassen. Bei mir sind jetzt oben drei und unten zwei Zähne übriggeblieben. Das stört aber gerade, daß einige geblieben sind, denn früher oder später müssen sie auch kaputtgehen. Wenn das passiert und man alle ziehen lassen muß, dann muß alles neu gemacht werden... Na, Sie kennen das ja zur Genüge.«

Da fuhr ihm Mieko ins Wort: »Was, von deinen Zähnen sind also oben noch drei und unten zwei übriggeblieben. Diese Zahl höre ich zum erstenmal. Mir hast du davon nichts verraten, aber Fräulein Tomoko hast du es gleich gestanden, obwohl du sie heute erst kennengelernt hast. Das ist allerhand, das ist allerhand!« sagte Mieko lachend in scherzhaftem Ton, in den sich etwas Erregung mischte.
Shunzo bemerkte Miekos Stimmung und sagte heiter: »Das ist nun mal so. Prothesengefährten sind verwandte Seelen.«
»Wirklich, wenn zwei so jung schon eine Prothese haben, kann man sich der Sympathie füreinander nicht enthalten.«
»Wie ärgerlich. Mir hat er sich nie ohne Prothese gezeigt, Tomoko, wie oft ich ihn auch gebeten habe.«
»So bin ich nun mal. Ein Beweis dafür, daß ich mich noch nicht ganz gehenlasse«, sagte Shunzo beschwingt. In scherzendem Ton erwiderte Tomoko schnell: »Ihr vertragt euch gut. Daran sieht man eure Verliebtheit.«
Nach diesen Worten war der kritische Punkt überwunden. Da Shunzos Worte leichtfertig geklungen hatten, als seien sie nur für Partner bestimmt, die einander eng verbunden sind, wurde es auch Mieko leichter ums Herz. Sie lachte wohlgelaunt über Shunzos Scherz.
Da sie sich nun nicht mehr verpflichtet fühlten, auf Mieko Rücksicht zu nehmen, entspann sich zwischen Shunzo und Tomoko ein ausgedehntes Gespräch über künstliche Zähne.
»Ja, Fräulein Tomoko, hat man für Ihre Gaumenplatte eine Goldlegierung genommen?«
Eine Gaumenplatte aus Goldlegierung, das hörte sich für Miekos Ohren wie ein Geheimwort an, dessen Sinn erst später zu verstehen war. Aber für Tomoko schienen solche Ausdrücke im Rahmen der Allgemeinbildung zu liegen: »Ja, das ist doch das Beste.«
Mieko stand auf und brachte einen Teller voll gedämpften

Mais. Shunzo langte sofort zu und sagte kauend: »Alle, die unsere Zahnprobleme nicht kennen, denken sicher, daß harte Sachen nichts für uns sind, aber dem ist nicht so. Selbstverständlich ist etwas Steinhartes unangenehm, aber zum Beispiel harte Reiskekse machen seltsamerweise nichts aus. Etwas Hartes stört nicht, wenn es nur zerbricht. Was nichts für uns ist, sind zähe Sachen. Wenn etwas so zäh ist, daß man es nicht durchbeißen kann, das ist schlecht«, sagte er zu Mieko gewandt. »Nicht wahr, Fräulein Tomoko, das stimmt doch.«

»Ganz genau. Aber seit ich die Gußplatte habe, kann ich auch Zähes einigermaßen essen.«

»Wie ist das zum Beispiel mit Vogelmuscheln?«

»Vogelmuscheln gehen.«

»Das ist aber ausgezeichnet. Mir machen sie doch Schwierigkeiten. Ihr Arzt muß sehr gut sein.«

»Aber Erdbeeren sind nichts.«

»Ja, das stimmt. Erdbeeren...« Shunzo richtete sich im Stuhl auf. Das Gespräch wurde lebhafter.

»Erdbeeren...«

»Erdbeeren!«

Die beiden nickten sich zu. Sie lächelten sich zu. Für Mieko, die gar nicht verstand, was das bedeuten sollte, hörte es sich wie eine Geheimsprache an. Zwischen Tomoko und Shunzo herrschte jetzt sichtbar ein Einverständnis, von dessen Strom Mieko ausgeschlossen war.

»Erdbeeren? Was ist denn mit Erdbeeren?« unterbrach Mieko.

»Es geht halt nicht. Man kann sie nicht essen.«

»Warum? So etwas Weiches.«

»Es geht eben nicht. Erdbeeren haben nämlich kleine Kernchen...«, erklärte Shunzo. Fröhlich und stolz, Tomoko hin und wieder zunickend und ihre Zustimmung erheischend, erzählte er weiter. Ausführlich sprach er von seinem schwachen Punkt, von dieser häßlichen Stelle. Daß er darauf stolz sein konnte, war nicht zu verstehen.

Mieko sagte fragend: »Was ist denn! Das scheint dir Spaß zu machen.«

»Ein Spaß ist das auf keinen Fall. Eine traurige Sache, nicht wahr, Fräulein Tomoko. Jedenfalls sind Ihre Zähne sehr früh kaputtgegangen. Wenn Sie Miekos Klassenkameradin sind, dann sind Sie doch noch in den Zwanzigern.«

»Schon in der Mittelschule waren sie ziemlich schlecht.«

»Bei mir war schon in der Prima vorauszusehen, daß ich in naher Zukunft ein Gebiß brauchen würde. Das war noch zu einer Zeit, als ich ein pausbäckiger Jüngling war. Damals waren meine Lippen noch blutrot. Es gibt einen Dichter, der den Gegensatz zwischen roten Knabenlippen und den anorganischen künstlichen Zähnen eines Greises bedichtet hat. Sicher kann ein Dichter aus solchen Dingen viel Atmosphäre schöpfen, aber für den Betroffenen ist es nur traurig.«

Shunzo war sehr gesprächig geworden. Tomokos Augen glänzten.

»Wenn das Gespräch einmal auf die Zähne kommt, gibt es kein Ende, wieviel man auch darüber sagt.«

»Wirklich, das stimmt.«

»Und dazu findet man auch nur schwer einen Partner. Nehmen wir zum Beispiel Mieko: bei ihr sind die Zähne die Gesundheit selbst, sie hat nicht einen einzigen kaputten Zahn.«

Shunzo wandte seine Augen auf Mieko, und Mieko schien es, als schimmerte in diesen Augen ein Anflug von Verachtung. Als sie die beiden Gesichter, Shunzos und Tomokos, verglich, verspürte sie etwas wie ein Minderwertigkeitsgefühl darüber, daß sie kein einziges Loch in den Zähnen hatte. Mieko wunderte sich über ihre Empfindung, die doch eigentlich Überlegenheit hätte sein müssen...

»Interessant«, sagte der Herr, der Mizawa Mieko gegenübersaß. Bis dahin hatte er sich die Geschichte angehört und oft dazu genickt. Nun meinte er: »Und dann ging wohl die Unterhaltung der beiden – oder nennen wir's das vertrauliche Gespräch – immer weiter. Es ging sogar so weit, daß Sie sich entschlossen, sich Ihre eigenen gesunden Zähne ziehen und ein volles Gebiß machen zu lassen.«

»So war es.«

»Aber ich wundere mich, daß es einen Zahnarzt gab, der diese Aufgabe übernahm.«

»Das könnte man sagen. Aber jedenfalls war es wirklich so, wie ich Ihnen erzählte«, sagte sie mit Nachdruck. Auf diesen bestimmten Ton hin blickte der Mann seine Gesprächspartnerin an und prüfte sie mit den Augen.

»Interessant«, sagte er nochmals. »Daß Sie so ohne Scheu zugeben, ein künstliches Gebiß zu haben, ist wohl ein Zeichen, daß Sie von einer Art Minderwertigkeitsgefühl befreit sind. Was ist das nun: ein Trick? Oder ist es Verliebtheit? Oder weiblicher Eigensinn?« sagte er, die letzten Worte vor sich hinmurmelnd. »Und noch etwas: Warum haben Sie es bei den unteren Zähnen bewenden lassen?«

»Weil es zu weh tat, hatte ich es dann satt. Auch der Arzt riet mir ab...«

Der Mann machte ein nachdenkliches Gesicht. Bald darauf verabschiedete sich die Autovertreterin Mizawa Mieko, wobei sie im lächelnden Gesicht die Zähne entblößte.

Spät am Abend saß der Mann in einer Bar. Angetrunken machte er Scherze und neckte die Frauen. Plötzlich wurde sein Gesicht ernst. Was er mit sich herumgetragen hatte, fiel ihm wieder ein. Ob diese Frau Mieko Mizawa wirklich ein künstliches Gebiß hatte? Ihre Geschichte mußte zum größeren Teil wahr sein. Bis dahin, daß sie, aus der Gemeinschaft ausgeschlossen, die ihr Mann und die Besucherin bildeten, sich entschloß, ein künstliches Gebiß anfertigen zu lassen, konnte die Geschichte wahr sein. Aber war nach diesem Entschluß das Weitere vielleicht nur Phantasie, eine Illusion, die sich in ihrem Herzen breitgemacht hatte? Die durch die Erdbeeren vielleicht heraufbeschworen worden war?

Er wußte es nicht –. Solange ich nicht mit dem Finger in Mizawa Miekos rote Lippen hineinfühle, kann ich es nicht wissen, dachte der Mann. Plötzlich verspürte er ein jähes sinnliches Verlangen. Er faßte der Frau, die neben ihm stand, auf die Schulter: »Na, heute abend gehst du mit mir ins Hotel!«

»Gibt's denn was Gutes?«

»Sicher. Wenn du mit mir kommst, erlebst du was Interessantes. Da stellen wir ans Kopfende ein Glas, da lege ich mein Gebiß hinein, und dann schlafen wir. Na, das ist doch interessant!«

»Nein, schrecklich! Ist das wahr!« fragte die Frau und starrte auf seinen Mund.

»Du kannst es glauben.«

»Aber man merkt es gar nicht!«

»Es ist doch nur ein Scherz.«

Daß dies nicht gelogen war, wußte er genau, denn schließlich handelte es sich um seinen eigenen Mund. Aber was mochte in Mizawa Miekos Mund sein? Wenn er heute nachmittag so mit ihr gesprochen hätte, wäre vielleicht gar ein Verhältnis mit ihr zustande gekommen.

Oder doch nicht. Denn wenn es Lüge war, ging es nur um ein eingebildetes Gebiß, und wenn es die Wahrheit war – dann war die Verbindung mit ihrem Mann zu fest.

Er hatte die Vorstellung, er brächte eine rote Erdbeere vorsichtig an Mizawa Miekos rote Lippen, aber sie schüttelte gleich heftig den Kopf.

»Na, ist mir egal.« Er nahm den Wein vom Tisch und stürzte ihn hinunter.

Übersetzt von Ekkehard Gelbrich

ENCHI FUMIKO

Ahorn im Winter

»Verliebt bin ich...«, flüsterte Yōko vor sich hin, während sie im Spiegel ihr Gesicht betrachtete. Die Linien, die von den Wangen zu den Mundwinkeln führten, verzogen sich zu unbestimmten Wellenbergen und -tälern. Bedeuteten sie nun unterdrückten Schmerz oder zurückgedrängte Freude? Jedenfalls glaubte Yōko in dieser unnatürlichen Miene, von der sie sich selbst abgestoßen fühlte, den Kampf zu erkennen, den die zu ihrem Alter wenig passende, plötzlich aufgeflammte, sie bestürmende Lebensenergie gegen eine sich dagegen stemmende Kraft ausfocht. Im Augenblick aber, in dem ihr das klar wurde, regte sich in ihr auch schon der Instinkt der Schauspielerin, und prüfend blickte sie regungslos in den Spiegel, während ihre Fingerspitzen, die in Kreisen über die Wangen strichen, herauszufinden suchten, wie der Mechanismus, der hinter dieser unbestimmten Verzerrung steckte, die Muskeln in Bewegung setzte.

Unter der zarten Haut spürte sie das quallenhafte Fleisch, dessen unter den Fingerspitzen zitternde, schlaffe Weichheit sie erschauern ließ. Die fehlenden oder abgebrochenen Backenzähne vertieften die an den Mundwinkeln bereits auftauchenden undefinierbaren Fältchen, die sowohl Leid als auch Freude auszudrücken schienen. Und die Augen?... unlösbar schien die Disharmonie zwischen der jugendlichen Lebhaftigkeit in den schmelzenden, schmalen, schwarz glänzenden Augen und der Abgespanntheit, die aus den ausgetrockneten, matten, eingesunkenen Lidern sprach, die in wellenförmigen Fältchen die Augen umgaben... häßlich die sexuelle Begierde, die durch solche Disharmonie um so nackter hervortrat... Yōko schüttelte erschrocken den Kopf, schloß die Augen und klappte leise die Flügel des dreiteiligen Spiegels zusammen, als wollte sie sagen: Nur nicht noch mehr sehen müssen!

Behutsam rutschte sie zu dem kleinen Tisch hinüber, der gleich neben der Spiegelkommode stand. Da sah sie, daß quer auf dem aufgeschlagenen Rollentext neben dem Telefon noch immer der Hörer lag. Hatte sie nach dem Anruf bei Tachibana den Hörer dort einfach liegenlassen, sich gleich vor den Spiegel gehockt und verloren in ihr Gesicht gestarrt?

Yōko mußte zugeben, daß ihr Ärger so kindisch war wie bei einem zwanzigjährigen Mädchen. Ohne Eile legte sie den Hörer auf seinen Platz zurück.

Sofort, als hätte es nur darauf gewartet, klingelte das Telefon. Hastig nahm sie den Hörer auf, aber es meldete sich nicht, wie erhofft, Tachibanas junge, leicht abgehackte, kurzangebundene Stimme.

»Hallo, Yō-chan, bist du's? Was ist los? Ich versuche schon eine Ewigkeit, dich zu erreichen, bin aber nie durchgekommen.«

Fujikis vertraute Baritonstimme klang munter an ihr Ohr, wie immer jedoch im ersten Augenblick barsch, obgleich nicht ohne Wärme.

Fujiki war einer ihrer Schauspielerkollegen.

»Tut mir leid, der Hörer war auf den Rollentext gefallen.« Ihre kühle Stimme verriet auch nicht ein Gran jenes Selbsthasses, den sie bis eben empfunden hatte.

»Wie schmeichelhaft! Was meinst du damit? Es...«

»Gewiß doch kein Grund zu Vorwürfen. Es kann dir nur zeigen, wie eifrig ich mich deines Werkes annehme.«

»Nun hör' doch einer! Was soll man darauf sagen? Lassen wir das lieber auf sich beruhen...«

Dieses Fernsehspiel war das erste, das Fujiki selbst verfaßt hatte. In der Vorankündigung hieß es denn auch: Autor und Darsteller Fujiki Saburō. Bei den Proben begegneten sich Yōko und Fujiki in letzter Zeit fast täglich. Yōko hatte auf Fujikis Wunsch hin die Hauptrolle übernommen.

»Sag mal, hast du heute nach der Probe im KB-Studio frei?«
»Ja, eventuell schon. Hast du einen Wunsch?«
»Kann's nicht ein bißchen weniger formell sein? Ich möchte dich nur mal was fragen. Und wenn's dir recht ist, spar dir das Essen auf.«
»Eine Einladung?«
»Einladung ist wohl zuviel gesagt. Ich wollte dir... Ach, weißt du, wenn wir uns treffen, dann wirst du alles Weitere hören.«
Kaum hatte Yōko zugesagt, hängte Fujiki auf.
Worüber Fujiki mit ihr sprechen wollte, konnte sie sich allerdings denken; höchstwahrscheinlich über eine Frau. Sie waren beide als blutjunge Laien zur gleichen Zeit in die kleine Theaterschule T. eingetreten und gehörten heute zu jener Handvoll bühnenerfahrener Schauspieler, die auf dem Gebiet des »Neuen Theaters« etwas galten. Dennoch redeten sie sich, wenn sie sich begegneten, zur Belustigung der jungen Schauspieler noch immer mit Yō-chan und Sabu-chan an. Sie fanden einander keineswegs unsympathisch, doch war es seltsamerweise nie zu einer Liebesbeziehung zwischen ihnen gekommen; sie hatten durch alle diese Jahre rein kameradschaftlich miteinander verkehrt. Fujiki – zuständig für das Rollenfach des Liebhabers – und sie waren häufig als Ehe- und Liebespaar aufgetreten, bald hatten sie sich auf der Bühne an den Händen gehalten oder umarmt, so daß Yōko, ihren verstorbenen Mann ausgenommen, die physischen Eigenschaften keines Mannes so gut kannte wie die Fujikis. Das schien auch Fujiki zu spüren. Denn praktisch immer, wenn es zu Hause seiner neuesten Freundin wegen zu Schwierigkeiten kam, war es Yōko, der er sein Herz ausschüttete. Überdies waren Yōko und Fujikis Frau, Fusae, während ihrer Theaterausbildung Schülerinnen desselben Jahrgangs gewesen, und sie hatten sich besonders gut verstanden. Deshalb war es eine ausgemachte Sache, daß, wenn Fujiki eine neue Affäre hatte, Yōko die Aufgabe zufiel, Fusae zu trösten.

»Wieder einmal die Friedensstifterin spielen? Eigentlich bin ich es nun bald leid.«

Nach diesem Abgang stand sie auf. Im Grunde aber fand sie es nicht weiter schlimm, daß Fujiki solche Affären hatte. Sie wußte auch genau, daß sie es als Kränkung empfunden hätte, wenn Fujiki diese Dinge, ohne sie zu konsultieren, mit anderen Frauen besprochen hätte.

»Bitte stellen Sie das Telefon wieder um«, rief sie ihrer Haushaltshilfe von der Treppe im ersten Stock aus zu. Dann setzte sie sich wieder an den Tisch. Sie nahm den Text von Fujikis Fernsehspiel auf, korrigierte ihre Haltung; aber sie konnte sich nicht mehr konzentrieren. Die Geschichte handelte von einer noch in der Meiji-Zeit geborenen, verwitweten Mutter. Diese Mutter, die während ihres langen Ehelebens die Lust am Sex nicht ein einziges Mal hatte voll auskosten dürfen, wird sich, als sie nun die Liebe ihrer Tochter miterlebt, bewußt, wie allmählich auch in ihr die sexuelle Begierde erwacht. Es ist nicht Eifersucht, es ist die nie selbst erfahrene weibliche Lust, die sie jetzt an der Tochter miterlebt. Als sie zuletzt dem Geliebten der Tochter begegnet, sieht sie sich jedoch von ihrer Vorstellung getäuscht: in keiner Weise entspricht er ihrem Typ von Mann.

Yōko spielte die Mutter, Fujiki den Junggesellen mittleren Alters, der die Tochter liebt. Anfangs, als Yōko sich mit dem Drehbuch zu beschäftigen begann, hatte sie nur vage empfunden: Für einen Laien wie Sabu-chan ist das ja ziemlich gekonnt. Aber seitdem sie Tachibana häufiger sah, den sie als Ehemann für ihre Nichte Kanako zu gewinnen trachtete, war ihr hin und wieder beim Lesen des Textes, als spräche ihre eigene Stimme zu ihr. Und umgekehrt fühlte sie sich, wenn das Spiel von ihrer Person abrückte, oft hilflos.

Auch dieses »Verliebt bin ich«, das sie vorhin vor dem Spiegel geflüstert hatte, stammte aus ihrem Rollentext, doch hatte es sich in dem Moment, als sie es aussprach, in ihr Gefühl für Tachibana verwandelt.

Wenn sie es sich recht überlegte, so hatte sie dieses seltsame

Drehbuch zu einem höchst seltsamen Zeitpunkt in die Hand bekommen. Aus Erfahrung wußte sie, daß, wenn sie die Wirklichkeit so unmittelbar in die Handlung hineintrug, dieses halb verstandene Sich-Einfühlen das Spiel eher behinderte. Yōko bemühte sich deshalb, eine klare Trennungslinie zwischen dem Stück und dem ihr selbst sonderbar erscheinenden Gefühl für Tachibana zu ziehen, doch der Teufelskreis war um so schwieriger zu durchbrechen, als das Rollenalter mit ihrem eigenen ungefähr zusammenfiel.

Vorhin am Telefon hatte sie Tachibana gefragt, ob er nicht übermorgen, am Samstag, bei ihr zu Abend essen wolle, da auch ihre Nichte Kanako sie besuchen komme. Aber Tachibana hatte kurzerhand abgelehnt. Die Arbeit an dem neuen Schiff, das am Monatsende auf Probefahrt auslaufen solle, erlaube ihm jetzt nicht einmal, sonntags am Arbeitsplatz zu fehlen, weshalb er natürlich auch im Samstag nicht vorm späten Abend heimkommen würde.

Tachibana war ein junger Mann, der, seitdem er vor drei, vier Jahren sein Universitätsstudium abgeschlossen und als Ingenieur bei der Schiffbaufirma I. angefangen hatte, sein Leben, überspitzt gesagt, damit zubrachte, 365 Tage im Jahr auf der Werft zwischen Dock und Eisenplanken hin- und herzulaufen. Sie hatte diesen Tachibana, dessen Leben so völlig aus ihren Kreisen herausfiel, bei Aufnahmen zu einem Film kennengelernt, in dem eine Werft vorkam. Die gesamte Belegschaft des Filmstudios hatte die Werft zu Studienzwecken aufgesucht, und Tachibana war einer von denen gewesen, die sie einführten. Yōko, die in diesem Film die Mutter eines jungen Ingenieurs darstellte, hatte sich mit ihren Fragen insbesondere an Tachibana gewandt.

Tachibana besaß zwar nicht das leiseste Interesse für Literatur oder Theater, doch in Yōkos Augen wirkte diese Gleichgültigkeit weniger ungeschliffen als männlich. Jedenfalls war er ein junger Mann, der in ihrer unmittelbaren Umgebung so schnell nicht zu finden war, und als sie hörte, er sei noch unverheiratet, erschien er ihr als der richtige Partner für ihre dem üblichen Heiratsalter schon entwachsene Nichte Kanako. Im übrigen hatte auch Kanako beruflich keinerlei Beziehungen zum Theater; sie arbeitete als Pharmazeutin in einem staatlichen Krankenhaus. Und auch wenn die nun schon fünfundzwanzigjährige Kanako einen Beruf habe und durchaus allein leben könne, stand in jedem Brief, den Yōkos Schwester nach Tōkyō schickte, sei dennoch eine baldige Heirat wünschenswert; die Familie machte sich nämlich reichlich übertriebene Vorstellungen vom Ausmaß ihres Bekanntenkreises.

Fragte man Kanako selbst, äußerte sie, daß sie auch nach der Heirat ihren Beruf nicht aufzugeben gedenke. Ich schäume nun mal nicht über vor Temperament, ich bin ein schlichter, praktischer Mensch. Ich könnte nur einen Mann heiraten, der zu Haus keine allzu hohen Ansprüche stellt, lautete die vollkommen sachliche Antwort. Unter Yōkos jugendlichen Bekannten befand sich kaum solch ein »Heiliger«, dem bei allem Berufseifer in den Sinn gekommen wäre, das Leben an die zweite Stelle zu setzen, schon darum nicht, weil er sonst seinen Schauspielerberuf gar nicht ausüben könnte. Auch stellten alle diese Leute die verschiedensten Bedingungen an die Frau ihrer Wahl; zunächst einmal gab es wenige Männer, die eine so spröde Frau wie Kanako akzeptieren würden. Außerdem hatte Yōko, die ihres eigenen Schauspielercharakters überdrüssig war, nicht die geringste Lust, Kanako, ihre nächste Verwandte, einem Mann anzuvertrauen, den sein Beruf ständig Haut an Haut mit anderen Menschen brachte.

Yōkos seltsam verwickeltes Gefühl hatte damit begonnen, daß ihr auf einmal der Gedanke gekommen war, gerade Tachibana, ungekünstelt und geradlinig wie er war, könnte möglicherweise gut zu Kanako passen.

So hatte sie sich schon während der Aufnahmearbeiten auf der Werft ungeduldig gefragt, ob Tachibana, der im heiratsfähigen Alter stand, bereits verlobt sei, und gleich nach Beendigung der Dreharbeiten vor Ort fragte sie den Werftleiter umschweifig darüber aus. Sie erfuhr, daß vermutlich die

Arbeit Tachibana so sehr in Trab halte, daß er überhaupt nicht ans Heiraten denke.
»Der ist ein wenig anders als der Durchschnitt. Zwar wirkt er wie alle die anderen, aber, wie Sie wissen, kennt er nur seine Arbeit. Ja, was soll man davon halten, daß man von keiner einzigen Frauengeschichte hört? Wahrscheinlich nicht gerade der geeignete Ehemann für eine moderne Frau«, meinte der Werftleiter, wobei er ausdrücklich hinzufügte, daß die Firma natürlich Tachibanas Fähigkeiten als Ingenieur sehr schätze.
»Ich selber habe ihm zwei-, dreimal eine Heiratskandidatin vorgeschlagen, da er ja in dem Alter ist und ich darum gebeten worden war. Aber er biß nie an; seine Kollegen meinten schon, der habe längst einem Mädel sein Wort gegeben, doch als dann jemand, der seine Tochter mit ihm verheiraten wollte, eine Detektei beauftragte, förderte auch die nichts zutage. Hier am Arbeitsplatz findet er jedenfalls schwerlich ein Mädel. Aber, Frau Nojiri, mir will scheinen, eine aus Ihrer Theaterwelt wäre besonders ungeeignet.«
»Nicht doch, mit Theater und Film hat sie gar nichts zu tun. – Es handelt sich um meine Nichte, und – nun, sie ist kein besonders sinnlicher Mensch.« Nach dieser Einführung zählte Yōko die Daten von Kanakos Lebenslauf kurz auf.
»Möglicherweise bin ich etwas voreingenommen, aber sie ist nicht gerade dumm, sie ist offen, und sie sieht durchschnittlich hübsch aus.«
»Gut vorzustellen, da es Ihre Nichte ist, Frau Nojiri.«
»Wo denken Sie hin! Ich hätte doch heutzutage nicht die geringste Chance mehr, Schauspielerin zu werden, schon Kanako ist größer als ich, wie sie mich überhaupt in jeder Hinsicht überragt.«
Nach derlei Plauderei war man übereingekommen, das beste sei, Tachibana zum näheren Kennenlernen zunächst unverbindlich nach Hause einzuladen, da er womöglich vor einer direkten Heiratsvermittlung zurückschrecken könnte. Aber auch diese Einladung kam nicht gleich zustande; sowohl

Yōko als auch Tachibana waren zu beschäftigt. Als dann ein oder zwei Monate später Kanako und Tachibana zum erstenmal bei einem Abendessen in Yōkos Haus zusammentrafen, war der Sommer schon vorbei.

Auf der Werft machte Tachibana in seinem baumwollenen, schmutzigen Arbeitskittel, mit dem rundlichen Kinn, dem kleinen Gesicht einen leicht kindlichen Eindruck, im Straßenanzug wirkte er hingegen durchaus wie ein Mann, den man heiraten könnte.

Da Kanako Fremden gegenüber von Natur aus schweigsam war, führten Yōko und Tachibana während des Essens die Unterhaltung fast allein. Yōko wollte von Tachibana zwar etwas über die Werft hören, doch was sie in Wahrheit interessierte, war nicht seine Arbeit an sich, sondern der Mensch Tachibana, dessen Herz für seine Arbeit in der Schwerindustrie schlug, einer Arbeit, über die Leute wie sie nichts wußten und auch nicht allzuviel wissen wollten.

Wenngleich Tachibana alle Fragen genau beantwortete, so erzählte er aber weder von irgendwelchen besonderen Ambitionen, noch sagte er, daß er die Arbeit über alles liebe.

»So ein Titel wie Schiffbauingenieur mag gut klingen, aber das Ganze hat etwas vom Beruf eines Handwerkers. Außerdem arbeitet man da mit vielen Menschen zusammen, als einziger läßt sich da schlecht faulenzen.« Auf diese Weise redete er munter drauflos, doch da Yōkos und Kanakos Leben so gar nicht seine Neugier erregten, wurden sie etwas ungeduldig. Sicher hätten neun von zehn Männern, wenn ihr Arbeitsalltag in einem Film dargestellt wird, Interesse gezeigt und die eine oder andere Frage gestellt, nicht so Tachibana. Yōko vermißte das bei ihm. Trotzdem blieb, als er gegangen war, der angenehme Eindruck eines schlichten Menschen, frei von jeglicher Angeberei.

»Kana-chan, wie gefällt er dir nun? Sag, würdest du so einen Menschen von vornherein ablehnen?« wandte sich Yōko etwas übereifrig an Kanako, die den fragenden Blick kühl zurückgab.

»Wie ich ihn finde? Mein erster Eindruck: nicht unsympathisch... aber nicht wahr, ans Heiraten denkt der ja gar nicht.«
Im Krankenhaus, erzählte sie, arbeiteten beispielsweise junge Ärzte, denen eine Frau ansehe, so einer möchte demnächst heiraten, und es sei ganz selten, daß man sich dabei täusche.
»Wie soll ich das ausdrücken? Vielleicht hört es sich reichlich ordinär an, aber erfahrene Krankenschwestern sagen in solchen Fällen: scheint gerade brünstig zu sein. Ich selbst habe seit ein, zwei Jahren auch ein Gespür dafür. Nicht, daß es besonders unangenehm ist. Man begegnet einander auf dem Korridor, und schon spürt man, wie sich einem der andere plötzlich nähert. Bei Tachibana aber spüre ich nichts dergleichen.«
Noch nie hatte Yōko in Kanakos weißem, porzellanglattem Gesicht diesen Schimmer von Begehren gesehen wie eben jetzt. Die Kunst, Männer mit einem Blick einzutaxieren, müßte eigentlich sie beherrschen, zumal in ihrem Beruf und vor allem da sie Kanako um mehr als zwanzig Jahre voraus war. Trotzdem besaß sie kein solches Unterscheidungsvermögen in bezug auf die Männer, mit denen sie inner- und außerhalb des Theaters verkehrte. Kanako erschien ihr als geistig viel älter. Auch daß Kanako – wie all die anderen jungen Leute von heute – sich, was ihre Arbeit betraf, nicht als Subjekt, sondern als Abhängige sah, mit anderen Worten, daß ihr Arbeitseifer sich ohne ihr besonders Zutun abgekühlt hatte, belegte dies deutlich. Letzten Endes jedoch hielt Yōko diese berechnende Klugheit für einen ausgemachten Schwindel.
»Du redest daher wie ein altes Tantchen. Abscheulich und ordinär!« Yōko hatte das lachend sagen wollen, aber wie sie selber spürte, war ihr vor Aufregung unversehens die Hitze ins Gesicht gestiegen.
»Das kann man nun mal nicht ändern. Das ist doch nicht bloß in unserem Krankenhaus so. Alle meine Bekannten, die ar-

beiten, reden so daher, zumal es meist Frauen sind, die eifrig dabei sind, sich einen Mann zu ködern. Sie beobachten scharf. Kurz, man wirft die Angel aus, wo viele Fische sind. Nicht Frauen, sondern Männer werden hier geangelt.«

»Du bist schrecklich«, sagte Yōko förmlich angewidert.

»Jetzt, wo wir zu zweit sind, klopfst du so kluge Sprüche, aber als Tachibana bei uns war, nun? da hast du keinen Ton gesagt. Und wenn ich daran denke, daß du nur geschwiegen und beobachtet hast, finde ich es noch viel abscheulicher.« Hier hielt Yōko ein, sie hatte ihren Übereifer selbst bemerkt. Sie fing an zu lachen:

»Schließlich und endlich ist es nicht meine Angelegenheit, es ist mir egal. Und wenn dir nicht danach zumute ist, werde ich mich entsprechend verhalten.«

»Aber ich sagte doch, er ist mir nicht unsympathisch.« Auf Kanakos Gesicht erschien zum erstenmal ein Lächeln, sie lachte sogar.

»Wenn eine so große Schauspielerin wie Nojiri Yōko in helle Aufregung gerät, ist man verführt, sie ein bißchen aufzuziehen. Aber weißt du, Tante Yōko, eigentlich hat es mir ja gefallen, daß er so unbestimmt blieb; man sollte es kaum glauben, aber dieser Typ findet ganz sicher bei vielen Frauen Anklang... vermutlich findet er sich ziemlich umworben, als Künftiger.«

»Gut möglich. Aber daß er nicht verlobt ist, stimmt jedenfalls. Hat er sich nicht vorhin in diesem Sinn geäußert?«

»Gewiß.« Kanako nickte zustimmend.

»Dennoch möchte ich nicht von mir aus die Initiative ergreifen und dann abgelehnt werden. Da er offenbar ein vielbeschäftigter Mann ist, braucht man wohl nicht besonders langsam und behutsam vorzugehen. Frage ihn also nach seinem ersten Eindruck, ob positiv oder negativ, und frage ihn auch, ob seine wirtschaftlichen Verhältnisse es zulassen zu heiraten, weiter sage ihm, wenn es da irgendein Hindernis geben sollte, wären gemeinsame Gespräche – na, reicht das nicht für eine Entscheidung?«

»Wie prosaisch«, meinte Yōko sichtlich enttäuscht.
Kanako sprach jedoch weiter:
»Wir sind beide keine Künstler. Es wäre reichlich dumm, hier für nichts und wieder nichts gegenseitig Gefühle zu verschwenden.«
Als Yōko später Kanakos Worte noch einmal für sich zusammenfaßte, wuchs ihre Entrüstung noch um einen Grad. Bei genauerer Überlegung mußte sie sich aber eingestehen, daß die junge Generation von heute – sogar die jungen Schauspieler und Schauspielerinnen an ihrem Theater – eine Leidenschaft ohne Kalkül, von Kanako mit dem Wort »Künstler« symbolisiert, genauso mit Spott bedenken würden. Heutzutage, wo man sich von allen sexuellen Tabus befreit hat, ist Geburtenkontrolle gang und gäbe. Man geht in seinem Rationalismus sogar so weit, sich den günstigsten Zeugungsmonat und Geburtstermin für den Einschulungsstichtag auszurechnen. Was dies anbelangte, war Yōko bereit, Kanako in ihrem Rationalismus zu akzeptieren, aber wie als Entschädigung hierfür gönnte sie es sich, Tachibanas unkomplizierte, enthusiastische Leidenschaft für den Schiffbau so hinreißend zu finden, daß ein Zittern sie überkam.
Ob es für Tachibana auch eine ihm eigene Lebenskalkulation gab? Daß Tachibana nicht als einziger außerhalb der Gesellschaft stehen könne, begriff sie durchaus, aber zur selben Zeit übte Tachibanas natürliche, unambitionierte Einstellung zur Arbeit einen starken romantischen Reiz auf sie aus.
»Er ist viel zu schade für Kanako«, dachte Yōko, wobei sie vor sich selbst und der in diesem Gedanken steckenden Ungeniertheit heftig erschrak. In der folgenden Zeit bat sie, sobald sie sich von der Arbeit frei machen konnte, Tachibana immer wieder zu sich und arrangierte so eine Begegnung mit Kanako. Paßte es ihm nicht, sagte Tachibana schlicht ab, besuchte er sie aber, wirkte er heiter. Da Kanako trotz ihrer Behauptung, Gefühle werde sie nicht verschwenden, das Gespräch anscheinend doch nicht gerade im Eiltempo auf die Heirat brachte, schien es, als warte sie eben nur den Zeit-

punkt ab, wo sie beide zusammenfinden würden, zumal ihr Tachibana nicht unsympathisch war. Yōko dachte fast immer an Tachibana und Kanako, da jedoch über ihre Person und ihre Zeit zum großen Teil auch außerhalb des Theaters, im Film, Rundfunk oder Fernsehen, verfügt wurde, konnte sie sich doch nicht immerzu nur mit den beiden befassen.

Und so ging auch dieses Jahr vorbei, der Dezember stand vor der Tür.

Tachibana und Kanako wurden zusehends vertrauter. Sie telefonierten jetzt sogar direkt miteinander. Wenn Yōko jedoch keine Begegnung vermittelte, vergingen, wie es schien, ein oder selbst zwei Monate, ohne daß etwas geschah. Die Ungeduld, nicht zu wissen, ob sich die beiden näherkamen oder vielleicht voneinander entfernten, verführte Yōko dazu, Tachibana sogar von ihren Reisen zu Filmaufnahmen in seiner Wohnung anzurufen.

Jedesmal fühlte sie eine starke Beklemmung, bis Tachibana sich am Telefon meldete, doch in dem Augenblick, in dem sie seine ahnungslose Stimme hörte, kühlte sich ihre Aufregung in geradezu lächerlicher Weise ab, die emporgeschnellte Temperatur fiel Strich um Strich. Es bestürzte sie, daß all dies, der Druck auf ihrer Brust, das Gefälle auf der Temperaturskala, so völlig identisch waren mit dem Auf und Ab der überhitzten Leidenschaften von einst, als sie selbst verliebt gewesen war. Stand sie etwa im Begriff, sich Tachibana als Liebhaber einzufangen? Das traf keinesfalls zu.

Angenommen, Kanako und Tachibana würden heiraten: sie würde dann keine feindlichen Gefühle gegen ihre Nichte hegen. Nicht etwa wegen ihrer verwandtschaftlichen Liebe, sondern weil sie den jungen, für sie als Partner nicht in Frage kommenden Tachibana einstweilen in allernächster Nähe haben wollte, und sei es auch nur als Kanakos Ehemann.

Hin und wieder erlag Yōko der schier unerträglichen Einbildung, Tachibana und Kanako schmiedeten ein Komplott, um sie zu quälen. Meist überfiel sie dieses Gefühl in den seltenen freien Stunden, wenn sie allein war und vor sich hindöste, und Yōko kam sich dann jedesmal wie eine junge, etwa im Alter von Kanako stehende Frau vor, die von Tachibana gefühllos verlassen worden war. Das Haar gefärbt, der Nacken sichtlich abgemagert, die Augenlider faltig, derlei Bilder stiegen deutlich im Dunkel der Nacht in ihr auf und bedrohten sie. Sie bedrohte Menschen, dann wieder bedrohten Menschen sie. Das alles mischte sich mit dem Schicksal der vielen Frauen jener vielen Rollen, die sie im Laufe von dreißig Jahren auf der Bühne gespielt hatte, und flößte ihr Schrecken ein. Bald war sie die dem Wahnsinn verfallene Lady Macbeth mit wirrem Haar, die Kerze in Händen, dann wieder die Frau aus »Mord an O-tsuya«, die, während sie den Namen des einen Mannes hinausschreit, von dem anderen, der sie an den Haaren packt, ermordet wird; lockende Trugbilder, Mischungen aus Wirklichkeit und Bühne, wie sie vielleicht nur eine Schauspielerin wahrnehmen kann. In einer Welt, zu deutlich, um Traum genannt zu werden, tagträumte sie, mit vielen Männern zu schlafen, am häufigsten mit einem Mann, der offenbar in Fujikis Rolle geschlüpft war; hin und wieder mischte sich Tachibana hinzu, aber es waren auch Gesichter von ihr ganz fernstehenden Männern darunter. Ihr verstorbener Mann aber tauchte – warum nur – nicht ein einziges Mal in diesen verrückten Träumen auf.

Unter dem Türvorhang huschte sie hinter Fujiki hindurch in die Gaststube; in dem schmalen Raum zu ebener Erde waren die Tische fast alle besetzt, laute, vom Alkohol rauhe Stimmen schwirrten durch den warmen verqualmten Dunst.
»Wie schön, Sie bei uns zu sehen.« Die gewinnende Stimme der Wirtin hinter der Theke klang zur Begrüßung herüber.
»Diese Gäste in den ersten Stock bitte!«
»Wir können gerne auch hier unten bleiben...«, zögerte Fujiki, halb aus Rücksicht auf die übrigen Gäste. »Na, gehen wir auf jeden Fall mal rauf... übrigens, ich erwarte noch jemanden, sagen Sie ihr dann bitte Bescheid.«
»Ist gut.«

»Ist es Ihnen auch recht, wenn wir hinaufgehen?« fragte Yōko halb zur Wirtin gewandt und stieg die steile, von einem schmalen Flur hinaufführende Treppe hoch.

Es war ein Sechs-Matten-Zimmer, mit einer kleinen Schmucknische, ein elektrisches Öfchen war in den Boden eingelassen, darüber ein Gestell, über das eine warme Decke gebreitet war, auf der eine Tischplatte aus besonders schönem Ulmenholz lag. Fujiki warf den Mantel ab. Den langen Rücken krümmend, streckte er die Füße zum Öfchen runter. Kennerisch streichelte er über die Platte.

»Wie kalt es geworden ist, so plötzlich...« Er verzog das Gesicht. Die westlich wirkenden, tief eingeschnittenen Züge waren vom häufigen Schminken braun gegerbt, mit einem Blick erriet man den Schauspieler. Seine betonte Jugendlichkeit aber, die sich gegen das Alter verging, ließ ihn im Gegenteil älter erscheinen.

»Halt deine Füße auch ans Öfchen.«

»Ja.«

Und auch Yōko schob ihre Knie unter die Decke.

»Also, um was dreht es sich denn... wieder eine Frau?«

»Immer schön langsam, bloß nicht so übereilt... laß den Sake erst mal kommen...«

»Wie kannst du bloß! Du bist ja ziemlich munter.«

»Kein Grund zur Munterkeit.«

»Aber, lieber Kollege, Sie haben sich doch entschieden verjüngt! Bei der Probe fällt mir das jeden Tag auf. Aha, das ist es also.«

»Nicht doch, im Gegenteil. Ich habe mich noch nie so alt gefühlt.«

In diesem Augenblick trat die Bedienung ins Zimmer, brachte Sake und etwas zum Knabbern dazu.

»Komm, ein Schälchen.«

Fujiki goß ihr Sake ein, danach bestellte er zwei, drei kleine Gerichte.

»Wie ist sie denn, deine diesmalige?«

»Hm, das ist es eben.«

Fujiki schwieg. Er saß da mit gespreizten Ellbogen und senkte die Augen, als betrachte er das Sakeschälchen vor sich.

»Ich bin in Schwierigkeiten.«

Er sagte das so, als ob er es wäre, dem man Schwierigkeiten bereite. Doch Yōko wußte sehr genau, daß Fujiki, wenn er sich auf eine Frau eingelassen hatte, das so auszudrücken pflegte. Sie verkniff sich den Scherz und goß ihm Sake ein.

»Ein Abenteuer, wie üblich? Und alles geht in Ordnung, was Fusae betrifft?«

»Eben nicht. Man dringt auf Heirat. Man ist entschlossen, alles zu unternehmen, Familiengericht oder was auch immer.«

»Sie?«

»Weniger sie als, nun ja, die Mutter.«

»Ach so... verstehe. Keine vom Theater. Jung, wie?«

Fujiki nickte, als ob er die eigene Brust erkunden wollte, und diese Halbgeniertheit verriet unverhüllt seine Verliebtheit in die Frau. Aus reiner Bühnengewohnheit war Yōko einen Moment eifersüchtig auf Fujiki.

»Wie alt ist sie denn?«

»Wie alt? Ungefähr dreiundzwanzig. Jedenfalls hat sie im vorigen Jahr das Studium abgeschlossen.«

»Ja, ich versteh', du könntest ihr Vater sein. Ein hoffnungsloser Fall, das bist du.«

Yōko tat, als ob sie seinen verliebten Augen böse wäre. »Arme Fusae.«

Urakami Tomoko, Studentin an einer Mädchenuniversität und Mitglied des Theaterklubs, hatte Fujiki in diesem Frühjahr aufgesucht und ihn gebeten, in ihrem Klub einen Vortrag zu halten. Daraus war dann eine Freundschaft geworden. Die Familie war gegen diese Liebe, nur die Mutter stand auf Tomokos Seite und war bereit, Fujiki anzuerkennen, wenn er sich von Fusae scheiden ließe und Tomoko heirate. Daß Fujikis Fernsehstück hieraus seinen Stoff bezog, fiel Yōko sofort auf. Noch sei er nicht so weit gegangen, zu Fusae

schon von Scheidung zu sprechen, aber er glaube nicht, daß sie einer Scheidung zustimmen werde. So stecke er halt in dieser Klemme, erklärte Fujiki.
Angesichts dessen, daß er Yōko doch in absehbarer Zeit um Vermittlung bitten würde, wollte er ihr die Sache, bevor sie sie von Fusae hörte, selbst erzählen, und die Absicht seiner heutigen Abendeinladung war gewesen, Yōko auch vorzuführen, was für ein Mensch diese Urakami Tomoko sei.
»Tomoko wird bald hier sein. Sieh sie dir jedenfalls an. Denn von Fusae wirst du ohnehin nichts anderes hören, als daß sie eben eines dieser schrecklichen Nachkriegsgeschöpfe sei. Ich wollte diesem Vorurteil zuvorkommen.«
Während sie ihm zuhörte, dachte sie: wie gerissen. Für Fujiki nämlich war es gerade darum so wichtig, vorsorglich einen Verbündeten zu gewinnen, weil die Welt bestimmt über ihn herziehen würde. Das war nicht die übliche Liebelei. Die Ahnung, daß Fujiki mit Tomoko wirklich zusammenleben würde, bestürzte Yōko. Gerade weil Fujiki so angestrengt zu verhindern suchte, der Sache einen ernsten Anstrich zu geben, begriff Yōko, welche ernste Krise dem Fünfzigjährigen drohte.
»Wie groß ist der Altersunterschied zwischen euch? Einundzwanzig, zweiundzwanzig Jahre... noch größer?«
»Hm.«
Absichtlich wich Fujiki aus, einen Moment lang schloß er die Augen.
»Fünfundzwanzig, sechsundzwanzig Jahre... beileibe sind es keine dreißig Jahre, die uns trennen.«
»Fünfundzwanzig, sechsundzwanzig.«
Welcher Art eine solche Liebe ist, die Mann und Frau von so unterschiedlichem Alter körperlich aneinanderbindet, konnte sich Yōko nicht sogleich vorstellen. Plötzlich aber tauchte vor ihren Augen Tachibanas Gesicht auf, das sie seit einiger Zeit gefangennahm und nicht mehr losließ. Und das verwirrte sie.
»Nun sag, wie findest du sie? Ist sie lieb?«

»Hm, sehr«, erwiderte Fujiki schlicht.
Die sinnliche Erregung, die diese Frau in ihm auslöste, übertrug sich seltsam deutlich auf Yōkos Körper. Auch wenn sie nie seine Geliebte gewesen war, empfand Yōko in diesem Augenblick den gleichen Kummer wie Fusae.
»Ja, wie steht sie zu dir... Die Heirat, wünscht sie sie, weil sie dich liebt oder weil sie deine Berühmtheit liebt? Das ist hier doch wohl die Frage.«
»Ist das nicht gleichgültig?« sagte Fujiki mit leiser, verhaltener Stimme.
»Ob sie mich einst an meinem Sterbebett pflegen wird, so weit denke nicht einmal ich. Hier und jetzt, jetzt brauche ich diese Frau. Mir ist, als habe sie etwas an sich, das mich zu neuem Leben weckt... wirklich, ich bin schon dabei, mich zu verwandeln.«
Während er das sagte, beugte er seinen Körper ein wenig nach vorn.
»Tomoko wird das Kind schon bald zur Welt bringen.«
»Ach so, das ist es.«
In dem Augenblick, in dem Yōko das sagte, fühlte sie ein unsägliches Schaudern. Sie stützte die Ellbogen auf die Tischplatte und legte den Kopf in die Hände.
Vorhin, beim Zuhören, hatte sie Fujikis Liebe mit ihrem eigenen Gefühl verwechselt, das Tachibana entgegendrängte. Nun gaben Fujikis Worte ihr aber eindeutig zu verstehen, daß seine und Tomokos Liebe wesentlich und von Grund auf etwas anderes war. Befremdet starrte sie Fujiki an, der diese beinahe dreißig Jahre jüngere Frau liebte, und sie überlegte, warum in seinem Gesichtsausdruck nichts zu finden war von der Häßlichkeit, die sie zuvor im Spiegel bei sich selbst entdeckt hatte; es war die naturhafte, unverwelkte Lebenskraft in Fujiki, die eine junge Frau schwängern konnte. Fujiki mußte ein Jahr älter sein als sie selbst. Sie hingegen, obwohl noch ein Jahr jünger, konnte – wie jung auch der von ihr geliebte Mann sein mochte – ihm gewiß kein Kind mehr gebären, sagte sie sich nachdenklich. Überdeutlich empfand sie

den Unterschied von Mann und Frau, und jene nur in alte Frauen sickernde Traurigkeit hüllte Yōko ein wie kalter Nebel.

»Was ist? Yō-chan... ist dir nicht gut?« wandte sich Fujiki an Yōko, über deren plötzlich gewelktes Aussehen erschreckt.

»Nicht doch, nichts ist.«

Yōko hob die Augen, schüttelte lächelnd den Kopf, das Gesicht weiß und glanzlos wie Kirschblüten, eh sie zu Boden flattern.

»Bin wohl angesteckt von deinem Fieber. Eigentlich hatte ich dir heute abend auch etwas erzählen wollen, aber nachdem deine Geschichte so krasse Wirklichkeit ist, habe ich gar nichts mehr zu sagen.«

»Auch du hast etwas erlebt, und deshalb erscheinst du mir neuerdings wie verjüngt?«

»Irrtum! Irrtum! Nichts Eigentliches wie bei dir... ein junger David, den ich mir modellierte. Wie ein Hund, der über den eigenen Schatten heult, wie ein Hund, der von Sinnen ist.«

Als sie das sagte, spürte Yōko ihre unerklärbare Leidenschaft für Tachibana jäh verfliegen.

»Ihr Gast ist da«, sagte die Bedienung. Neben ihr stand in der offenen Tür eine junge, zierliche Frau in schwarzem Mantel mit aufgestelltem Kragen.

»Tomoko... komm«, rief Fujiki ihr väterlich zu.

Übersetzt von Barbara Yoshida-Krafft

SATA INEKO

Ihr eigenes Herz

1

»Bin wieder da!« rief eine Stimme vom Eingang her.

»Wer ist da?« fragte die Mutter aus der Küche. »Ach, Chi-chan, du!«

Die Mutter lachte erleichtert. Dabei schaute sie ihre Tochter ein wenig prüfend an, denn sie hatte sie eine Zeitlang nicht gesehen.

»Du bist schon lange nicht mehr hier gewesen! Bist du allein?«

»Yasuoka kommt nach. Können wir mitessen?«

»Du fällst aber mit der Tür ins Haus! Ihr kommt wohl beide direkt von der Arbeit. Ich hab' zwar nicht mehr als sonst gekocht, aber wir könnten noch einige Portionen Sashimi holen.«

»Uns ist alles recht. – Bin ich erschöpft!« stöhnte Chizuko und zog sich im Wohnzimmer Jacke und Strümpfe aus.

»Es ist alles in Ordnung mit euch beiden?« Die Mutter sorgte sich stets ein wenig um das jungverheiratete Paar, da beide berufstätig waren und in einer Einzimmerwohnung lebten. Sie achtete deshalb immer auf die Gemütsverfassung ihrer Tochter, wenn sie gelegentlich in ihr Elternhaus kam.

»Alles beim alten«, antwortete Chizuko.

»Auch bei Yasuoka?«

»Ja. – Fumiko ist wohl noch nicht zu Haus?«

»Nein, aber sie muß jeden Moment kommen.«

Die Mutter ging wieder in die Küche zurück, regulierte die Flamme am Gasherd und meinte dabei: »Gut, daß du da bist! Fu-chan hat nämlich ein Heiratsangebot bekommen!«

»Wirklich? Was denn für eins?«

Chizuko lief barfuß zu ihrer Mutter in die Küche und stellte sich neben sie.
»Wasch doch rasch die Chrysanthemenblätter da«, bat ihre Mutter sie.
»Gern.«
Chizuko drehte den Wasserhahn auf, wusch das Gemüse und fragte nochmals: »Was ist es denn nun für ein Angebot?«
»Die Tante aus Miyata vermittelt die Sache. Er ist Grundschullehrer. Vater scheint jedoch nicht allzu begeistert zu sein. Was meinst du dazu?«
»Finde ich gut! Und warum ist Vater nicht so davon angetan? Hat er ihn etwa schon gesehen?«
»Noch nicht. Aber Vater meint, Fu-chan sei zu bedauern, wenn sie einen Grundschullehrer nehmen muß.«
»Vater hat immer solche Ansichten, das bringt uns nicht weiter. Ein Grundschullehrer wäre gar nicht so schlecht. Das paßt zu ihr. Weil es ein ruhiger Job ist.«
»Das meine ich auch.«
»Es wäre gut, die Sache einfach mal voranzutreiben.«
Die Haustür ging auf. Jemand mußte heimgekommen sein. Chizuko lief sogleich hin.
»Ach, ihr habt euch unterwegs getroffen?«
»Ja, am Bahnhof«, antwortete Fumiko, ihre ältere Schwester, und schaute hinter Yasuokas Rücken hervor.
»Du kommst gerade richtig«, sagte Chizuko zu ihrem Mann. »Komm gar nicht erst rein, ich möchte nämlich, daß du noch einkaufen gehst.« Mit diesen Worten hielt sie ihn davon ab, sich die Schuhe auszuziehen.
»Mutter, was soll Yasuoka vom Fischhändler holen?« rief sie dann.
»Den Einkauf übernehme ich«, redete Fumiko dazwischen. »Geh ruhig schon hinein, Yasuoka.« Die Worte ihrer Schwester hatten sie schockiert. Den gerade heimgekommenen Ehemann erst gar nicht ins Haus hereinzulassen, ihn gleich zum Einkaufen loszuschicken, das erschien ihr einfach unvorstellbar.

»Nein, das brauchst du nicht«, wehrte Chizuko ab. »Nicht wahr?« fügte sie mit einem Blick auf ihren Mann hinzu.
»Ja sicher, ich geh'«, erwiderte er und meinte dann lachend zu seiner Schwägerin Fumiko: »So werd' ich immer herumkommandiert!«
»Nein, Yasuoka, das kommt gar nicht in Frage. Komm erst einmal herein!« rief die Mutter, die eben altmodisch dachte.
Und so war es schließlich doch Fumiko, die umkehrte, um zum Fischladen an der Hauptstraße zu gehen.
Es dauerte noch eine Weile, bis auch der Vater nach Hause kam und die ganze Familie seit langem einmal wieder mit Chizuko und ihrem Mann zu einer gemeinsamen Mahlzeit versammelt war. Man unterhielt sich angeregt.
»Darf ich dir noch etwas Reis geben?« fragte Fumiko Yasuoka und streckte ihre Hand aus, um seine Schale entgegenzunehmen.
»Nein danke.«
»Ach, hast du schon genug?«
Während Fumiko ihre Hand wieder zurückzog, meinte nun Chizuko: »Aber es ist noch genug da«, nahm einfach seine Schale, füllte Reis hinein und gab sie ihm: »Hier.«
Yasuoka, der eben noch abgelehnt hatte, nahm sie nun doch an. So ist das also, dachte Fumiko. Vorhin, als ihre Schwester ihren Mann gleich wieder zum Einkaufen hatte losschicken wollen, hatte sie sich erschrocken gefragt, ob das wohl richtig wäre. Jetzt hatte Chizuko aber sofort bemerkt, daß Yasuoka sich absichtlich zurückhielt, und ihm einfach Reis nachgefüllt.
Ohne eine Miene zu verziehen, sagte Chizuko nun: »Ich hab' gehört, für Fumiko steht ein O-miai in Aussicht. Er ist Grundschullehrer, nicht wahr? Finde ich gut!« Da sie wußte, daß ihr Vater dagegen war, wollte sie ihm zuvorkommen; das war so ihre Art. Fumiko schlug die Augen nieder, sie schämte sich, weil ihr Schwager dabei war.
»Hm«, meinte der Vater, »an dem Beruf habe ich auch gar

nichts auszusetzen, aber ich habe da noch eine andere Sache, die eventuell in Frage käme. Es handelt sich um einen Arzt!«

»Ein Arzt? Wirklich?« Chizuko war skeptisch, weil sie wußte, daß ihr Vater meist nicht darauf eingehen wollte, wenn Heiratsvorschläge für seine Töchter an ihn herangetragen wurden. Mit ihrer eigenen Heirat – sie hatten sich am Arbeitsplatz kennengelernt – war er zuerst auch nicht einverstanden gewesen. Sein Wunsch, für seine Töchter eine möglichst gute Partie zu finden, war sicherlich nicht der einzige Grund, denn ganz gleich, wie vorteilhaft die Bedingungen auch waren, er schien einfach nicht zu wollen, daß sie aus dem Haus gingen. Energisch, wie Chizuko war, hatte sie sich durchgesetzt. Daß sie nach der Heirat weiter berufstätig blieb, hatte dem Vater zunächst auch nicht behagt. Als sie aber erst einmal verheiratet war, hatte er sich schließlich damit abgefunden. All das lag wohl an der schwer durchschaubaren Psyche eines Vaters. So war es durchaus fraglich, inwieweit es überhaupt stimmte, wenn er behauptete, einen anderen Heiratskandidaten, einen Arzt, in Aussicht zu haben. Als Chizuko Genaueres hören wollte, wich er aus.

»Jedenfalls finde ich, daß wir die Sache, die unsere Tante aus Miyata vermittelt, erst einmal vorantreiben sollten«, sagte Chizuko.

»Sollten wir?« lachte der Vater. Das war nämlich eine Redeweise, die Chizuko mit Vorliebe gebrauchte. Es störte sie jedoch gar nicht, daß andere sich darüber lustig machten.

»Ja«, antwortete sie, »denn man muß ihn doch erst einmal gesehen haben, um zu wissen, was er für ein Mensch ist.«

2

Es stand nun fest, daß Fumiko zum O-miai gehen würde. Daß Chizuko sich dafür eingesetzt hatte, war sicher nicht der einzige Grund, aber es hatte wohl mit eine Rolle gespielt. An dem für das Treffen vereinbarten Sonntag war Chizuko wieder mit Yasuoka in ihr Elternhaus gekommen, um während der Abwesenheit der Familie das Haus zu hüten. Zunächst half sie jedoch ihrer Schwester, sich zurechtzumachen.

Fumiko saß vor der Spiegelkommode, während Chizuko hinter ihr stand und ihr Haar ordnete. Verglich man die Gesichtszüge der beiden Schwestern im Spiegel miteinander, so war eigentlich nur Fumiko, die ältere, wirklich schön, während die jüngere, Chizuko, die ihrem Vater ähnelte, nicht unbedingt als eine Schönheit gelten konnte; sie glich das aber durch ihre heitere Art aus. Da sie nicht so hübsch wie ihre Schwester war, hatte man ihr von klein auf gesagt, daß sie wohl keinen Mann abbekäme. Es war jedoch anders gekommen. Chizuko hatte als erste geheiratet, und es war sogar eine Liebesheirat gewesen.

»Tut mir leid, daß ich als die Jüngere zuerst heirate«, hatte sie bei der Hochzeit zu ihrer Schwester gesagt. Fumiko hatte sich aber, duldsam wie sie war, überhaupt nicht daran gestört, sondern eher selbst eine gewisse Befangenheit und sogar ein schlechtes Gewissen gegenüber ihrer Schwester verspürt.

»Aber das macht mir doch gar nichts aus«, hatte sie ihr geantwortet.

Chizuko liebte ihre Schwester deshalb um so mehr. Da sie merkte, daß ihr Vater, der sehr an Fumiko hing, ihre Verheiratung zu verhindern suchte, hatte sie beschlossen, sich für ihre Schwester einzusetzen.

Sie sah in den Spiegel und sagte zu Fumiko: »Du darfst aber nicht wieder die ganze Zeit nur mit niedergeschlagenen Augen dasitzen wie beim letzten Mal. Du mußt auch ein bißchen was erzählen und dir den Partner genau ansehen!«

»Ach, was soll ich bloß machen? Willst du nicht mitkommen, Chi-chan?«

»Lieber nicht! Ich mache eher alles kaputt. Du bekommst dann bestimmt eine Absage, weil du so eine geschwätzige Schwester hast.«

»Ich wünschte, ich wäre wie du! Ich bekomme kein Wort heraus, wenn ich jemanden zum erstenmal sehe.«
»Komm, du bist doch kein Püppchen im Porzellanschrank! Du hast schließlich einen Beruf. Da sprichst du ja auch mit Leuten, die du nicht kennst.«
»Das ist etwas ganz anderes. Bei so einem O-miai verliere ich einfach allen Mut!«
»So gut, wie du aussiehst, könntest du wirklich etwas sicherer auftreten!«
Chizuko klopfte ihrer Schwester auf die Schulter. Warum fehlte es ihr bei all ihrer Schönheit nur an Selbstvertrauen? Dabei war es keineswegs das erste Mal, daß Fumiko zu einem O-miai ging; sie hatte bereits zwei solcher Treffen hinter sich. Beide Male hatte es jedoch irgendwie nicht zur Heirat geführt. Das schüchterte Fumiko natürlich erst recht ein. Eine Ursache für das Mißlingen der O-miai war sicherlich gewesen, daß sie wegen ihres allzu stillen Wesens einen düsteren Eindruck auf ihr Gegenüber gemacht haben mußte. Chizuko wußte das, und es war ihr unerträglich, daß es Fumiko nicht gelingen wollte, beim ersten Treffen einen positiven Eindruck zu erwecken. Dabei hatte sie sicherlich die Anlage zu einer guten Ehefrau.
»Wie wär's mit etwas mehr Lippenstift?« meinte Chizuko, kniete sich vor ihre Schwester und trug ihr Lippenrot auf.
»Irgendwie ist es schrecklich, ich komme mir wie eine Ware vor!« sagte Fumiko da. Sie war zwar zurückhaltend, aber eben doch eine Frau von heute, die diese eigene Art von Selbstbewußtsein hatte. Fumiko stieß sich daran sogar stärker als ihre Schwester.
»Das ist nun einmal nicht zu ändern. Voriges Mal bist du völlig ungeschminkt zum O-miai gegangen. Unvorstellbar!« entgegnete Chizuko und zog nochmals sorgfältig die Lippen ihrer Schwester nach.
»Sieh mal, wie schön du jetzt bist!« sagte sie bestimmt. Fumiko sah in den Spiegel:
»Bin ich nicht zu stark geschminkt?«

»Nein, es ist genau richtig.«
»Ich möchte nämlich bei einem O-miai mein wahres Gesicht zeigen.«
»Hm«, meinte Chizuko und griff dann schnell nach Fumikos Kleid. Sie verstand durchaus, was ihre Schwester meinte. Dieses Gefühl, sich wie eine Ware vorzukommen, konnte sie ihr nachempfinden, und die Auffassung, ihr wahres Gesicht zeigen zu wollen, fand sie bewundernswert. Aber schließlich hatte Fumiko bisher keine Gelegenheit gefunden, jemanden kennenzulernen und sich zu verlieben. Sie schien davon überzeugt zu sein, daß sie nicht imstande sei, selbst einen Ehepartner zu finden. Auch in dieser Beziehung unterschied sie sich völlig von ihrer Schwester.
»Na, seid ihr fertig? Vater wartet schon«, sagte die Mutter, die in ihrem Sonntagskleid hereingekommen war. Sie warf einen prüfenden Blick auf ihre geschminkte Tochter:
»Deine Dauerwelle hast du neulich arg kurz schneiden lassen!«
»Finde ich nicht. Das steht ihr viel besser! Sieht fröhlicher aus«, entgegnete Chizuko sofort. Schließlich war sie es gewesen, die ihrer Schwester geraten hatte, sich einmal einen Kurzhaarschnitt zuzulegen.
»Ist es zu kurz?« fragte Fumiko ein wenig besorgt.
»Nein, ich sag' doch, daß es gut so ist«, betonte Chizuko sogleich. Endlich waren sie fertig.
Als sie ins Wohnzimmer kamen, saßen der Vater und Yasuoka auf der Veranda und rauchten.
»Seid ihr fertig? Also, dann wollen wir mal gehen«, sagte er, blieb aber weiter sitzen. Um seine Gefühle vor seinen Töchtern zu verbergen, sah er sie überhaupt nicht an und wich auch ihren Blicken aus. Es war nun einmal nichts daran zu ändern, daß er in einer solchen Situation immer etwas melancholisch wurde. Eine positive Einstellung hatte er nur zu der Heirat seines Sohnes gehabt, der nach der Hochzeit ausgezogen war. Das lag sicher daran, daß er noch in der Vorstellung lebte, Töchter würde man an eine andere Familie verlieren,

die Braut des Sohnes hingegen in die eigene aufnehmen. Dennoch lag es wohl auch ihm am Herzen, daß Fumiko ›unter die Haube‹ kam. Deshalb hatte er sich heute auch durchgerungen, zu diesem O-miai wenigstens hinzugehen. Aber noch immer machte er keine Anstalten aufzustehen.
»Ob es wohl regnet?« meinte er und sah zum Himmel. »Heute werden sicher viele Familien unterwegs sein. Wäre schön, wenn es trocken bliebe.«

Er dachte daran, wie sie, als die Kinder noch klein waren, oft sonntags zusammen ausgegangen waren. Jetzt waren die Kinder groß und seiner Obhut entwachsen. Selbst Fumiko, die stillste von allen, die er am meisten ins Herz geschlossen hatte, war nun schön zurechtgemacht und schickte sich an, das Elternhaus zu verlassen. So kam es ihm vor. Daher war ihm auch gar nicht danach zumute, seinen Töchtern ins Gesicht zu sehen.
Die Mutter mahnte zur Eile: »Nicht, daß die andere Partei vor uns kommt! Laßt uns schnell gehen!«
Der Vater brummte und sah immer noch zu den Kirschblüten im Garten hoch. Warum sind Mütter nur so begeistert, wenn eine Heirat für die Tochter in Aussicht steht, dachte er.
»Komm schon, Vater, schnell!« drängte nun auch Chizuko neben ihm.
»Chizuko ist noch genau wie früher, so übereilig, findest du nicht auch, Yasuoka?« sagte der Vater.
»Jaja«, stimmte Yasuoka höflich lachend zu.
»Also, das ist wohl unerhört!« schimpfte Chizuko und meinte dann zu ihrem Mann: »Du könntest ruhig auch mal was anderes sagen als immer nur jaja!«
Chizukos Reaktion brachte alle zum Lachen, und der Vater erhob sich endlich.
»Mutter, meine Zigaretten!«
»Hier, Vater!« Fumiko reichte sie ihm.
»Hm.« Der Vater wirkte auch jetzt, als er die Zigaretten von

seiner Tochter entgegennahm, ein wenig verlegen. Chizuko und Yasuoka brachten die Eltern und Fumiko zur Haustür. Wieder im Wohnzimmer, sagte Chizuko:
»Hoffentlich ist der von heute nett und erkennt auch die Vorzüge meiner Schwester!« Dabei faltete sie, halb im Spaß, die Hände wie zum Gebet.
»Wird schon klappen«, meinte Yasuoka, »Fumiko ist ja hübscher als du.«
»Na, du bist aber direkt! Wie schade für dich, daß ich weniger Schönheit abbekommen habe!«
»Nein, nein«, erwiderte Yasuoka und tat es als einen Scherz ab.
»Weißt du, Fumiko tut mir leid. Vorhin, beim Schminken, da meinte sie nämlich, sie käme sich wie eine Ware vor. Das kann ich ihr nachfühlen! Mich belastet das sehr, weil ich als erste geheiratet habe.«
»Aber das ist nun einmal so.«
»Trotzdem mach' ich mir Sorgen, Mutter auch, nur Vater nicht. Er möchte am liebsten, daß sie gar nicht aus dem Haus geht. Vorhin, da hat sie ihm doch das Zigarettenetui gegeben. Über so etwas freut sich Vater immer ganz besonders. Und deshalb ist er traurig, wenn sie heiratet.«
»Kann ich verstehen.«
»Aber sie darf sich dafür doch nicht aufopfern! Wenn wir sie nicht drängen, wird es nie etwas. Sie ist ja so duldsam!«
Chizuko hatte alles durchschaut, selbst den Gesichtsausdruck ihres Vaters, als er von Fumiko das Zigarettenetui entgegennahm.
»Hoffentlich klappt es diesmal wirklich!« sagte sie und fragte dann: »Soll ich schwarzen Tee machen? Möchtest du welchen?« Sie ging einfach an den Geschirrschrank, sie war ja in ihrem Elternhaus.
»Sich auf der Veranda zu sonnen, ist schon etwas Schönes! Und man kann auch gleich ins Freie«, meinte Yasuoka und ging wieder in den Garten. Er schien es zu genießen, nicht in ihrer Einzimmerwohnung zu sein.

»Ich hab' übrigens die Wäsche mitgebracht. Du hilfst mir doch?« sagte Chizuko.
»Es sieht aber nach Regen aus!«
«Trotzdem! Wenn wir heute nicht waschen, häuft es sich wieder so an.«
Für ein berufstätiges Ehepaar war eine solche Unterhaltung etwas völlig Normales.

3

In der Handelsfirma, in der sie arbeitete, erreichte Chizuko ein Anruf von ihrer Schwester. Fumiko wollte sich auf dem Heimweg von der Arbeit kurz mit ihr treffen. Chizuko willigte ein. Was Fumikos Heiratskandidaten von neulich betraf, so schien er nicht abgeneigt zu sein, und man war übereingekommen, sich zunächst regelmäßig zu treffen, um sich kennenzulernen. Chizuko fragte sich nun, was wohl passiert sei, denn ihre Schwester hatte am Telefon den Eindruck gemacht, als hätte sie etwas auf dem Herzen. Sie rief Yasuoka an, daß sie etwas später heimkäme.
Die beiden Schwestern hatten sich in einem Café in Nihonbashi verabredet, das von beiden Arbeitsplätzen aus gut zu erreichen war. Als Chizuko dort eintraf, war ihre Schwester bereits da. Es war ein großes, altmodisches Café. Fumiko saß an einem Tisch im ersten Stock, eine kleine Schale vor sich.
»Wartest du schon lange? Entschuldige, daß ich so spät komme!«
»Ich bin auch noch nicht lange hier. Tut mir leid für Yasuoka. Macht es nichts aus, daß du später heimkommst?«
»Nein, nein. Er hat auch noch etwas vor.«
Chizuko bestellte sich auch etwas Süßes.
»Also, was ist los? Erzähl!« sagte sie und sah ihre Schwester an. Im Grunde ihres Herzens wußte sie jedoch bereits, was sie bedrückte. Fumiko hatte an Ausdruck gewonnen und war wahrhaftig noch schöner geworden.

»Weißt du, Vater...« begann sie.
»Ja, was sagt er denn?« Chizuko war ungeduldig.
»Er meint, ich solle in der Angelegenheit mit Herrn Aoki nichts übereilen, da er noch eine andere Sache an der Hand hat.«
»Hat er das denn wirklich?«
»Ja, es scheint zu stimmen. Er sagt, seine Firma sei dabei im Spiel. Er hat doch einmal davon gesprochen, von dem Arzt!«
»Ach so, diese Geschichte.«
»Was soll ich bloß machen?«
»Das hängt doch ganz allein von deinen Gefühlen ab. Wenn dir Herr Aoki gefällt, solltest du dabei bleiben.«
»Das habe ich ja auch vor. Aber es ist doch noch nichts entschieden. Wir haben lediglich beschlossen, uns öfter zu treffen. Vielleicht sagt er mir ja auch noch ab.«
»Du darfst nicht so zurückhaltend sein! Wenn er dir gefällt, mußt du aktiver werden!«
»Meinst du?« sagte Fumiko und sah plötzlich traurig aus. »Jedenfalls will ich nichts von anderen Heiratsvorschlägen hören, während die Sache mit Herrn Aoki läuft.«
»Versteh' ich.« Chizuko sah ihre Schwester aufmerksam an. Als sie sich nach dem O-miai von neulich erkundigte, meinte Fumiko nur: »Irgendwie hab' ich am ganzen Körper gezittert und konnte nichts dagegen tun. Das ist mir noch nie passiert.« Und sie bekam feuchte Augen, womit sie verriet, daß sie Herrn Aoki mochte.
»Ich kann das Angebot, das Vater gemacht worden ist, doch absagen, oder?« fragte sie und sah ihre Schwester lächelnd an.
»Ich glaub' schon.«
»Und wenn das mit Herrn Aoki demnächst doch in die Brüche gehen sollte, dann kann man es eben auch nicht ändern.«
»Du bist heute sehr schön!« meinte Chizuko darauf unvermittelt und betrachtete ihre Schwester.

»Wieso? – Ach nein.« Fumiko schlug verwirrt die Augen nieder.
»Doch, wirklich!« betonte Chizuko. Sie schüttelte heftig den Kopf über das Verhalten ihrer Schwester. »Du mußt Mut fassen!«
»Dann werde ich also auf deinen Rat hören. Das war alles, was ich dich fragen wollte«, sagte Fumiko plötzlich ganz munter. »Die Rechnung bezahle ich heute«, fügte sie hinzu.
»Das will ich auch hoffen, bei uns ist das Geld ja ziemlich knapp.«
»Das scheint bei Herrn Aoki auch nicht anders zu sein.«
Aha, dachte Chizuko bei sich, denn Fumikos Worte klangen ganz so, als sei es doch schon entschieden. Die Art, wie sie dieses »bei Herrn Aoki« sagte, vermittelte ganz den Eindruck, als sähe sie ihn bereits an ihrer Seite.
Es war noch hell, als sie das Café verließen und sich auf den Weg zum Tōkyō-Bahnhof machten. Chizuko dachte, wie lieb ihre Schwester doch war, so daß es sie tröstete und ermunterte, ganz so, als wäre sie selbst die Ältere.
Als Fumiko nach Hause kam, stand im Eingang ein Paar Schuhe, das auf einen Gast schließen ließ. Die Mutter kam herbei und sagte: »Du kommst aber spät! Wir haben Besuch!«
»Wer ist es denn?«
»Also, Vater hat doch einmal davon erzählt, von dem Heiratsvorschlag. Es ist der Vermittler! Mach dich schnell ein wenig frisch und komm ihn dann begrüßen!«
Ohne ihre Mutter anzusehen, ging Fumiko in ihr Zimmer und blieb unbeweglich dort sitzen. Ihr traten die Tränen in die Augen angesichts dieser völlig unbekümmerten Art ihrer Mutter. Es machte sie traurig, daß nicht einmal die eigene Mutter Verständnis für die Gefühle ihrer Tochter hatte. Das war ja so, als ob man das Muster eines Kimonos wählte, mal diesen, mal jenen betrachtend...
Aoki, der beim O-miai einen dunkelblauen Anzug getragen

hatte, war, oberflächlich betrachtet, vielleicht nicht gerade eine stattliche Erscheinung. Aber wenn er die Lippen schloß, bildeten sich Grübchen auf seinen Wangen, und diese vollen Wangen verrieten so etwas wie Gutmütigkeit. Als Sushi aufgetragen waren und die irdene Teekanne herumgereicht wurde, hatte Aoki auch ihr eingeschenkt. Als das Gespräch dann auf seine Schüler kam, hatte er offen und selbstbewußt gesprochen und sich dabei auch an Fumiko gewandt. Seine direkten Gesprächspartner waren zwar der Vater, die Mutter und die übrigen älteren Leute gewesen, aber durch seine Art zu reden hatte sich Fumiko auch angesprochen gefühlt. Deshalb war sie auch imstande gewesen, ihren Kopf zu heben und Herrn Aoki anzusehen. Das kam ihr anders vor als bei den vorherigen O-miai. Da hatte sie immer nur das unangenehme Gefühl gehabt, von dem Gespräch der anderen ausgeschlossen zu sein und auch noch von oben bis unten gemustert zu werden.

Und dann hatte Herr Aoki sogar selbst gesagt, daß er sie näher kennenlernen wolle. Der Vater hatte jedoch zu ihr gemeint: »Immer mit der Ruhe! Du brauchst ja nichts zu übereilen«, und der Tante aus Miyata einfach noch keine konkrete Antwort gegeben. Und dann der Besuch heute!

Einmal hierhin, einmal dorthin schauen... nein, das kann ich nicht, dachte Fumiko und biß sich auf die Lippen. Das hieße doch, Herrn Aoki, dem sie zu gefallen schien, zu hintergehen und vor allem auch sich selbst zur Ware zu machen. Einmal hierhin und einmal dorthin schauen, das bedeutete ja auch, sich einmal diesem und einmal jenem zu zeigen!

Im Wohnzimmer hörte man den Vater und den Gast lachen. Fumiko zuckte zusammen. Unwillkürlich griff sie nach ihrer Handtasche und stand auf. Sie verließ leise ihr Zimmer und ging zur Haustür.

»Fumiko, Fumiko!« rief ihre Mutter.

Sie öffnete das Gartentor und lief hinaus. Sie hatte nur den einen Gedanken: Ich geh' zu Chizuko! Ihre Schwester und ihr Schwager waren ja auf ihrer Seite. Hier einen und da einen –

nein, das kann ich nicht, das kann ich nicht, murmelte sie leise vor sich hin. Das Gefühl, das diese Gedanken in ihr aufkommen ließ, erschien ihr so wertvoll, daß sie beide Hände fest gegen ihr Herz drückte.

Übersetzt von Hilaria Gössmann

SAWAKO ARIYOSHI

Laternchen

›Laternchen‹ war eine kleine stille Bar, so ruhig, daß man sich wunderte, daß es auf der Ginza, der belebtesten Geschäftsstraße Tōkyōs, überhaupt ein so ruhiges Lokal geben konnte. Wenn man von der belebten Gegend an der Einmündung einer Seitenstraße der östlichen Ginza, wo sich Bar an Bar reihte, etwas weiter in die Seitenstraße hineinging, ließ man damit die Ginza noch nicht ganz hinter sich. Die Bar war ein renommiertes Unternehmen, zur Rechten von einem großen Teehaus und zur Linken von einem Geschäft für Herrenausstattung flankiert. Die drei gegenüberliegenden Hausfronten nahmen ein bekanntes Restaurant, ein weiteres Teehaus und ein Geschäft für modische Accessoires ein, und so war diese Ecke natürlich mit der typischen Atmosphäre der Ginza geschwängert.

Trotzdem war das ›Laternchen‹ nicht auffallend. Da die Bar erst nachmittags um fünf Uhr öffnete, blieb sie tagsüber notgedrungen unauffällig, und überdies verschwand sie mit ihrem schmalen, keine zwei Meter breiten Eingang zwischen den beiden mächtigeren Nachbargebäuden, so daß man nicht vermutete, daß es an dieser Stelle ein solches Etablissement gab.

Über der Eingangstür hing eine kleine Laterne, die in anmutigem Duktus das Schriftzeichen ›Laternchen‹ trug. Abends war die Lampe zur Bekräftigung ihres Namens erleuchtet, aber sie war nicht übermäßig groß und daher nicht sehr hell. Wenn dann mit fortschreitender Nacht die drei gegenüberliegenden Geschäfte schlossen, wurde die Seitenstraße still, und die Passanten gingen in der Hauptstraße vorbei, ohne darauf aufmerksam zu werden, daß es hier eine Bar gab.

Die Besucher des ›Laternchens‹ waren deshalb in der Regel

nur eine begrenzte Zahl von Stammgästen, doch die sonst übliche Erscheinung, daß die Stammkunden einer Bar aus Liebe zu Madame, der Besitzerin des Hauses, oder zu den Barmädchen kamen, war bei den Gästen des ›Laternchens‹ weniger zu beobachten.
Das ›Laternchen‹ hatte wenige Stammgäste, die Nacht für Nacht kamen, aber auch wenig Laufkundschaft. Trotzdem war das Lokal immer voll. Das war vielleicht ein wenig der Geschäftstüchtigkeit von Madame, die sich ›Mama‹ nennen ließ, zu verdanken, aber die Gäste und die Barmädchen wußten dafür einen noch besser einleuchtenden Grund: Das Lokal war einfach zu eng.
Gewiß war die Bar zu eng. In dem länglichen, etwa fünfundzwanzig Quadratmeter großen Raum waren eine kleine Toilette, eine platzraubende Kühltruhe, eine winzige Theke, hinter die Madame und ein Barmädchen paßten, und Stühle mit einem Tisch untergebracht, an dem ein weiteres Barmädchen die Gäste unterhielt. Selbst wenn einmal kein einziger Gast kam, war der Raum mit Madame und den beiden Mädchen schon so voll, daß die Luft nicht mehr frisch war. Deshalb wurde im ›Laternchen‹ schon der erste Gast, der hereinschneite, von einer Atmosphäre der Wärme umhüllt und gleich behaglich gestimmt.
Hier gab es weder Gäste, die sich Sorgen auf die Art vertreiben wollten, daß sie, vom Weingeist angeregt, lautstark auf ihre Vorgesetzten schimpften, noch solche, die schnell betrunken werden wollten und mit vulgären Witzen gleich von vornherein die Stimmung zu verderben suchten.
Als Madame einen Gast, der vielleicht einmal im Monat kam, mit den Worten »Kommen Sie doch herein!« begrüßte, ließ dieser, als sei er gerade gestern dagewesen, in der Manier eines Stammkunden vernehmen:
»Wie geht's denn hier bei Ihnen, meine Liebe, seit wir uns das letzte Mal sahen?«
Heute antwortete Mama gelassen:
»Ich war zur Hochzeit eingeladen.«

»Oh, zur Hochzeit!« sagte der Gast überrascht und anerkennend, während er sich im Innern der Bar umschaute. »Ja, dann hat sicher ein Mädchen aus Ihrer Bar hier geheiratet, hm?« Er nippte genießerisch an seinem Whisky ›on the rocks‹ und ließ ihn in der Kehle gurgeln. Mama und das Barmädchen Shizu, das außen vor der Bar stumm auf einem Hocker saß, sahen einander an und tauschten ein heimliches Lächeln.
Das Mädchen Hideko, das Mama hinter der Theke zur Hand gegangen war, hatte vor etwa drei Wochen Selbstmord begangen.
Jedes Mädchen hatte gewöhnlich, ehe es sich entschloß, in einer Bar zu arbeiten, seine ganz persönlichen Konflikte im Leben gehabt, und während es in der Bar arbeitete, wurden seine Verhältnisse meist nur noch komplizierter. Auch bei der Anstellung in einer so stillen Bar wie dieser mußten Hideko eben Schwierigkeiten entstanden sein, die über ihre Kraft gingen. An sich hatte sie Mama immer ihr Herz ausgeschüttet, aber etwas schien es gegeben zu haben, das sich nicht aussprechen ließ, und vielleicht war es das Anwachsen dieses unaussprechlichen Kummers gewesen, warum sie sich eines Nachts mit einer Überdosis Medizin das Leben genommen hatte. Sie war ein stilles Mädchen gewesen, wie es zum ›Laternchen‹ paßte, und hatte bis dahin kein irgendwie auffälliges Verhalten gezeigt, und so hatte die überbeschäftigte Madame nicht weiter auf sie achtgegeben.
Daß man auf Hidekos Selbstmord aufmerksam wurde, war einen Tag nach ihrem Tod, und da war ihr nicht mehr zu helfen. Sie hatte nichts Schriftliches zurückgelassen, und ihr bescheidenes Einzimmerappartement war peinlich aufgeräumt. Sie hinterließ ein auf ihren Bruder als den einzigen Blutsverwandten überschriebenes Banksparbuch, das aber durchaus keine bemerkenswert hohe Summe aufwies. Daß sich ein so gut wie namenloses junges Barmädchen in irgendeiner Nacht das Leben nahm, war ein so unwichtiges Ereignis, daß es nicht einmal in einer Ecke der Zeitung Erwähnung fand.

Deshalb wollte Mama diesem Gast, der Hideko vielleicht vermißte, keinen schweren Schatten auf die Erinnerung fallen lassen.

»So, und Sie waren zur Hochzeit eingeladen, hm?« griff der Gast, als er schon ein wenig unter dem Einfluß des Alkohols stand, das Thema wieder auf, das ihn vorhin so überrascht hatte. Mama ging harmlos darauf ein.

»So ist es, ich war eingeladen.«

»Welches Mädchen war es denn? Und der Partner, war er ein Gast von hier?«

»Eifersüchtig zu sein, hat nun keinen Zweck mehr, dazu ist es zu spät!«

Mama lachte gutmütig, der Gast lachte steif mit, und damit war die Unterhaltung beendet.

»Noch einen Whisky!«

»Sofort. Heute wird es kühl, nicht?«

Auf der schmalen Theke standen Erdnüsse und verschiedene geröstete Nüsse bereit, und ein doppelter Whisky wurde mit einer Zitronenscheibe auf frischer Gurke garniert – das war Mamas Service.

»Die Bilder verraten wohl Mamas Geschmack!« sagte der Gast und blickte sich wieder im Raum um.

»Ja, es sind allerdings alles Reproduktionen.«

Großformatige Bilder in verglasten Rahmen hingen an mehreren Wänden. Darunter waren zwei Chagalls, ein Miró, ein Ölgemälde von Takayama Uichi und ein Holzschnitt von Minami Keiko. Obwohl die Werke der japanischen Künstler Takayama und Minami Originale und der Miró und die Chagalls Lithographien waren, hatte Mama ohne nähere Erklärung gesagt, es seien sämtlich Reproduktionen. Denn Mama hatte diese Bilder nicht des Malernamens wegen gekauft, sondern weil sie ihr gefielen, und mit einem Gast, dem sie nicht gefielen, darüber zu diskutieren, war sinnlos.

Das eine Bild von Chagall zeigte ein Liebespaar, das in einer Mondnacht umschlungen auf dem Dach eines niedrigen Hauses saß, das andere war das phantasievolle Traumbild eines kleinen Mädchens, das von den Fittichen eines Feuervogels bedeckt dasaß und sang. Neben den beiden Chagalls hing eine in der Art einer Kinderzeichnung gemalte, in hellen Farbtönen gehaltene Darstellung einer Schule – das war der Miró. Diese sündhaft teuren Sachen, die sie einer Laune zuliebe gekauft hatte, waren Mamas ganzer Stolz, aber für die Besucher dieser Bar war – wenn ihr Auffassungsvermögen vielleicht gerade noch bis zu Chagall reichte – zumindest der Miró völlig unverständlich.

Wenn man Takayamas Bild ›Schmetterlinge auf grünem Grund‹ und Minamis Holzschnitt ›Fische und totes Laub‹ gleichzeitig mit ansah, verschmolzen alle Bilder, auch der Miró, zu einer Einheit und verliehen dem Raum eine märchenhafte, jugendlich-fröhliche Atmosphäre. Daß aus diesem Lokal die Barmädchen leicht weggeheiratet würden, mußte dem Gast eigentlich einleuchten, aber dessen konnte Mama auch wieder nicht sicher sein.

»Letzte Nacht«, hub Shizu lebhaft zu plaudern an, »hatte ich einen wunderschönen Traum.«

Weil der Raum so klein war, konnten alle hören, was einer erzählte, auch ohne daß sie sich nach dem Erzähler umzuwenden brauchten. Bei der Akustik dieser Bar klangen Mamas und Shizus Stimmen so angenehm, daß die Gäste es oft lieber hatten, ihrem Geplauder zuzuhören, als selber zu reden oder den Mädchen nur zuzuschauen.

»Was für einen Traum denn?« kam Mama ihr besonnen zu Hilfe.

»Ich war noch ein Kind, und ich traf einen Jungen, den ich wahnsinnig gern hatte.«

»Gar nicht billig hier, nicht?« redeten die Zuhörer Shizu dazwischen, die nicht recht weiterwußte und darum mit um so hitzigerer Betonung sprach. Aber Mama blieb beharrlich beim Thema.

»Dieser Junge war der Sohn des Gemeindevorstehers. Ich war nämlich das Kind eines Pachtbauern, und obwohl wir in der Schule in dieselbe Klasse gingen, konnte ich dem Jungen nie näherkommen. Auch die anderen Mädchen waren alle in diesen Jungen verliebt, und wenn er nur mal an mir vorbeiging, hielt ich schon den Atem an.«

»Das war wohl die erste Liebe!«

»Ja, das war es. Jedenfalls bin ich schon über zehn Jahre aus dem Dorf weg und habe die ganze Zeit nie von ihm geträumt, und ich war richtig erschrocken, daß ich – ich weiß nicht, warum – letzte Nacht plötzlich diesen Traum hatte.«

»Und dieser Junge war ein Kind? Oder war er vielleicht doch erwachsen?«

»Das ist mir auch nicht ganz klar. Ob ich nun ein Kind war, oder ob ich so alt war wie heute, weiß ich selber nicht genau...«

»Hübsche Geschichte, nicht?«

»Sehr schön, bestimmt. Als ob der Feuervogel hier herumgeflogen wäre.«

So schien das Bild von Chagall in Shizus Träumen eingedrungen zu sein. Shizu fühlte sich anscheinend durch die Erzählung ihres Traumes in ihn zurückversetzt, und als sie geendet hatte, hafteten ihre Augen in der leeren Ferne.

»Noch ein Glas, und dann muß ich heim. Ich gehe heute früh schlafen – vielleicht träume ich auch von meiner ersten Liebe!«

So wurden die Gäste jedesmal ganz von der Stimmung der Bar in Bann gezogen.

Shizu war besonders geschickt darin, auf diese Weise, indem sie vorgab, Träume zu erzählen, ganz unzusammenhängend fragmentarische Geschichten über sich selbst zum besten zu geben. Darin unterschied sie sich von den meisten Barmädchen, die mit düster-traurigen Erzählungen aus ihrem Leben, von der schweren Kindheit bis zur gescheiterten Existenz der Gegenwart, den Besucher an sich zu binden suchten, und deshalb gab es viele Gäste, die eigens kamen, um mit ihr zu plaudern.

»Wie war das, Shizu, ehe Sie nach Tōkyō kamen, sind Sie nicht noch einmal aufs Land zurückgekehrt?«

»Nein, obwohl mein Vater und meine Mutter ja immer sagten, ich solle bald zurückkommen.«
»Mögen Sie das Land nicht?«
»Das ist es nicht. Aber verschiedene Umstände zwingen mich, in Tōkyō zu bleiben.«
»Haben Sie Scherereien mit den Männern?«
»Scherereien mit Männern laß ich mir eben nicht machen«, antwortete Shizu ernsthaft und doch mit verhaltenem Humor. Daß es keinen gab, der zu weit ging und scherzte, ob sie nicht mit ihm Scherereien haben wolle, das lag wohl an Shizus Talent, mit den Männern umzugehen.
Nur Mama wußte, daß Shizu ihre Eltern verloren hatte, als sie noch ein Kind war, und daß sie im Hause der Tante, die ihre Pflegemutter geworden war, bis heute ununterbrochen Schwierigkeiten gehabt hatte. Und nur Mama fühlte die in der Lüge mit anklingende Wirklichkeit heraus, wenn Shizu erzählte, daß daheim auf dem Lande ihre beiden Eltern auf ihre Rückkehr warteten.
Wenn sie betrunken wurden, pflegten sonst die Männer in Gesprächen über die Mädchen und die Frauen in Reden über die Männer ungeniert in amourösen Anspielungen zu schwelgen, aber mit der vernünftigen Einstellung, der man in der nächtlichen Ginza begegnen kann, wurden in diesem Lokal solche Gespräche gleich, wenn sie aufkamen, unterdrückt. Kam die Unterhaltung dagegen auf Schoßhunde oder Hauskatzen, zog sie sich merkwürdigerweise in die Länge und schien unerschöpflich.
Im ›Laternchen‹ gab es nämlich eine Siamkatze. In Mamas Handtasche verpackt, kam sie jeden Tag mit Mama zusammen ins Lokal. Sie hatte einen schlanken Körper von schwachgrauer Färbung, und die Gliedmaßen und die Spitze ihres langen Schwanzes waren von dunklem Sepiabraun. Wegen ihres hohen, geraden Nasenbeins hielt Mama sie für eine besonders schöne Katze.
»Das stimmt nicht, Sie wissen doch gar nicht, ob bei Katzen nicht gerade eine flache Nase als schön gilt!«

»Aber nein, bei Katzen ist es genauso wie bei den Menschen, daß die steilere Nase die schönere ist.«
»Das glaube ich nicht!«
»Doch! Sehen Sie sich das Tier mal genau an und urteilen Sie nach Ihrem eigenen Schönheitssinn! Nun?«
Mama hob die geliebte Katze auf den Arm und hielt sie dem Gast vor die Nase. Wenn der Gast aber auf seiner Ansicht beharrte und etwa sagte:
»Ich finde sie aber doch ein bißchen komisch!«, dann machte Mama eine große Szene daraus und sagte, während sie dem Gast schroff den neuen Whisky hinsetzte:
»Also, wenn Sie sich darauf versteifen, schauen Sie doch noch einmal her. Pssst, Chika, Chika, mach ein schönes Gesicht!«
Aber während noch offenblieb, wer von den beiden – Mama oder der Gast – zuerst nachgeben würde, ließ die umstrittene Siamkatze Chika, ihren ungeduldigen Charakter beweisend, ein Miauen ertönen, gab ein gewaltiges Gähnen von sich, als habe sie das gegenseitige Anstarren zwischen sich und dem Gast satt, und sprang herunter. Chikas Matte befand sich auf dem Fenstersims direkt über der Heizung, und wenn die Katze sich dahin verkrochen hatte, war sie für diesmal weder mit Rufen noch mit Winken mehr hervorzulocken.
»Mögen Sie denn keine Hunde, Mama?«
»Im Gegenteil, ich liebe sie. Aber hier im Lokal kann ich keinen Hund halten.«
»Ich bin ein Hundenarr. Selbst wenn ich abends aus war und spät heimkomme, stehe ich morgens auf jeden Fall um sieben Uhr auf, denn daß ich meinen Hachirō nicht ausführen würde, kommt nicht in Frage.«
»›Hachirō‹ heißt er? Das ist aber ein hübscher Name!«
»Ist es ein Akita-Schäferhund?« mischte sich auch Shizu ein, und der Gast fragte überrascht:
»Woher wissen Sie das?«
»Ach, so nach Gefühl. Ich finde, ›Hachirō‹ klingt nach Akita-Schäferhund.«

Da kam der Gast vollends in Fahrt. Er holte eine umfangreiche Brieftasche aus der Innentasche seines Anzugs und entnahm dem genähten Innenfach eine Fotografie. Es war ein Schnappschuß des Hundes. Dieser Gast paßte so recht zu dieser Madame und ihrem Barmädchen.

»Schaut her, ist es nicht ein schönes Männchen?«

Um die Augen und die Schnauze war es ohne Zweifel ein Akita-Schäferhund, aber die Linie am Kopf und an den Ohren war nicht ganz einwandfrei. Mama hielt sich gleich an seine Augen und seine Schnauze und lobte charmant:

»Oh, hübsch! Ein mutiger, ein guter Hund!«

Aber Shizu, die ihr über die Schulter blickte, war aufgrund ihrer Jugend offener und äußerte ungeniert ihren Zweifel:

»Ach! Ist das auch wirklich ein Akita-Schäferhund?«

»Es ist einer. Der Vater von diesem Jungen hier ist ein Rassehund, für den gibt es einen schriftlichen Stammbaum.«

»Und für die Mutter nicht?«

»Ääh, die...«, sagte der Gast bedauernd und trank seinen restlichen Whisky aus, »... die war ein Zufallstreffer.«

Also war der Hund Hachirō eine Mischung. Aber wenn man davon ausging, daß bei Hunden genauso wie beim Kaiserhaus nur die männlichen Nachkommen die Blutslinie fortsetzen, war Hachirō unzweideutig der Abkömmling eines Akita-Schäferhundes mit Stammbaum.

»Ziemlich vornehme Eltern, nicht?« half Mama, die schnell schaltete, dem Gast aus der Klemme.

So wurde dem Gast die Stimmung aufgebessert, und während er noch einen doppelten ›On the rocks‹ bestellte, erzählte er umständlich mit allen Einzelheiten, wie Hachirōs Vater hieß und daß er ein unbescholtener Rassehund war. Auch die Umsitzenden wurden ins Gespräch gezogen, und schließlich waren an diesem Abend vier Hundeliebhaber versammelt, die jeder Namen, Abstammung, Eigenschaften und Verdienste ihres eigenen Lieblings auseinanderzusetzen begannen, so daß es für das ›Laternchen‹ einen recht späten Ladenschluß gab.

»Es ist spät geworden, Shizu, deshalb bringe ich dich nach Hause«, wandte sich Mama, während sie das Lokal abschloß, an Shizu, die mit hochgeschlagenem Mantelkragen wartend neben ihr stand. Mama stoppte ein Taxi und gab dem Fahrer an:

»Erst über Ost-Nakano und von da nach Shibuya, bitte.«

Wie müde Mama auch manche Nacht war, zu anderen sprach sie immer in liebenswürdigem Ton.

Im Wagen, der durch die nächtlichen Straßen dahinraste, begann Shizu, aus ihren Gedanken heraus kichernd zu lachen.

»Was ist denn?«

»Ach, ich dachte nur wieder an die Hundenarr-Konkurrenten von vorhin.«

»Das war lustig, nicht, wie jeder seinen eigenen Hund für den besten hielt.«

»Dabei waren das alles Promenadenmischungen!«

»Deshalb hätten sie nicht zu streiten brauchen!«

Mama lachte gutmütig. Auf ihren Knien schlief die reinrassige Siamkatze. Daß die schlanke, stolze Katze bei den auf ihre Mischlingshunde eingebildeten Barbesuchern dennoch nicht verfemt war, war wohl nur Mamas beschützendem Einfluß zu verdanken.

»Nicht wahr, Shizu...«

»Ja?«

»Wenn es mehrere Tage hintereinander so spät wird, fehlt uns Hidekos Ablösung doch sehr, nicht?«

»Das stimmt.«

»Wenn wir keine Vertreterin finden, die mit dir abwechselnd bis spät dableiben könnte, wirst du mir auf die Dauer zu sehr ermüdet. Wer wäre denn geeignet, weißt du nicht eine?«

»Tja, ich habe eigentlich wenig Freundinnen...«

Nach einer Weile sagte Mama wie zu sich selbst, während sie aus dem Fenster schaute:

»Es war doch töricht von Hideko, sich das Leben zu nehmen.«

Auch Shizu schienen die Tränen zu kommen, und verlegen sagte sie zum Chauffeur:
»Hallo, bitte halten Sie hier. An dieser Ecke ist es recht. Ja, so.«
Bis hierher hatte Mama das Mädchen schon einige Male gebracht, und damit Shizu unterwegs aussteigen konnte, hatte Mama den Wagen mit Vorbedacht so dirigiert, daß er an deren Haus vorbeikam. Doch Mama zwang Shizu ihre Begleitung nicht auf, es mußte schon ein Grund dazu vorliegen. Während Shizus Gestalt zwischen den eng nebeneinanderstehenden, unansehnlichen kleinen Häusern in der Dunkelheit verschwand, wandte Mama im Innern des davonbrausenden Wagens den Kopf zurück und schaute versonnen hinter ihr her.
»Barmädchen gesucht. Junge Kraft, auch ohne Berufserfahrung. ›Laternchen‹«, schrieb sie mit Kugelschreiber auf ein Stückchen Papier. Von nun an wurde es zu ihrer täglichen Beschäftigung, den Zettel nachts bei Lokalschluß an die Ladentür zu kleben und ihn abends gegen acht Uhr, bevor die Gäste hereinströmten, wieder abzunehmen. Als sie das ein paar Tage getan hatte, meldeten sich doch drei oder vier Bewerberinnen auf das kleine Inserat an dieser unauffälligen Bar.
Wenn noch kein Gast gekommen war, hielt Mama in der Bar ein kleines Interview mit der Bewerberin ab, wenn aber schon Gäste da waren, begab sich Mama dazu in das benachbarte Teehaus.
Da war ein Mädchen, das einen frischen Eindruck machte wie ein fest verwurzelter Pflaumenbaum mit jungen Trieben. Sie schien bei einem Besuch des gegenüberliegenden Accessoires-Geschäftes zufällig das Inserat gelesen zu haben. Sie dachte wohl, daß es in der Bar keinerlei Schwierigkeiten geben würde, und war guten Mutes, die Arbeit zu versuchen. Mama schauderte es vor dieser naiven Beherztheit.
»Bitte sprechen Sie mit Ihren Eltern, und sagen Sie ihnen unbedingt, daß ich der Meinung bin, daß die Bar nicht der richtige Platz für Sie ist.«

»Ach, da wäre keine Rücksprache und nichts nötig. Bin ich denn ungeeignet?«

›Bin ich denn ungeeignet?‹ fragten auch ihre furchtlosen Augen, in denen ein noch ungebrochenes jugendliches Selbstbewußtsein glänzte. Sie war ein großes Kind. Mama lächelte liebenswürdig und nickte:

»Ja, Sie sind ungeeignet.«

»Oh, da bin ich aber enttäuscht!« sagte sie und steckte ihre hübsche Zunge heraus. Als sie, durchaus nicht sehr enttäuscht, wieder gegangen war, atmete Mama aus tiefstem Herzen erleichtert auf.

Ein andermal kam ein schlecht aussehendes, offensichtlich übermüdetes Mädchen.

»Warum haben Sie denn in Ihrem vorigen Lokal aufgehört?«

»Ich bekam zuviel Schelte von der Madame. Sie hatte nie gute Laune. Ich beschwerte mich, aber es war halt ihr Charakter, da konnte man nichts machen.«

»Ach so.«

»Trotzdem habe ich die Gäste gut bedient. Deshalb wollte die Madame mich auch nicht gehen lassen. Aber ich mag nicht unter jemandem arbeiten, der charakterlich nicht zu mir paßt.«

»Auch ich würde charakterlich nicht zu dir passen«, lautete Mamas klare Entscheidung, und sie stand lächelnd auf.

»Ihr altes Lokal ist Ihnen wohl zu eng geworden? Aber, falls Sie eine Liaison hatten, wird der betreffende Gast, wenn Sie vorübergehend nicht da waren, von nun an sowieso nicht mehr kommen, meinen Sie nicht?«

Dies war ein Mädchen, das den tagtäglichen Schmerz dieses harten Berufes gleichsam in mehreren Schichten auf der müden Haut kleben hatte, urteilte Mama und wünschte, sie könnte sich zutrauen, dem Mädchen sein Unglück im ›Laternchen‹ herunterzuwaschen. Doch ihr blieb nichts übrig, als dieses Mädchen höflich abzuweisen. Die Erkenntnis stimmte Mama melancholisch. Doch wenn sie das Mädchen

auch nur vorübergehend ins Lokal nahm, würde sie von früh bis spät an ihrer Seite sein müssen. Im ›Laternchen‹ hatte sie von Anfang an nur Barmädchen eingestellt, die für das ›Laternchen‹ zu leben schienen.
»Guten Abend!«
Zugleich mit der melodischen Stimme kam eine Person in grellbunter Aufmachung zur Tür herein und machte die Bar mit einem Mal voll. Es war die Besitzerin einer großen, sehr frequentierten Bar auf der Ginza.
»Oh, lange nicht gesehen!« hieß Mama sie, der Form entsprechend, freundlich willkommen. Das Lächeln der Besucherin zeigte keinerlei Reaktion auf den Gesprächspartner. Die Dame und Mama hatten vor etwa zehn Jahren gemeinsam in derselben Bar gearbeitet, waren also Kolleginnen gewesen. Etwa gleichzeitig hatten sie sich – jede für sich – auf der Ginza selbständig gemacht, doch diese Dame hatte, geschäftstüchtig wie sie war, ihr Lokal bald hierhin, bald dorthin verlegt, und bis heute war ihre Bar so bekannt geworden, daß Kenner der Ginza nicht umhin konnten, sie zu kennen.
»Oh, hier hat sich überhaupt nichts verändert, in deiner Bar!«
»An die zwei Jahre haben wir uns nicht gesehen, was?«
»Beneidenswert! Wenn du zwei Jahre lang hier lebst, ohne die Ausstattung deiner Bar zu wechseln, gibst du ja nicht viel Geld aus! Bei mir drängen die Gäste darauf: Bald muß ich die Tapeten erneuern, bald die Bilder austauschen...«
So jammerte sie zum Schein über ihre finanzielle Lage und gab vor, diese kleine Bar zu beneiden, und daß sie dabei trotzdem nicht unausstehlich wurde und in häßlichen Sarkasmus verfiel, mußte wohl daran liegen, daß auch diese Barbesitzerin ihre Vorzüge hatte. In einer Bar, wo die Besitzerin kein guter Mensch ist, finden sich auch keine Gäste ein, denn Trinker sind unbestechlich.
Sie plauderten ein bißchen, bis die Madame plötzlich ihre Stimme senkte und Mama mit sich hinaus und zu dem benachbarten Teehaus zog.

»Nicht wahr, du bist doch allein in deiner Bar?«
»Ja, ich bin auf der Suche nach einem Mädchen, aber es ist keine zu mir gekommen...«
Die Madame nahm Mamas Bescheidenheit für bare Münze und beugte sich in voller Zustimmung weit herüber:
»Da hätte ich ein gutes Mädchen, willst du es nicht mal ansehen?«
»Wohl ein Mädchen aus deiner Bar?«
»Ja, aber bei mir kann ich sie nicht gebrauchen. Sie ist ein viel zu gutes Mädchen. Wenn sie von den Gästen ein bißchen geneckt wird, beginnt sie mir am Ende zu weinen, und ich habe den Ärger. Ich habe ihr gesagt: Wehre dich doch, wenn du gehänselt wirst, ohne das gibt es keine Arbeit auf der Ginza, aber das ist völlig vergeblich. Bei mir sind die Barmädchen so ausgesucht, daß sie ein bißchen darüber hinwegsehen, und dieses eine Mädchen wäre ja woanders, in deiner Bar, auch keinen Angriffen ausgesetzt. Sie steht sich gut mit den Gästen, was Beliebtheit und Trinkgeld angeht, und trotzdem hat sie einen Minderwertigkeitskomplex und fühlt sich dadurch so gehemmt, daß sie anfängt zu schluchzen. Da hab' ich mir schon die Finger verbrannt.!«
»Einen Minderwertigkeitskomplex?«
Das war als Vorwurf gemeint, aber die Madame machte eine große Geste mit den Händen und schob die Schuld von sich.
»Also, jedenfalls laß' ich sie heute zu einem Besuch in deine Bar kommen, da sieh sie dir an. Sie ist haargenau das Mädchen für dein Lokal. Für mich wäre es das Einfachste, sie zu entlassen, aber weil sie ein so gutes Mädchen ist, bringe ich es nicht fertig, sie hinauszuwerfen. Laß dich doch erweichen, ja?«
Während die Madame eine Tausend-Yen-Note herausholte und die auf dem Tisch liegende Rechnung an sich nahm, erhob sie sich, als sei die Angelegenheit damit erledigt, zahlte rasch für den Kaffee und ging.
Mama fühlte sich an die Wand gedrückt, als sie in ihre Bar

zurückkehrte. Aber sie bedachte, daß diese Person schon immer ein solches Benehmen gehabt hatte, und ließ sich die Laune nicht verderben.

Da ihre Etablissements allzu verschiedenen Charakters waren, hatten sie beide nie Konkurrenzneid gehegt, und obwohl die andere sich so ausgedrückt hatte, als ob sie das Mädchen nicht gebrauchen könne und es sozusagen als Ware zweiter Wahl unter Preis abgebe, war Mama nicht empört. Im Gegenteil, in der Unterhaltung hatte die Behauptung, daß das Mädchen »viel zu gut« und deshalb für die Bar der anderen ungeeignet sei, recht vielversprechend geklungen. Ein Mädchen, das so gut wäre, daß es für alle Bars der Ginza unbrauchbar wäre, hätte zu Mamas Gutherzigkeit ganz sicher gepaßt.

Spät in der Nacht wurde zögernd die Tür geöffnet.

»Entschuldigung ...«,

klang es, und als Momokos Gesicht zum Vorschein kam, reagierte Mama sofort:

»Ah, sind Sie doch gekommen! Sehr fein! Morgen kommen Sie doch bitte ab fünf Uhr, ja?«

Daß der dunkelblaue Mantel ihr gut stand und sie hübsch aussah mit ihrem runden Gesicht und den vollen Lippen, schienen Shizus scharfe Augen schnell bemerkt zu haben. Beim Nachhausegehen fragte sie wie nebenbei:

»Das Mädchen, das vorhin da war, wird also ab morgen kommen?«

Und Mama, die mit den Vorkehrungen für den Ladenschluß zu tun hatte, sagte, ohne eine nähere Erklärung zu geben:

»Ja, richtig. Morgen stelle ich euch einander vor.«

Sie ging in die Toilette hinein, und unter dem Geräusch der Wasserspülung rief sie:

»Shizu!«

»Ja?«

»Es ist spät, geh doch am besten schon vor mir nach Hause!«

»Wirklich?«

Shizu war im ungewissen, was sie machen sollte, ging aber dann doch, um wenigstens ein bißchen Zeit zu retten.
Am nächsten Tag kam Shizu, weil sie wegen einer Spendensammlung aufgehalten worden war, ein wenig später als zu ihrer üblichen Zeit in die Bar, und da war Mama mit dem neuen Mädchen schon fleißig beim Aufräumen des Lokals.
»Guten Tag!«
»Ah, guten Tag! Das ist Shizu, und dies hier ist Momoko.«
So machte Mama die beiden Mädchen charmant miteinander bekannt. Momoko neigte höflich den Kopf, doch im innersten Herzen versetzte es ihr einen Schock. Auch Shizu war ein bißchen verlegen.
Da Mama auf die Beschreibung ihrer Bekannten, der früheren Chefin Momokos, wenig Gewicht gelegt hatte, war ihr etwas beklommen zumute gewesen, was für ein Mädchen kommen würde. Abweichend vom gestrigen Eindruck war Mama heute, als sie sah, wie Momoko Shizu anstarrte, doch bestürzt.
Sie schielt ja, dachte Shizu im selben Moment, sie schielt so, daß sie mit dem rechten Auge nach London und mit dem linken nach Paris schaut. Momokos Augen waren weit auseinandergerichtet. Sonst war an ihrem Gesicht nichts auszusetzen.
Noch waren keine Gäste gekommen, und bei der Gelegenheit, als Momoko einmal auf der Toilette war, fing Shizu schnell an:
»Mama...«
Doch Mama kam ihr zuvor und sagte leise, aber mit Schärfe:
»Shizu! Kein Wort über die Augen, hörst du!«
Da Shizu auch ein folgsames Mädchen war, verstummte sie sofort, doch eine unbestimmte Erregung ging ihr durch die Brust, daß sie fast in Tränen ausgebrochen wäre.
An diesem Abend gab es zufällig viele Gäste, und mit jedem neu hinzukommenden wurde es lebhafter in der Bar. Die Stammgäste nahmen sogleich Notiz von Momoko, doch an-

ders als früher Hideko stand sie meist hinter Mamas Rücken, beschäftigte sich emsig mit dem Öffnen und Schließen der Kühltruhe und ähnlichen Handreichungen und tat kaum den Mund auf.
Da es ein Lokal war, in das die Gäste weniger der Mädchen wegen kamen, gab es auch keinen, der ein Mißfallen an Momoko äußerte. Sie tranken geruhsam ihre Drinks, und wenn manchmal einer sich unterhalten wollte, gab Mama den Gesprächspartner ab, und Shizu steuerte ihre heiter-optimistischen Geschichten bei, und so blieb im ›Laternchen‹ alles unverändert.
Eine Veränderung gab es allerdings doch, denn ein Gast, der, nachdem er dem Bier kräftig zugesprochen hatte, die Toilette aufsuchte, kam danach mit verwundertem Gesicht und dem Ausruf heraus: »Wo ist denn der Spiegel geblieben?«
»Ach, der ist doch zerbrochen!«
»Das war sicher eine ungeschickte Angestellte, nicht?«
»Auch für uns ist es unangenehm, daß er zerbrochen ist.«
Nur Shizu wußte wohl, daß Mama, die verstand, warum Momoko einen Minderwertigkeitskomplex hatte, den Toilettenspiegel entfernt hatte, um dem Mädchen entgegenzukommen.
»Sonst würden die Gäste, die ihre betrunkenen Gesichter im Spiegel sehen müßten, nicht mehr zu uns kommen«, setzte Shizu harmlos hinzu.
»Soso!«
Die Laune des Gastes besserte sich wieder, und er vergaß seinen Ärger.
Das ›Laternchen‹ hatte selten Gäste, die, wenn sie betrunken wurden, laut herumgrölten, dagegen gehörten zu den Stammgästen ein paar junge Männer, die gerne Lieder vor sich hinsangen, und die, wenn sie in Stimmung waren, Mama und Shizu drängten, mitzusingen.
»Es hat keinen Zweck, ich bin unmusikalisch«, weigerte sich Mama und sang niemals mit, doch Shizu ließ sich von dem Kompliment, daß sie geübt sei, verführen und sang jede

Melodie mit hübscher Stimme nach. Welchen Schlager sie auch sang, sie sang ihn im Stil eines Schulliedes, und ihre letzten Nummern waren Kinderlieder. Alle bewunderten sie. Sie war bestimmt kein großes Talent, aber der Erfolg kam wohl daher, daß ihr Vortrag so recht zur Atmosphäre der Bar paßte.

»Hideko war auch sehr begabt, nicht, Mama?«

Und in plötzlicher Erinnerung die Augen verengend, fragte der Gast:

»Sie waren ja auf der Hochzeit; war sie denn glücklich?«

»Jaja, ganz glücklich!«

Da sang Shizu:

»Am fünfzehnten, was glaubt ihr denn,
geh ich heiraten!
Denn Briefe aus der Heimat
kamen lang nicht mehr...«

In einem Winkel der Bar saß ein Gast, der zu seinem Whisky mit Fischbeilage eine ernsthafte Unterhaltung führen wollte.

»Was glauben Sie, was uns heutzutage am meisten not tut, was wir am dringendsten brauchen, was wäre das?«

»Ja... vielleicht... Träume! Mir wenigstens tun sie not, ich brauche sie dringend, gerade jetzt.«

»Hm, mir geht es auch so. Aber ich würde es nicht Träume nennen.«

»Wie denn?«

»Märchen.«

»Märchen? Aha...«

Da Shizu in der Meinung, das Thema sollte vielleicht gewechselt werden, in einer anderen Ecke der Bar unbekümmert um die Gäste ein neues Lied angestimmt hatte, hörten alle ihr zu.

»Wie finden Sie das, in einer Bar auf der Ginza Kinderlieder vorgetragen zu bekommen?«

»Na ja, man wollte ja wohin gehen, wo es lustig ist, da bringt man schon etwas Verständnis dafür mit.«

Und fürchterlich unmusikalisch, aber in bester Laune stimmte der Gast in Shizus Gesang mit ein. –
Als Momoko vier oder fünf Tage Dienst getan hatte, war sie vollständig eingeschüchtert. Dies war eben auch wieder eine Bar. Es war Momokos Natur, daß sie die Arbeit nicht vertrug, und es schien ihre Natur zu sein, den ganzen Verlauf ihres Lebens nicht zu vertragen. Dies war schon ihre vierte Anstellung in einer Bar, und sie besaß soviel Naivität, ein Lokal zu verlassen, in dem sie gerade einen Tag vorher angefangen hatte.
Shizu, die sich Momoko kollegial verbunden fühlte und sich wie eine ältere Schwester zu ihr stellte, fragte sie, als Mama einmal nicht da war:
»Wie ist es, in unserem Lokal kannst du es anscheinend aushalten?«
Dabei blickte sie ihr voll ins Gesicht.
»Na ja, ich würde mich doch freuen, herauszukommen. Ich weiß nicht, was ich dann machen könnte, es muß ja nicht immer eine Bar sein, ich könnte es woanders versuchen...«
»Wenn nicht in einer Bar, wo dann?«
»Im Kindergarten...«
Shizu lachte, daß sie fast vom Stuhl fiel, und als Mama kurz darauf zurückkehrte, erzählte sie ihr gleich diesen Witz. Da hatte Mama das Gefühl, als ob die Bilder von Chagall und Miró an den Wänden tatsächlich Kinderzeichnungen wären, und der eine Stuhl in der Ecke, der klein und niedrig war, kam ihr vor wie ein Kindermöbel. –
Die Zeit vor und nach dem Weihnachtsfest und am Jahresende brachte für das ›Laternchen‹ nicht viel Veränderung in bezug auf die Menge der Besucher. Daß das Lokal bis auf den letzten Platz besetzt war, so daß niemand mehr hineinpaßte, kam ebensowenig vor wie ein Tag ganz ohne Gäste.
Wegen des Weihnachtsfestes und des Neujahrsfestes waren alle gut gekleidet, und die Atmosphäre war ein wenig festlicher, was sehr zu Momokos Erleichterung beitrug. Mama

trug selbstverständlich Kleider von unauffälliger Eleganz, aber sie zwang die Mädchen nicht zu aufwendiger Kleidung.
Am Neujahrstag hatte sie das Lokal besonders zeitig geöffnet.
»Herzlichen Glückwunsch!«
»Alles Gute zum neuen Jahr!«
»Ja, auch meinen Glückwunsch!«
So gratulierten die Gäste, die hereinströmten, und Mama sprach ihrerseits höfliche Glückwünsche zum neuen Jahr aus und begann dann sogleich, ohne auf eine Aufforderung zu warten, mit einer Plauderei.
»Wie geht's denn?«
»Wir haben Junge bekommen!«
»Oh, da muß man ja besonders gratulieren! Wie viele denn?«
Wie so oft war von Hunden die Rede.
»Sechs Stück... Wir hatten uns bemüht, wegen der Reinrassigkeit kein fremdes Tier heranzulassen, aber es ist wieder schiefgegangen. Die Hälfte ist gescheckt. Und die meisten sehen ganz anders aus als die Mutter.«
»Das ist sicher der Einfluß des früheren Besitzers!«
»Das ist es! Hat man einmal einen Fehler gemacht, kriegt man schon keinen reinblütigen Nachwuchs mehr, nicht wahr!«
»Aber trotzdem sind die Jungen doch sicher lieb?«
»O ja! Es sind Mischlinge, aber lieb sind sie doch. Obwohl es zu viele sind, denke ich nicht daran, sie wegzugeben. Die Jungen sind wie meine Kinder, so liebe ich sie. Hübsche Dinger!«
Während Mama und der Gast diese Unterhaltung führten, kam zufällig ein Gleichgesinnter hinzu.
»Sie sprachen von Mischlingen, ja?« sagte er und beugte sich vertraulich herüber.
»Es kommt aber vor, daß die Jungen auch bei der Paarung mit einem fremden Tier ebenso reinrassig werden wie der eine Elternteil!«

»Das wäre ein Wunder!«
»Allerdings ein Wunder! Nach meiner Erfahrung liegt das nicht in der Macht des Züchters. Hahaha!«
»Natürlich nicht!«
»Das gibt es aber wirklich. Bei Äsop gibt es eine Geschichte, daß ein Entenjunges zum Schwan wurde...«
»Die ist wohl eher von Andersen...«
»Von wem auch immer, jedenfalls steht da, daß so etwas vorkommt.«
»Also könnten Sie es bei der Aufzucht der sechs Jungen doch auch mit dieser Hoffnung versuchen! Wer weiß, vielleicht ist eins darunter, bei dem das Wunder geschieht!«
Danach war eine Weile von Wundern die Rede, und nachdem sich die Gäste turbulent verabschiedet hatten, gab es eine kurze Pause vor der nächsten Welle von Gästen. Da sagte Momoko mit großem Ernst:
»Wunder – die gibt es wirklich, Mama!«
»Hast du denn schon eins erlebt?« warf Shizu ein, und Momoko nickte bejahend.
»Ja, daß meine Augen geheilt worden sind!«
Und bevor die beiden Zuhörerinnen ihrer Verblüffung Herr geworden waren, fuhr sie fort: »Ich bin von klein auf immer wegen meiner Augen verspottet worden, und als ich erwachsen war, wurde es um so schlimmer, so daß ich oft nur noch weinte. Besonders bei der Arbeit in der Bar, wo ich von Leuten Trinkgeld bekam, waren die Gäste, obwohl die anderen Angestellten mir halfen, ganz furchtbar... Was soll ich da erzählen? Es war wirklich entsetzlich.«
Während sie sprach, starrte Momoko ins Leere, und ihre aus dem Gleichgewicht geratenen Augäpfel hafteten am äußersten Augenrand.
»Aber seit ich in dieser Bar bin, spricht niemand mehr über meine Augen! In der ersten Zeit dachte ich, Sie, Mama, und Shizu wollten absichtlich nur nichts sagen. Aber auch die Gäste sagen überhaupt nichts! Ich habe aufgepaßt und gesehen, daß wirklich niemand auf meine Augen geachtet hat. Und

heute am Neujahrstag habe ich voller Angst einmal genau in den Spiegel geschaut. Bis dahin hatte ich ja das Make-up nur vor dem Puderdosenspiegel aufgelegt. Ich hasse große Spiegel. Ja, und da – es ist wirklich ein Wunder – waren meine Augen geheilt! Wieso sie geheilt worden sind, verstehe ich nicht, aber jedenfalls ist da ein Wunder geschehen!«

Mama, die Momokos Erzählung von Anfang bis Ende schweigend angehört hatte, legte ihr die Hand auf die Schulter und sagte warm:

»So war das also! Wie schön für dich!«

Als Shizu das hörte, kamen ihr beinahe die Tränen, und schnell wandte sie Momoko den Rücken zu.

»Wie schön für dich!« sagte sie knapp.

Obwohl Mama und Shizu nichts von dem bemerken konnten, was Momoko als ein Wunder bezeichnete, war es doch, weil Momoko fest daran glaubte, nicht anders, als ob das Wunder wirklich geschehen wäre.

»Hallo!«

Die Tür wurde aufgestoßen, und das wohlbekannte Gesicht eines Stammgastes erschien.

»Willkommen! Und ein schönes neues Jahr auch!« begrüßte ihn Momoko mit heiterem Lächeln.

Übersetzt von Margarete Donath

ŌBA MINAKO

Blauer Fuchs

»Es ist ziemlich lange her...«, sagte Blauer Fuchs.
Diesen Namen hatte sie dem Mann im stillen gegeben, seit ihr damals, vor sieben Jahren, sein Antlitz im Mondlicht oder im blauen Schein der draußen leuchtenden Neonlampen wie ein traurig gesenktes Fuchsgesicht erschienen war. Wenn er sein Gesicht dem blauen Licht zuwandte, sah er mit seinem spitz zulaufenden, schmalen Kinn aus wie ein Fuchs, der in einer Mondnacht im Wald unvermutet unter einem Baum sitzt und reglos den Kopf gesenkt hält.
»Die duften gut, die weißen Blumen. Aber was ich nicht mag, sind Heckenrosen, Disteln und Brennesseln«, sagte Blauer Fuchs.
Wenn er sich vom Licht abwandte, leuchteten seine Augen bernsteinfarben. Oder sie schienen zu brennen wie zwei rotglühende Kohlen. Oder auch wie rote Christbaumkugeln im Kerzenlicht.
»Es ist sieben Jahre her oder so...«
Blauer Fuchs war förmlich – ein Priester, der das Ritual des Aktes fehlerlos vollzieht. Seine Priesteraugen standen für einen Fuchs zu weit auseinander und wanderten jedes für sich umher. Es machte ihr aus irgendeinem Grund Spaß, mit ihrer Fingerspitze den Nasenrücken zwischen seinen beiden Augen zu streicheln.
»Das ist eine gefährliche Stelle. Da habe ich das Gefühl, als bekäme ich von einem Mörder den Dolch angesetzt!« lehnte Blauer Fuchs ab, zögerte aber, ihren Finger wegzuschieben. Im Mondlicht glänzte seine Nase feucht.

Sie ließ ihre Gedanken schweifen. Wieso hatte ihr Vater denn gesagt, jenes Grab da sei Mutters Grab? Das da war ein schönes, pompöses Grab. Dieses Grab konnte sehr wohl von einem Bischof sein, der in eine Goldbrokatschärpe gekleidet gewesen war, oder von einem General, der sich mit prächtiger Rüstung und Helmzier gewappnet hatte, oder von einem Minister, dem der stattliche Bart bis über die Armlehnen heruntergehangen hatte.
Das Begräbnis mußte bestimmt prunkvoll gewesen sein. Bei der Bestattung konnten sehr wohl schallende Musikinstrumente Einzug gehalten haben, und an der Spitze einer Truppe von erstklassigen Schauspielern, die unter Beleuchtungseffekten stimmungsvoll einzogen, konnte ein Regisseur, der sich Oberpriester vom Himmelreich nannte, das Rezitieren der Texte dirigiert haben, wobei das wollüstige Schluchzen hie und da durchklang.
Natürlich war das Grab jetzt ganz und gar von Flechten überwachsen, und die eingravierten Schriftzeichen waren völlig unleserlich geworden. Ein einziges Schriftzeichen, das ungefähr aussah wie das Wort »groß«, war alles, was sie entziffern konnte. Trotzdem war dies ein sehr majestätisches Grab.
Es war ein Grab, bei dem man sich vorstellen konnte, daß man, obwohl das Fleisch im Sarg vor sich hinfaulte, schöne Mädchen hier versammelte und Unterhaltung darbieten ließ und daß man die Mädchen mit der Drohung quälte, man würde sie, wenn sie sich vor dem Faulgestank die Nase zuhielten, ins Gefängnis werfen. Es war ein Grab, das einstmals Machtanspruch ausstrahlte und stolz die Schultern reckte, das ein arrogantes Lachen und kalte Augen und zu einem dünnen Grinsen verzogene Lippen gehabt hatte. Aber dies war alles leerer Wahn, denn nun war es verrottet.
Der Wald lag tief im Dämmerlicht, und als ein schwarzer Vogel mit einem Schrei, der wie ein Stöhnen klang, aufflatterte, fielen kalte Tropfen auf sie herab: Sie schaute nach oben, und da war hinter dem dichten Blattwerk ganz weit entfernt der violette Himmel.

Der Pfad war schlüpfrig, und auf den abgehauenen Baumstümpfen wuchsen Pilze, die aussahen wie verfaulte und zerfallene Bitterorangen. Und auch Pilze, die fette, wie mit schneeigem Schaum vollgesogene Schirme ausbreiteten.
Vater klammerte sich bei jedem Straucheln fest an sie. Vaters Hände waren kalt, und sie hatte das Gefühl, als würde sie von einem Toten berührt. Doch sie war von Neugier auf das Totenreich der Gelben Quellen, in das ein Sterbender sie einführte, erfüllt, und so genoß sie jedes Verweilen.
»Endlich habe ich Mutters Grab gefunden! Ich hatte es überall gesucht und es nicht entdeckt, aber dann habe ich es ganz überraschend doch gefunden – durch den Lichteinfall! Mit einem Gleißen tauchte es vor mir auf – ganz ähnlich wie bei den Seeohren, die fest am Felsen kleben: In dem Wald von wogendem Seetang kommt zufällig so ein glitzernder Fischbauch ins Licht, und dann sieht man ganz deutlich, daß es da zwischen den moosbedeckten Schalen überall dieses weiche Fleisch gibt!«
Vater war ganz glücklich. Von seiner Jugend an hatten ihm solche Dinge wie Seeohrenernten oder Pilzesammeln Freude gemacht. Vater, der Metall-Kunsthandwerker war, hatte seine Werkstatt auf einem Felsplatz an der Küste dieser Insel, und den größeren Teil des Jahres verbrachte er dort mit seiner Arbeit. Einmal, gegen Jahresende, pflegte er seine Arbeiten, die er während des ganzen Jahres angefertigt hatte, hinüber in die Stadt zu bringen, aber sonst lebte er hier. Die Kinder liebten es, während des Sommers mehrere Monate mit Vater auf der Insel zu verbringen. Im Innern der Insel gab es endlose Kiefernwälder, wo allerlei Pilze wuchsen.
Vater hatte die besonders scharfen Augen eines Tieres: Seeohren, die zwischen den Wogen hin und her schwankten, oder die feinen weißen Seidenpilze, die von Baumblättern bedeckt waren, die fand er. Und wenn er das Fleisch so eines Tieres, das, unter Seetang versteckt, fest an den Felsen gekrallt war, abriß, dann hatte er dabei ein ganz verzerrtes

Kinn – und daran erinnerte sie sich jetzt bei dem spitzen Kinn vom Blauen Fuchs.
»An dieser Stelle war es nämlich. Das Grab deiner Mutter.«
Es war im hintersten Hof von einem alten Tempel, der am Ende des Kiefernwaldes lag, daß Vater dieses Grab entdeckt hatte. Vater ging zur Rückseite des Grabes herum und versuchte, die kleine Steintür dort zu öffnen, aber sie war von Flechten angefressen und ging nicht auf. In der Trennlinie, die die Tür zur Grabkammer markierte, blühten Gräser mit winzigen weißen Blüten. Außerdem Farne.
»Die eingeknickten Knie deiner Mutter waren zu sehen«, sagte Vater. »Die Schwellung an ihren Waden schien ja zurückgegangen zu sein. Nur ihre Ohrläppchen hatten keine gute Farbe.«
Es war nämlich so, daß Vater früher die Mutter angewiesen hatte, Löcher in ihre Ohrläppchen machen zu lassen, damit sie die von ihm gefertigten Ohrringe tragen konnte. Wie Vater damals, als die Löcher durchgestochen wurden, die Stellen desinfizierte, damit sich kein Eiter bilden sollte – diese Erinnerung hat sie aus ihrer Kinderzeit behalten.
So wie die Seeohrschalen von Meeresflechten überzogen waren, war dieses Grab mit Waldmoos bedeckt. Wenn man dieses Waldmoos allein anschaute, so daß ein Ausschnitt davon gleichsam zur Nahaufnahme wurde, tat sich die fantastische, spannende Welt des Mooses auf, und der unter dem Moos liegende Grabstein verlor seine Bedeutung von unnützer Pracht.
Vater, der beinahe einer abgezehrten weißen Katze ähnelte, umklammerte seine Krücke aus poliertem Rosenstock, und bei seinem dünnen Lächeln glühten blaue Flämmchen in seinen Augen.
»Soll ich anstelle von Weihrauch eine Zigarette anzünden?«
Sie öffnete ihre Handtasche, sie hatte nur noch zwei Zigaretten. Die eine zündete sie an und stellte sie auf das Moos, aber

da sich das weiße Papier zusehends mit Feuchtigkeit vollsog, ging die Zigarette, ein Rauchfädchen hinterlassend, wieder aus. Sie entzündete die restliche Zigarette und zog einmal kräftig daran – das Gesicht abwendend, damit ihr der Rauch nicht in die Augen käme – und hielt sie zwischen ihren Fingern so hin, als wolle sie sie einer Kranken in den Mund stekken. So verharrte sie eine ganze Weile und wartete ab, bis die Asche immer länger wurde und abfiel.
Die Zigaretten hatten ihre Mutter umgebracht, konnte man sagen, aber jetzt, nachdem sie tot war, brachte Vater ihr am Buddhaaltar oft Zigaretten dar.
Sie hatte das Gefühl, mit Vater »Mutter und Kind« zu spielen. Das Gefühl, als solle sie um ein uraltes fremdes Grab herum mit Vater Händchen haltend Ringelreihen tanzen. Im Schatten des Grabsteins glotzte starr ein Frosch herüber.

Sieben Jahre hatte sie nicht das geringste von dem Mann gehört, da kam er eines Tages unerwartet vorbei – das war der Fuchs –, so als hätte sie eines Morgens beim Aufwachen plötzlich ein einzelnes Baumblatt auf ihrem Kopfkissen vorgefunden.
Blauer Fuchs war noch glatter als polierter Rosenstock. Er war von sich überzeugt, daß er einen außergewöhnlich schönen Körper habe, und liebte es, kerzengerade zu stehen oder würdevoll zu schreiten. Sie war sich bewußt, daß er auch jetzt darauf wartete, von ihr bewundert zu werden, aber es war ihr zu mühsam, nach Komplimenten zu suchen. Zugleich schämte sie sich wegen dieser Trägheit.
Blauer Fuchs erzählte ihr, daß er während der sieben Jahre geheiratet habe: Er habe vier Jahre mit seiner Frau zusammengelebt und sich dann von ihr getrennt.
»Es war so: Wenn ich nach Hause kam, saß sie – wie so eine Puppe, die Tränen vergießen kann – immer in der gleichen Haltung auf demselben Platz. Zuletzt kam sie mir vor wie eine riesige Motte, die an der Wand entlangkriecht.«
»Erst war sie eine weinende Puppe, und dann wechselte das

Bild, und sozusagen als Endprodukt war sie nur noch eine an der Wand klebende vertrocknete Motte!«

»Zuletzt wurde sie wie ein Schmutzfleck an der Wand. Sie war eine Frau, die davon geträumt hatte, ihr Glück in einem gewöhnlichen Hausfrauendasein zu finden. Deshalb war das Ganze nicht ihre Schuld, meine ich, und es tut mir leid. Noch nachdem wir uns schon getrennt hatten, habe ich mir Gedanken gemacht und ein paarmal versucht, mich wieder mit ihr zu treffen, aber wir hatten uns nichts mehr zu sagen. – Zu reden gab es zwar nichts, aber bei jedem Treffen schliefen wir miteinander. Und sobald wir damit fertig waren, wollte ich immer so schnell wie möglich wieder weg. Jetzt ist die Frau für mich aus einer Motte zu einem Schmetterling geworden, der mit zusammengefalteten Flügeln dasitzt. Rührt man ihn an, so wirbelt Staub aus den Flügeln hoch und hindert mich am Atmen...«

Blauer Fuchs brach den Satz ab, aber dann – quasi um seinen eigenen Mangel an Worten zu erklären – fuhr er fort: »Leute, die viel reden – wenn sie in einem fort daherplappern, geht ihnen auch immer etwas verloren, glaube ich.«

Sie warf einen bewundernden Blick auf den Blauen Fuchs, daß er so wenig wie möglich reden wollte, um nichts zu versäumen.

Er war allerdings ein Mann, der Reden und Handeln, Planen und Ausführen nie unter einen Hut brachte, und wenn die Frau schwieg, dann konnte er nicht anders, als doch irgend etwas zu ihr zu sagen. Jedenfalls war er von einer Art Pflichtbewußtsein erfüllt, er müsse ihr den Zeitraum von sieben Jahren irgendwie erklären.

»Während meiner Ehe war ich völlig erschöpft. Als hätte ich dauernd irgendwas auf dem Rücken zu schleppen, mit einschneidenden Schulterriemen, die mich bis auf die Knochen schmerzten. Ich bin ein selbstsüchtiger Mensch, und wenn man eben ein Wesen mit dem Laster der Selbstsucht ist, macht man sich schuldig vor einem Partner, der kein selbstsüchtiges Wesen ist. Im Grunde meines Herzens wünsche ich mir wohl tatsächlich nichts weiter als eine Frau, die so etwas wie meine Sklavin wäre.«

»Sicher gibt es auf der Welt Frauen, die sich freuen würden, deine Sklavin zu sein. Aber sobald du auf eine solche Frau triffst, beginnst du doch sofort wieder, dir eine Frau zu wünschen, die du als gleichberechtigte Partnerin nehmen könntest. Bestimmt! Daß der Unterdrücker sich mit der Unterdrückung eine Schuld auflädt, hast du ja schon gespürt, nicht wahr. Nur indem du die Partnerin frei sein läßt, erreichst du deine eigene Befreiung.«

»Aber die Frauen geben alle gern selber ihre Freiheit auf. Weil sie die Männer an sich binden möchten...«

Blauer Fuchs träumte in seinem Herzen irgendwie von einer Sklavin, aber in der Praxis konnte er bestimmt keine Frau wie eine solche behandeln.

Vor sieben Jahren, als Blauer Fuchs sie gefragt hatte, ob sie ihn heiraten wolle – da er sich vorgenommen hatte, ein guter Ehemann zu werden –, damals war in seinem Gesicht die finstere Entschlossenheit eines Mannes zu lesen, der seine Freiheit opfern will, und sie war davon so verschreckt, daß sie einen Rückzieher machte. Sie konnte sich die Szene vorstellen, wie er der Frau, die er seiner Erzählung nach geheiratet hatte, vor der Hochzeit vermutlich ganz genauso zugeredet hatte, und er tat ihr leid. Wenn man sich selbst nicht einschätzen kann und Dinge verspricht, die man dann nicht halten kann, das ist letztlich aussichtslos.

Wenn einer selbst völlig gebrochen ist, dann kommt es dazu, daß er sich eine Sklavin erträumt. Ist die Partnerin nun so eine, die selbst die Rolle der Sklavin wählt, dann wird sein Schuldbewußtsein wohl erlöschen und seine beherrschende Position sich festigen. Sie konnte die Gefühle des Mannes gut verstehen, der davon träumte, daß sie vor ihm knien und ihn umschlingen sollte, aber sie fand es wieder zu beschwerlich, dafür aufzustehen. Und zugleich schämte sie sich wegen dieser Trägheit.

»Du liebst die Frauen eben allzu sehr, deshalb bringst du beides nicht fertig: entweder dich nur an eine Frau zu binden oder uns Frauen als bloße Objekte zu behandeln. Andererseits: daß ihr die Frauen so liebt, hängt doch auch damit zusammen, daß wir Frauen euch Männer lieben. Deshalb, wenn man uns Frauen die Männer verbietet, wenn man der Frau, die du als Partnerin geheiratet hast, jeden anderen Mann außer dir verboten hat, muß die Partnerin nicht unbedingt eine Frau sein, die dich liebt. Eine Frau, die keine liebende Frau mehr ist, kann man aber eigentlich überhaupt nicht als Frau verwenden. Bei der Ehe, wie du sie dir dachtest, warst du gezwungen, eine Frau, die keine mehr war, zur Frau zu haben.«

Aber bei einem Zusammensein wie dem ihren kommt es viel mehr auf die Stimmung als auf Logik an. Also brachten sie, ernst und schweigend, mit Hingabe ihren Ritus voran, und als der Akt schließlich beendet war, lagen sie auf ihren Altar hingebreitet wie ohnmächtige Fledermäuse; aber sie empfand wieder ganz anders, als bevor der Akt zu Ende kam, und sie schämte sich jetzt, daß sie sich vorhin keine Geltung hatte verschaffen können, doch am Ende tröstete sie sich damit, daß die Menschen eben verschiedene Ansichten haben und daß es wohl gut wäre, die Auffassung des anderen gelten zu lassen.

Blauer Fuchs war eingeschlafen. Sein Arm, den er um ihre Taille geschlungen hatte, wurde schlaff, und auf den Ballen seiner kurzen Finger konnte sie häßliche dicke Schwielen erkennen: Die erinnerten sie an die Haut – die Stelle hinterm Ohr – von den Eidechsen, die sie beide gestern im Botanischen Garten für Tropenpflanzen gesehen hatten. Vor zwei Eidechsen, deren Körper völlig bewegungslos im Paarungsakt verharrten, hatten sie nach sieben Jahren den ersten Kuß getauscht. Die Eidechsen hatten ausgesehen wie ausgestopfte Exemplare im Ausstellungsraum.

Auch die schwieligen Finger vom Blauen Fuchs sahen wie ausgestopft aus. Die Schwielen breiten sich aus wie eine allmählich vergrößerte Landkarte und bilden große Krater.

Aus den Kratern wachsen zahllose weiße Schimmelpilze hervor.

Vater hatte schon wieder von der Insel aus telefoniert. Während sie aus ihrer Wohnung weggewesen war, hatte er zweimal angerufen, und der Mann, mit dem sie zusammenlebte – Grille –, war ans Telefon gegangen. Grille hatte ihr das ausgerichtet, aber sie hatte irgendwie keine Lust gehabt zurückzurufen und war einfach noch mal weggegangen.
Es war nämlich so, daß Vater immer seine sieben Kinder der Reihe nach im gleichen Stil anrief. Sie mußte erwartungsgemäß die Letzte sein. Denn sie ist ja die Jüngste. Vater sollte gesagt haben, auf den Inselklippen sei alles voller Seeohren, aber daß man das sagen konnte, ist lange vorbei: Was jetzt – bei Neumond wie bei Vollmond – noch an den Klippen klebt, ist lediglich das Felsenmoos, das an Seeohrschalen erinnert.
»Ich hab's ihr ausgerichtet, aber sie hatte es ja eilig und ist gleich wieder gegangen«, bemühte sich Grille beim dritten Mal, am Telefon zu erklären. Am nächsten Tag, während sie wieder noch zauderte, kam der vierte Anruf, und als sie neben dem Hörer stand, war Vaters heisere Stimme zu hören.
»Auf der Insel ist doch die schönste Jahreszeit! Kommst du nicht her? Seeohren gibt's massig. Grade jetzt bei Neumond!«
Sie fand Vaters Halluzinationen unerträglich und sagte: »Grille hat doch einen Gast da, wieder mal!«
»So, einen Gast? Na, früher haben dein Vater und deine Mutter uns auch die verschiedensten Ausflüchte ausgedacht, die Einladung unserer Eltern auszuschlagen, nur um den Liebsten zu treffen... Ich werde am Grab wieder eine Zigarette darbringen und sagen, sie sei von dir. Übrigens, dabei denke ich gerade daran: Wo dieses Grab ist, mußt du – als die einzige – dir gut merken!« Und Vater legte auf.
Von Mutters sieben Kindern hatte keines der Mutter ein Grab

errichtet. Nach Mutters letzten Willen hatten sie geglaubt, ihre Gebeine ins Meer schütten zu sollen, damit Mutter inmitten der Wellen immer andere Gestalten annehmen könnte. Allein Vater war allerdings enttäuscht gewesen, daß die Kinder ihre Verpflichtung gegenüber der Mutter erfüllen wollten.

Blauer Fuchs wurde gerade wach. Noch im Aufwachen zog er die Frau zu sich herüber, so als wäre es seine Pflicht, das zu tun. Blauer Fuchs träumte zwar von einer Sklavenfrau, aber dabei behandelte er seine Frau doch partnerschaftlich. Deshalb – da sie die einsamen Träume vom Blauen Fuchs ja nun kannte – kraulte sie seinen schönen Körper an allen Stellen und wühlte in seinem Haar.

Wie ein Kind, das im fremden Haus schnell wieder ins eigene Haus heimkehren möchte, so sehnte sie sich nach ihrem Heim, wo Grille wohnte. Er war ein seltsamer Mann, der – der Eigenart mancher Insekten entsprechend – dann, wenn das Männchen vom Weibchen totgebissen wurde, in Verzükkung geriet: darum hörte er sehr gern zu, wenn seine Frau von einem anderen Mann erzählte. Er begehrte eine Frau nur dann, wenn sie zeigte, daß sie auf Männer scharf war. Sie stand auf, während sie nach Worten suchte, die dem Blauen Fuchs schmeicheln sollten, und unter Gesten, die dem Fuchs gefallen, und mit Blicken, die den Fuchs umwerben sollten, machte sie sich fertig, denn zu weiterem hatte sie schon keine Geduld mehr: sie wollte so schnell wie möglich schlafen, an der Seite von Grille, die Beine auf Grilles Bauch gebettet. Sie konnte nämlich nicht schlafen, ohne ihre Füße auf irgend etwas hochzulegen.

Ihr war klargeworden, daß sie mit dem Blauen Fuchs auf keinen Fall bis zum Morgen zusammenbleiben konnte, und damit bestätigte sich erneut, daß dies der Grund gewesen war, warum sie vor sieben Jahren abgelehnt hatte, ein Zusammenleben mit dem Blauen Fuchs anzufangen.

Wäre er doch ein echter Fuchs – dann würde sie ihm einen Halsring anlegen und ihn am Bettpfosten anketten, aber das würde doch so ausgehen, daß am nächsten Morgen nur der Halsring in geschlossenem Zustand auf dem Bett zurückbliebe. Blauer Fuchs befindet sich schließlich immer in irgendeiner Verwandlung. Wovon sie bezaubert wird, ist eher seine wahre Gestalt als Fuchs, der nach dem Fleischgeruch umherschnüffelt – während sie an ihm in der Verwandlung als hübscher Jüngling kein Interesse hat. Sie liebt das blau schimmernde Haar, die keck hochstehenden Ohren, das spitze Kinn, die feuchten Nasenflügel wie auch seine verblüffend lange, pfirsichfarbene Zunge, seinen stattlichen Schwanz und den goldenen Glanz in seinen Augen. Aber der Fuchs in seiner wahren Gestalt ist ihr stets in den Wald entwischt und war für sie nur flüchtig und von hinten zu sehen.

Auch Blauer Fuchs hatte genauso den Wunsch, zu sich nach Hause in den Wald zurückzukehren. »Wir sollten besser heimgehen«, sagte Blauer Fuchs. »Denn da ich morgen abreisen will, sollte ich doch möglichst heute abend in mein Quartier zurückkehren. Ich muß ja mein Gepäck fertigmachen...«, fügte er hinzu.

»Wir könnten ausgehen, um irgendwas zu essen«, sagte Blauer Fuchs beim Aufstehen und starrte dabei auf den Schlüssel, der auf dem Beistelltischchen lag. Da sie beide nicht mehr in das Zimmer zurückkommen würden, brauchten sie diesen Schlüssel nicht mehr.

Also ließen die beiden den Schlüssel im Zimmer zurück, als sie die Tür schlossen. Draußen wehte ihnen ein stickig heißer Wind entgegen, und inmitten von aschgrauem Smog hing eine rote Sonne, die ihnen mit ihrer Wärme direkt in die Augen strahlte. In den Schluchten zwischen den Hochhauswäldern hasteten die Menschen geschäftig hin und her – mit Mienen, die die leidige Redlichkeit verdrängt hatten; und in den Geschäften, wo der üble Geruch von den Kühlanlagen vertilgt wurde, liefen die Leute mit hängenden Köpfen wie Tiere im Käfig herum – mit Gesichtern, die von Unfairness entstellt und aufgedunsen waren. Von da an führten die beiden

eine absurde Unterhaltung. Es war davon die Rede, auf der Insel gemeinsam eine Villa zu kaufen. Bei der Misere, nicht einen Yen zu besitzen. Alle beide. Und bei der Unterhaltung blieb beiden durchaus bewußt, daß keiner von beiden mit dem anderen als Partner zusammenleben könnte. Indem sie von einer gemeinsamen Villa sprachen, malte sich jeder vom anderen in Gedanken einen imaginären Sklaven aus.
Während sie ihre Mahlzeit aus stark gewürztem rohen Fleisch aßen, sah die Frau ihr eigenes Abbild in einem vor ihr hängenden Spiegel. Abgesehen davon, daß es eine schwache Erinnerung daran wachrief, daß von ihrem alten Vater noch ein ganz klein wenig in ihr steckte, zeigte es einen rücksichtslosen, bösen Bockskäfer. Dieser bedeckte sich mit einem Schleier aus Spinnweben, befreite sich wieder und rieb mit dem Hirschkäfer, in den der Fuchs sich verwandelt hatte, die Flügel aneinander und sprach mit ihm Unverständliches.
... Ihre Ohrläppchen hatten keine gute Farbe gehabt. Mutters Ohrringe hatte wohl die Schwester aus der Asche aufgeklaubt...

Als sie nach Hause kam, sprach Grille sie an.
»Was deinen Vater angeht – da war ein Anruf von deiner Schwester! Es scheint etwas passiert zu sein. Er soll gestern von der Inselpolizei in Gewahrsam genommen worden sein. Als du neulich mit ihm zusammen warst, war er denn da normal?«
»Nichts Besonderes«, erwiderte sie.
»Man will ihn ins Krankenhaus einliefern, sagte sie.«
»...«
Vater hatte sieben Kinder. Und keins der sieben Kinder hatte etwas dagegen, den Vater ins Krankenhaus einzuliefern. Es handelte sich um eine psychiatrische Klinik oben auf dem Inselhügel. Die Klinik benutzte für ihre Anzeigen das gelbe Wallen der umgebenden Rapsblütenfelder im Frühling. Genau im Zentrum der Rapsblütenfelder, gegen die gekonnt nur ein darüber flatternder weißgetupfter Schmetterling ab-

gesetzt war, schwebte diese weiße Klinik wie ein Traumschloß. Ein Phantom ohne Füße, im weißen Kimono.

Am nächsten Morgen, als sie aufwachte, kam ihr zu Bewußtsein, daß sie eine Haarspange in dem Hotel vergessen hatte, die – eine Arbeit von Vater aus seiner Jugendzeit – ein Andenken von ihrer Mutter war. Da es noch vor der Checkout-Zeit war, nahm sie sich eiligst einen Wagen und fuhr zum Hotel.
»Ich habe den Schlüssel im Zimmer liegenlassen«, erklärte sie, und der Mann an der Rezeption rief den zuständigen Boy herbei, aber plötzlich erinnerte er sich und sagte: »Ach, richtig! Vorhin ist doch gerade Ihr Begleiter in das Zimmer zurückgekehrt. Den Schlüssel mit dieser Nummer habe ich ihm schon ausgehändigt.«
Sie lief auf den Lift zu, aber dann fiel ihr ein, daß der Fuchs ja in seinem eigenen Quartier beim Packen seiner Sachen sein müßte und sich eigentlich nicht hier aufhalten sollte, darum ging sie zum Haustelefon und wählte seine Nummer.
Das Auftänzeln einer blauen Daunenfeder – das war eindeutig die Stimme vom Fuchs. Nicht in der Verwandlung als Hirschkäfer.
»Hallo, ich bin's. Ich hab doch meine Haarspange vergessen. Auf der Ablage im Bad. Es ist ein Ding in Gestalt eines Fisches, und auf dem Silber sind bei den Augen schwarze Korallen eingelegt. Nämlich ein Andenken von Mutter. Bring es mir doch, ehe du abreist. Oder schicke es mir, vielleicht per Einschreiben?«
Sie spitzte die Ohren, um vielleicht ein Anzeichen von einer anderen Frau zu erlauschen, aber sie konnte nichts hören.
Blauer Fuchs legte wortlos den Hörer auf.
Nach zwei oder drei Tagen traf die Haarspange unversehrt in einem kleinen Einschreibepäckchen ein. Aber ein Brief lag nicht dabei – nicht einmal ein Baumblatt.

Übersetzt von Margarete Donath

KANAI MIEKO

Platonische Liebe

Wenn ich dieser Frau beweisen müßte, daß *ich* »die Autorin« bin, dann müßte ich diesen Beweis wohl dadurch erbringen, daß ich einen Essay schriebe oder ein Werk verfaßte. Diese Frau lernte ich kennen – das heißt, ich weiß wirklich nicht, ob der Ausdruck »kennenlernen« in diesem Fall paßt – jedenfalls, seit ich zum erstenmal eine Kurzgeschichte geschrieben hatte, begann die sonderbare Beziehung zwischen mir und dieser Frau. Ich erhielt einen Brief, bei dem gleich die erste Zeile lautete: »Wer die unter Ihrem Namen veröffentlichte Geschichte geschrieben hat, das bin ich.« Genauso lautende Briefe sammelten sich an – entsprechend der Zahl der Geschichten, die ich geschrieben hatte –, und obwohl ich diese sonderbaren Briefe die ganze Zeit zu ignorieren versuchte, muß ich gestehen, daß ich das absolut nicht fertigbrachte. Jedenfalls, da ich weiterhin Geschichten schrieb, wurde meine Arbeit immer von dieser Frau begleitet. Da sie weder eine Adresse noch einen Namen hinterließ – wie hätte ich mit der »wahren Autorin«, die die Schreiberin dieser Briefe war, in irgendeiner Form diskutieren können? So war die Beziehung zwischen der »wahren Autorin« und mir völlig einseitig. Natürlich trifft der Ausdruck »einseitig« nur von meinem Standpunkt aus zu, von ihr aus gesehen war es sicher nicht so aufzufassen, aber in erster Linie wußte ich ja nicht einmal, ob der Briefschreiber nach seinem Geschlecht überhaupt eine »Sie« war.

Bei den Briefen aus der Anfangszeit ist die Farbe der Umschläge schon ganz vergilbt. Es sind viereckige weiße Umschläge von verschiedener Größe und Papierqualität, und bei der Tinte sind, jeweils zu verschiedenen Zeiten, die Farben Grün oder Sepia oder Lila verwendet worden. Solche grünen, sepiabraunen und violetten Tinten erinnern mich an den Geschmack der Taishō-Zeit von Anfang des Jahrhunderts und sind mir zuwider. Und von der Handschrift kann man sagen: sie ist eigentlich ohne jede Individualität. Ihre Schriftzeichen haben, wie bei fast allen Leuten nach dem Krieg, nichts mehr von ausdrucksvoller Pinselkalligraphie an sich, sondern sind so, wie man sie eben an einer gedruckten Vorlage erlernt, so daß es auch wieder unpassend wäre, sie einfach als nicht gekonnt und schlecht zu bezeichnen, und, um es ehrlich zu sagen, sind sie genauso wie meine – nämlich Schriftzeichen, die die Einstellung ausdrücken: auch wo sie mal ein bißchen merkwürdig aus der Form geraten, soll sich keiner beklagen, solange sie leserlich sind.

Möglicherweise war das beim erstenmal jemand, der eine Geschichte mit dem gleichen Inhalt hatte schreiben wollen – ich glaube, daß so etwas öfters vorkommen könnte –, oder vielleicht ein jugendlicher Dichter in meinem Alter, der mich mit der Behauptung schockieren wollte, etwas vom gleichen Rang wie die Kurzgeschichte, die man als mein sogenanntes Erstlingswerk bezeichnen mochte, könnte er in einer einzigen Nacht zu Papier bringen. Oder mit anderen Worten: etwas von dieser Qualität könnte wohl jedermann verfassen, sobald er nur ein oder zwei Sachen, die sich mit Recht Kurzgeschichten nennen, gelesen hat. Daß etwas Derartiges dahinterstekken könnte, konnte ich mir auch durchaus vorstellen.

So etwas wie den völlig gleichen Inhalt halte ich zwar für undenkbar, aber daß jemand eine ziemlich ähnliche Kurzgeschichte geschrieben hätte, war sicherlich nicht unmöglich. Die sogenannten »literarischen Werke« – sind sie sich nicht im Grunde alle ähnlich? Als ich den ersten Brief dieser Frau las – ich erinnere mich noch an jenes unter die Haut gehende Knistern beim Öffnen des hübsch gefalteten, dicken Importpapiers –, konnte ich mich allerdings eines Gefühls von Unbehagen nicht erwehren, in dem durchaus ein Beharren auf einer Art Stolz mitschwang – das geb ich zu, aber zugleich hatte ich doch auch die Einstellung, daß es eigentlich gleich sei, ob der

Autor nun irgend jemand anderer oder wirklich ich selbst war. Der Hochmut darüber, diese erste Geschichte geschrieben zu haben, würde ja nur noch unerträglicher, wenn das Geschriebene wirklich von mir wäre. »Die Autorin« dieser Geschichte zu sein – sollte ich das nicht dieser unbekannten Person überlassen und selber »die Autorin« einer anderen Kurzgeschichte werden können? Also will ich mich als »die Autorin« einer neuen Geschichte beweisen.

Die Briefe wurden mir unvermeidlich jedesmal ins Haus geliefert, wenn ich wieder eine Kurzgeschichte veröffentlicht hatte; und ich konnte nicht umhin, ein bißchen verärgert zu sein. Es stand jedenfalls fest, daß diese Frau mein engagiertester und wichtigster Leser war, und dazu kam: da sie unentwegt die Autorschaft beanspruchte – womit sie letzten Endes möglicherweise tatsächlich im Recht sein konnte, wie dem auch sei –, mußte ich mir eines Tages eingestehen, daß eine der Kurzgeschichten als Reaktion auf ihre Briefe geschrieben wurde (von mir – oder von ihr?). Das hielt ich lange geheim. Denn ich wußte nicht, wie ich es hätte erklären sollen, und hatte irgendwie das Gefühl, mich vorsehen zu müssen, jemandem von der Frau zu erzählen.
Aber was ich mir auch immer zu schreiben vornahm – die Frau würde behaupten, es sei von ihr. Dazu hätte ich sie gerne gefragt: »Wann, bitte, hätte ich denn das, was Sie da geschrieben haben, überhaupt lesen können?« Und dann würde sie vielleicht mit dem Anflug eines feinen Lächelns – und unbewußt war ich geneigt, mir ihr Lächeln als schön vorzustellen – also lächelnd sagen: »Wissen Sie denn selbst das nicht mehr?« Es war mir ja von vornherein gar nicht möglich, auch nur zu versuchen, ihr Fragen zu stellen – mir war nur gestattet, zu lesen, was sie geschrieben hatte, als sei das eine Gnade, zu der gerade ich auserwählt war. Denn die Beziehung zwischen mir und dieser Frau war von Anfang an ausschließlich auf das Schreiben von Kurzgeschichten begrenzt.

In einem gewissen Sinn fühlte ich mich von dieser Frau gepeinigt, aber mit der Zeit wuchs in mir auch die Neugier über sie: ich wünschte mir, zu wissen, was für ein Mensch sie ist, was für ein Leben sie führt, an welchen Dingen ihr Herz hängt, welche Erfahrungen sie gemacht hat und was sie überhaupt so denkt. Das heißt, ich versuchte, ihr so etwas wie einen Körper zu verleihen. Aber bei dieser Körpergebung war ich doch voller Zweifel, besonders erst einmal darüber, ob sie, wie angenommen, eine Frau war oder vielleicht doch ein Mann. Da ich meinen eigenen Körper – offen gesagt – verachte, verstieg ich mich zu der Vorstellung, daß der Körper der »wahren Autorin« nun aber stattlich und schön sei. Wie ein verliebter Poet summte ich vor mich hin: »Oh, daß du einen Körper hast, ist wundervoll. Er bleibt meinen (oder unseren) Träumen überlassen...«
Selbst wenn man annähme, diese paar anspruchslosen und schwachen Werke (und mit dieser geringschätzigen Ausdrucksweise zeige ich ja, daß ich die Existenz der Frau eigentlich nicht anerkennen möchte – könnte man sagen) hätte nicht ich geschrieben, sondern diese Frau, dann würde ich den Umstand, mit diesen Werken nichts zu tun zu haben, noch als ein Glück für mich betrachten. Aber in Wirklichkeit hatte ich doch die Zeichen mit eigener Hand geschrieben oder sie in ungeschriebenem Zustand in mir verschlossen.
Ich überlegte sogar folgendes: Sollte ich irgendwen, der auch ein Autor ist, fragen: »Haben Sie mal die Erfahrung gemacht, einen Brief von einer Person zu bekommen, die behauptet, der wahre Autor zu sein?« Vielleicht hätte ich feststellen können, daß ich nicht allein das Opfer von jemandem war, der üble, intrigante und noch dazu ziemlich clevere Streiche spielte. Ob das Ganze nicht nur ein gemeiner und hartnäckiger Unfug war, das war nicht zu beweisen.
Das soll natürlich nicht heißen, daß ich mich rund um die Uhr von dieser Sache belästigt gefühlt hätte. Ich führte mein eigenes Leben und verstand auch sehr wohl, es zu genießen. Es ist ein ganz normales, monotones Leben, und wenn es

auch vorkommt, daß es mich langweilt, so ist es doch nie so, daß mir diese Langeweile am Herzen nagt, und ich habe kein Interesse an Erfahrungen, die den Anschein erwecken, als würde die Wirklichkeit erst dann wertvoll, wenn sie bei tragischen Ereignissen ihre Härte beweisen kann. Jedenfalls – jene Begegnungen mit der allzu klar und scharf umgrenzten Welt, denen die sogenannte Sensibilität der Jüngeren und noch Unerfahrenen sich ausliefern muß, die habe ich wohl zu durchleben gelernt, ohne von wehleidiger Konfusion ergriffen zu werden. Manchmal habe ich allerdings das Gefühl, in eine Welt eingeschlossen zu sein, die mich so zu Boden drückt, daß ich nicht schreiben kann – aber bin ich jetzt nicht schon dabei, wieder mit Schreiben anzufangen? Übrigens macht es mir mehr Spaß – wie es wahrscheinlich jedem geht, der sich Schriftsteller nennt –, so viel wie möglich von den unzähligen Werken meiner Lieblingsautoren zu lesen als die Kurzgeschichten, die ich selbst geschrieben habe (die Frau hat das allerdings anders formuliert, sie sagte ja: »... die ich geschrieben habe«) – oder eben meinetwegen: die sie geschrieben hat. Und das trotz des Neidgefühls, das beim Lesen immer dabei ist.

Es ergab sich, daß ich nach Yugawara fuhr: mein Notizbuch für eine neue Kurzgeschichte nahm ich mit, die ich anfangen sollte zu schreiben, einige früher verfaßte kurze Stücke, die ich für die Zusammenstellung eines Kurzgeschichten-Auswahlbandes überarbeiten mußte, ferner ein paar Bücher, die ich noch nicht gelesen hatte, sowie den Entwurf für einen Aufsatz etwa des Inhalts »Besprechung meiner eigenen Werke«, zu dem ich einen rätselhaften inneren Antrieb verspürte. Ob ich überhaupt die Qualifikation besitze, meine »eigenen Werke« zu besprechen, ist natürlich zweifelhaft, aber davon abgesehen, hatte ich das Geld, um mich eine Weile an den heißen Quellen dort aufhalten zu können, ausreichend mit dem Verkauf der eigenen Werke als Handelswaren verdient, und überdies war es auch so, daß ich mich durchaus von dem traditionellen Stil des Schriftstellerns,

während eines Aufenthaltes an heißen Quellen zu arbeiten, angezogen fühlte.
Über die selbstverfaßten Geschichten zu sprechen oder sich über Werke, die man erst noch zu schreiben beabsichtigt, zu äußern – warum will das denn jeder, obwohl er es lieber für sich behalten sollte, doch immer ausplaudern? Wir sollten uns dem Schweigen verpflichtet fühlen – statt dessen fangen die Worte von ganz allein an zu sprudeln. In dem Wunsch, die Wahrheit zu sagen, fängt man an zu reden – warum geht man in der Praxis dann aber gleich zu Worten über, die die Wahrheit völlig verschleiern? Was wird denn von einer sogenannten »Besprechung der eigenen Werke« verlangt und erwartet? Vielleicht eine Art von Bekenntnis. Und bei etwas, das sich als Bekenntnis ausgibt, träume ich von einer Fassung, in der ein »Buch« versteckt läge, das als geniale Selbstverkörperung meiner Phantasie entstünde. Eigentlich hatte ich gar nichts zu bekennen. Es war nur so, daß mich beim Lesen meiner eigenen Kurzgeschichten ein seltsames Fieber packte. Angenommen, diese Geschichten wären wirklich von jener Frau geschrieben, dann war ich ja nun ihr Leser, und das war es vielleicht, warum ich dabei solche Aufregung verspürte. Jedenfalls faßte ich den Vorsatz, eine Kurzgeschichte zu schreiben, für die ich bis jetzt nur den Titel bestimmt hatte: »Platonische Liebe«. Und wer in aller Welt würde die schreiben? Diese Frau vielleicht, oder doch ich?
Wie ich schon gefürchtet hatte: meine »Platonische Liebe« kam nicht um eine Zeile voran, kein einziges Wort erschien auch nur in meinem Notizbuch; tagsüber ging ich spazieren, und nachts las ich oder trank allein meinen Sake – so verbrachte ich fünf Tage, und während dieser ganzen Zeit bemühte ich mich, die »Besprechung meiner eigenen Werke«, bezogen auf jene Kurzgeschichten, die ich vor drei Jahren geschrieben hatte, anzufangen, aber dabei stellte sich heraus, daß ich nur aus den Briefen der Frau abschrieb und alles ihre Worte wurden. Um ihr Widerstand zu leisten, versuchte ich, über jenes Hasenfell zu schreiben, das damals in der Stadt

Hanamaki an der schmutzigbraunen Holztür einer Gemischtwarenhandlung angenagelt gewesen war (das Leder, an dem das zu einer dicken Paste geronnene Blut klebte, nach außen gewandt), und über den Hasentraum, den ich einmal im Schlafwagen nach Iwate gehabt hatte. Ich strengte mich an, mir den wolkenschweren Winterhimmel, in den die Stadt Hanamaki getaucht gewesen war, und ihre Straßenreihen in Erinnerung zu rufen: jenen weißlichen, blutleeren Himmel, durch den die aschgrauen, bräunlichen und fahlblauen Adern einer mittelmäßigen, merkmallosen Provinzstadt hindurchschimmerten, aber (war ich denn wirklich in diese Stadt gefahren?) die manchmal sogar verwirrenden Anzeichen von Leben, die eine Stadt erst lebendig erstehen lassen, waren aus dem Hanamaki, das ich im Gedächtnis hatte, völlig abgezogen worden, und die Stadt war im Labyrinth meiner Erinnerung untergegangen. Der Ort, wo einst »die Seele der stillen Stadt mir den Fuß lenkte«, hatte seine Form schon ganz verloren, und selbst das ungegerbte Hasenfell, das ich bestimmt gesehen haben mußte, war mir schließlich entschwunden. Waren das alles nicht vielleicht Dinge, von denen ich nur in einer Erzählung gelesen hatte? Könnte es nicht sein, daß ich sie weder gesehen noch darüber geschrieben hatte, sondern daß das von braunem, rotem und violettem, klebrigem Blut und Fett starrende Fell nur in einer Erzählung, die ich gelesen hatte, angenagelt gewesen war?

Das recht armselig und laienhaft geführte Gasthaus im japanischen Stil, in das die Abendsonne hereinschien, war so ruhig, daß man nicht glauben mochte, daß noch andere Gäste im Haus waren; und da die Berge, die man früher von den Fenstern der Westseite aus in der Ferne sehen konnte, durch den grauen Betonklotz eines großen Touristenhotels vollkommen verstellt waren, war dementsprechend der Übernachtungspreis so billig, daß ich mir einen ziemlich langfristigen Aufenthalt leisten konnte. Auf der Papierschiebetür, die von der Westsonne über lange Zeit hinweg ausgebleicht und vergilbt war, war stümperhaft das Bild eines tückisch blickenden Kranichs gemalt, und in der Schmucknische hing eine Schriftrolle mit einem Gedicht darüber, wie ergreifend ein weißer Reiher im Schnee ist – und dem gegenüber ein kleiner Schwarzweißfernseher, ein alter Holzcouchtisch, über die ganze Fläche mit den Ringabdrücken von Biergläsern bedeckt, und auf ihm ein Teeservice, ferner ein Standspiegel, drapiert mit einem Streifen verschossenen gemusterten Musselins, sowie ein Garderobenständer mit drei Aufhängehaken: das war die ganze Möblierung dieses Zimmers. Jeden Tag ging ich in der Dämmerstunde ins heiße Bad, und ich aß die von der Gasthofswirtin selbst zubereitete Hausmannskost, wie süßsaures Schweinefleisch und Sashimi – die Rohfischschnittchen – und mit fertig gekaufter Mayonnaise angemachten Salat und trank dazu ganz allein, traurig vor mich hinschweigend, meinen Sake, und wenn ich den größten Vorzug des Alleinessens nennen sollte, so läge er einfach darin, daß niemand es unhöflich findet, wenn man beim Essen ein Buch liest.

Auf dieser Reise (der soundsovielten kleinen Reise, die ich allein machte) begleitete mich auf Schritt und Tritt der Gedanke, daß ich ja unterwegs immer mein Notizbuch für eine Kurzgeschichte dabei hatte, und sogar im heißen Bad, wo die Wasseroberfläche in der Abendsonne wie rosa glänzendes Metall gleiste, wurde mir – was mich zum Weinen traurig stimmte – bewußt, daß ich offenbar ständig auf eine Stimme lauschte, die mir den allerersten Anfang der immer noch ungeschriebenen Kurzgeschichte zurufen sollte. Mir kam – während ich von leichter Ergriffenheit erfaßt wurde – die Idee, daß dieses »Er« oder »Sie«, das den Helden der Kurzgeschichte hätte darstellen sollen, sich mir aber entzog und nicht zu fassen war, in Wahrheit das noch ungeschriebene Werk in sich sein könnte, und bei dieser schonungslosen Offenheit gegen mich selbst brach ich in Tränen aus. In der Flut heißen Wassers schmolz mein Körper dahin; er war schon kein Körper mehr, und was sich auf ihn preßte, sich um ihn schloß und ihn mit Wärme und Weichheit umhüllte, war auch kein Badewasser mehr, und in dem Wasser, das mich zu einer Auflösung brachte, die zugleich eine Einbindung in die Gesamtexistenz war, schwebte jemand, der nicht mehr ich war. In dem rosenfarbenen Sonnenlicht, das im milchigweißen Dunst des Wasserdampfes und in der Stille und Ungestörtheit erzitterte, dehnte sich die Zeit geschmeidig aus, und das Bad begann sich auszuweiten wie ein Traum im Traum, und diesen Traum erlebte nicht ich, sondern jene Frau, und ich war nichts weiter als ein Akteur in ihrem Traum – aber diese magisch-unheimliche Vision zerfloß wiederum ins Badewasser hinein. Sie blieb meinen (oder unseren) Träumen überlassen...

Eines Tages nach dem Mittagessen, als ich auf dem Weg entlang dem Bergbach, der durch den Park fließt, spazierenging, wurde ich von einer mir unbekannten Frau angesprochen. Trotz ihrer schüchternen Haltung sprach sie mich in einer Art an, die ich irgendwie als aufdringlich empfinden mußte. Sie sprach in einem Ton, als wisse sie gut über mich Bescheid, und da begriff ich intuitiv: diese Frau war tatsächlich die »wahre Autorin«! Das Bild, das ich heimlich von der »wahren Autorin« gehegt hatte, hatte meine unbewußten Phantasien und Wünsche widergespiegelt und war, wie ich bereits erwähnte, von dem Begriff »schön« begleitet gewesen, aber jetzt mußte ich erkennen, daß das reichlich unangemessen war (genauer zu erklären, wieso es unangemessen war, habe ich nicht nur keine Lust, sondern es würde sich nicht gehören), und ein enttäuschtes Gesicht zu machen, wäre der »wahren Autorin« gegenüber ja wohl unhöflich gewesen. Darauf fragte mich die Frau, ob wir zusammen essen wollten, da sie noch nicht zu Mittag gegessen habe, und ich ließ mich unbedacht einfangen und antwortete, daß ich zwar schon gegessen hätte, sie aber vielleicht auf einen Tee begleiten könne. In einem Schnellrestaurant in der Nähe des Parkeingangs setzten wir uns an einem Fenstertisch gegenüber,

und sie bestellte das Allerteuerste, Roastbeef-Sandwich mit Krabbensalat und Kaffee, während ich nur einen Kaffee bestellte. Worüber wir uns in diesem Restaurant unterhielten, kann ich mich wirklich nicht mehr erinnern (außer daß sie, vermengt mit dem Geräusch vom Zerkauen von Blattsalat und Sellerie, über die noch ungeschriebene Kurzgeschichte »Platonische Liebe« sprach). Während sie ihre Finger ableckte, an denen der von ihrem Roastbeef-Sandwich heruntertropfende Fleischsaft klebte, redete die »wahre Autorin« über »Platonische Liebe«. Schließlich versäumte ich nicht nur, mich nach ihrem Motiv zu erkundigen, warum sie mir die Briefe geschickt hatte, sondern ich durfte auch noch die Rechnung für ihr Sandwich, ihren Salat und – da sie eine zweite Tasse bestellt hatte – für die drei Tassen Kaffee bezahlen; gegen drei Uhr kehrte ich in mein Gasthaus zurück.
Es wäre gut, wenn ich meine »Platonische Liebe« bereits geschrieben gehabt hätte, aber jetzt hatte ich dazu keine große Lust mehr und hielt es auch nicht mehr für nötig.
Als ich wieder nach Hause zurückkam, war, wie erwartet, ein Brief von der »wahren Autorin« eingetroffen, in dem zwar nicht extra eine Dankesfloskel für die Einladung zum Mittagessen stand, dem aber das Manuskript für »Platonische Liebe«, von dem sie damals gesprochen hatte, beilag.
Viele Male versuchte ich, mir einzureden, daß ich doch imstande sein müßte, es nicht zu lesen. Hätte ich es in den Papierkorb geworfen oder verbrannt, so wäre es, meine ich, äußerst einfach gewesen, es ungelesen zu lassen.
Es wäre leicht, auf dem Tisch meine Hand jetzt nach dem Brief auszustrecken, auf dem in ungelenken und schlechten Zeichen mein Name geschrieben steht (er sieht absolut aus wie von mir selbst eigenhändig geschrieben), und ihn so vollständig zu verbrennen, daß nicht einmal mehr ein Gedanke daran bleibt, daß es ihn einmal gab. Es wäre durchaus möglich, den Brief (und alle Briefe, die sie geschickt hatte) hinaus in den Garten zu bringen, Benzin darüberzugießen und mit einem Streichholz anzuzünden. Ich müßte nur einen

Eimer voll Wasser bereitstellen und das Feuer sehr sorgfältig unter Kontrolle behalten. In ganz kurzer Zeit würden diese Briefe von den Flammen aufgeleckt und verschlungen werden, einen blaßvioletten Rauch ausspuckend, und würden zu einem wirr zerbröckelten, leichten Häufchen schwarzer Asche, das man mit Wasser übergießen und auf der Erde festtrampeln müßte. Aber was würde dabei wohl verlorengehen?

Mit dieser Frage lehnte ich mich in dem Gefühl der Verzweiflung in meinem Stuhl zurück. Am Ende werde ich »Platonische Liebe« wohl veröffentlichen. Und ich werde es als mein Werk ausgeben.

Übersetzt von Diana Donath

TSUSHIMA YŪKO

Heimlicher Handel

Im Wald gibt es Katzen! Das ist eigentlich nicht weiter verwunderlich. Unter den Katzen gibt es ja auch Wildkatzen, Pumas, Löwen, und selbst für eine Hauskatze zum Beispiel trifft es zu, daß ein Wald kein schlechter Aufenthaltsort ist. Aber als ich im Wald die Katze sah, erschrak ich doch über dieses Tier. Wenn ich »Wald« sage, meine ich den aus der Edo-Zeit berühmten japanischen Landschaftsgarten Rikugien, der nahe bei meinem Haus liegt. Vielleicht ist es ein bißchen übertrieben, ihn »Wald« zu nennen, aber die Bäume des alten Parks – übriggeblieben inmitten der Stadt, die ringsum nur noch aus lauter Hochhäusern besteht – sind allzu üppig und dicht gewachsen, und die an den Mauern entlangführenden Wege sind so dunkel, daß man sie selbst bei Tage als gefährlich empfindet. Jedenfalls macht es einen Eindruck wie ein Wald. Aber die Katze, die in diesem Wald saß, hatte nichts von einer Wildkatze an sich, sondern war weiter nichts als ein zwei bis drei Monate altes Jungkätzchen mit schwarzen Tupfen auf dem weißen Fell. Man hätte vielleicht etwas Grimmiges erwartet – aber was ich sah, war ein ganz liebes Tier. Das war nicht gefährlich. Und doch erschrak ich und stand wie versteinert. Denn das Kätzchen starrte mich unverwandt an.

Das Kätzchen steckte in einem Gestrüpp neben dem Teich. Meine zehnjährige Tochter, die bei mir war, hatte es entdeckt und mir gezeigt. Als ich seine schwer zu findende Gestalt endlich ausgemacht hatte – »Ah, tatsächlich!« –, schrie meine Tochter schon auf: »Da drüben ist noch eine! Und hier noch eine!« Und mein fünfjähriger Sohn, der auch noch dabei war, konnte die erste Katze noch immer nicht finden, während seine Schwester neben ihm eine Katze nach der anderen entdeckte, weshalb er wütend mit den Füßen stampfte und aufschluchzte: »Wo denn? Wo ist sie denn?« Die Schwester wies ihn an, sich etwas zu bücken, und zeigte ihm triumphierend den Platz der ersten Katze. Ein paar Leute, die in der Nähe waren, wurden von den Rufen meiner Tochter angelockt und suchten ebenfalls mit nach den Katzen. Da es ein Sonntagabend war, gab es viele Parkbesucher.

Auch von den Katzen gab es eine Menge. Jede für sich war in einem eigenen Dickicht versteckt und beobachtete jeden Schritt der Leute, die auf den Kieswegen entlanggingen. Wenn sich so ein Fuß auch nur einen Schritt in Richtung auf das eigene Versteck zubewegte, würde die Katze sofort davonflüchten. Für uns Erwachsene mit unserer hochliegenden Sichtlinie war es schwierig, überhaupt festzustellen, daß Katzen da waren. Sie zu zählen, ginge gleich gar nicht. Und da man sie nicht zählen konnte, hatte man den Eindruck, es seien ziemlich viele.

Ich hörte die weinende Stimme meines Kleinen. Er war auf einmal nicht mehr zu sehen. Als ich mich erschrocken umschaute, zeigte mir meine ältere Tochter lachend, wo er steckte. An der Stelle, wo das erste Kätzchen gewesen war, hockte mein Kleiner und weinte. Er war nämlich, als er das Kätzchen entdeckt hatte, mit voller Kraft in das Dickicht gestürmt, aber das Kätzchen war natürlich sofort geflüchtet, und das zurückgelassene Kind wußte nicht, wie es aus dem Gestrüpp wieder herauskommen sollte, und fing an zu weinen.

»Was machst du denn da! Von dir läßt sie sich bestimmt nicht fangen!« rief die Tochter, niederkauernd, ihrem im Gebüsch steckenden Brüderchen zu.

»Du Dummchen! Komm schleunigst raus da!«

Der amüsierte Ton der Schwester war für den Jungen kein bißchen hilfreich. Eingeschlossen im Käfig der tief herunterhängenden Zweige, wo kein Licht hindrang und die Spinnen ihre Netze gespannt hatten, war dem Jungen bange geworden.

»Unsinn, so was. Geh du hin und hole ihn raus!« sagte ich und schubste sie an der Schulter.
»Er ist doch alleine reingegangen – wieso kann er nicht allein wieder rauskommen«, beschwerte sich die Schwester, stapfte aber sofort auf das Gebüsch zu und begann, nach einer Stelle mit weniger Zweigen, wo man durchkönnte, zu suchen. Ich bückte mich und behielt den Jungen, der hinter dem dichten Laubwerk drüben hervorlugte, im Auge, während ich wartete, daß die Schwester sich einen Weg dorthin bahnte.
»Wie ist er da bloß reingekommen! Das ist ja schlimm!« schimpfte sie vor sich hin und spazierte unschlüssig um das Gebüsch herum, aber gleich darauf hatte sie kurzentschlossen mit beiden Armen die Zweige auseinandergerissen und war zu dem Jungen hingelangt.
Als sie wieder zu mir zurückkamen, hatten beide Kinder überall welke Blätter und kleine Äste an sich kleben.
Weil sie hier aufgewachsen waren, bewegten sich diese Katzen, auch wenn sie noch klein waren, viel rascher als gewöhnliche wilde Katzen und ließen sich von niemandem anfassen oder streicheln. Das begriff meine Tochter, als sie selber einmal versuchte, eine zu erwischen, und nun erklärte sie es dem Bruder und heischte meine Zustimmung. »Nicht wahr, sie sind doch hier geboren! Es sind doch hiesige Katzen, nicht? Demnach müßte eigentlich auch ihre Mutter da sein, oder?«
Und beide Kinder fingen von neuem an, die Bäume der Umgebung abzusuchen.
»Die könnte durchaus da sein, aber dann wäre sie bestimmt irgendwo, wo sie nicht zu sehen ist, nicht? Die sich dort, wo man sie sehen kann, herumtreiben, das sind nur die jungen Kätzchen. Die Katzenmutter wird so etwas Unbedachtes nicht tun. Auf dem Baum dort ganz oben etwa, an einem Platz, wo ihr kein Mensch zu nahe kommen kann, lauert sie dann vielleicht und könnte uns hier beobachten.«
Bei diesen Worten schaute ich zu dem Wipfel des Baumes

hinauf, und dabei wurde mir bei dem Gedanken an die unsichtbare Katzenmutter ganz unbehaglich. Ob sich nun wilde Katzen von der Straße hier angesiedelt hatten oder ob von Katzen, die man hierhin ausgesetzt hatte, einige überlebt und Junge geworfen und sich vermehrt hatten – wie dem auch sei, jedenfalls war der Wald, der ja den Vorzug hatte, nachts menschenleer zu sein, kein schlechter Stammplatz dafür, daß sich die Katzen nach Lust und Laune vermehren konnten.

Daß meine Mutter mit ihren drei Kindern in die Nähe des Rikugi-Parkes umzog, war genau vor fünfundzwanzig Jahren, als ich, ihr jüngstes Kind, zehn Jahre alt war. Von Mutter bekamen wir die Entstehungsgeschichte des Parks erzählt, und nicht lange nach unserer Übersiedlung gingen wir hinein, den inneren Garten zu besichtigen. Aber obwohl der Park neben unserem Wohnhaus lag, verloren wir sehr bald das Interesse an ihm, da er ja von einer an die drei Meter hohen Mauer umgeben war und sich die einzige Stelle, wo ein Tor war, an der unserem Haus entgegengesetzten Seite befand – und überdies ist ein japanischer Garten für Kinder sowieso kein lustiger Ort, und so kam es danach kein einziges Mal mehr vor, daß wir als Familie gemeinsam dorthin gingen. Ich wurde aber stets daran erinnert, daß wir in der Nähe eines großen Parks wohnten, weil es nämlich in diesem Grüngürtel so viele Vögel gab. Elstern, wilde Tauben, Sittiche und andere konnte ich auf den Hausdächern und den Parkbäumen sehen. Und im Sommer war das Zirpen der Abendgrillen zu hören. Für mich, die ich in der Stadt aufgewachsen war, waren Grillen ebenso wie Elstern etwas Besonderes.

Um die Zeit, als ich die Grundschule beendete, machte ich einmal mit ein paar Klassenkameradinnen einen Ausflug in den Rikugi-Park, und dort kam jemand auf die Idee, eine Art Zeitkapsel zu machen, die für zehn oder zwanzig Jahre – ich weiß es nicht mehr –, jedenfalls bis ihre Zeit gekommen wäre, vergraben bleiben sollte, und was wir darauf schrieben, habe ich jetzt auch vergessen; also wir steckten einen

Zettel in ein Fläschchen und vergruben es an den Wurzeln einer Kiefer, die am höchstgelegenen Platz des Parkes stand. Da ich seitdem von keinem mehr etwas von der Flasche gehört habe, glaube ich, daß sie wohl noch heute dort vergraben ist, und jedesmal, wenn ich im Rikugi-Park spazierengehe, suche ich insgeheim nach der Kiefer, die mir auffallen sollte, aber ich finde sie nie. Damals hatten wir keine Sorge, daß wir die Stelle – nach wieviel Jahren auch immer – nicht wiederfinden könnten, sondern waren uns ganz sicher. Da ich mich daran noch ganz deutlich erinnere, wundere ich mich, wieso ich den Baum nicht mehr erkennen kann. Aber es kommt für mich natürlich nicht in Frage, jetzt, wo ich eigene Kinder habe, etwa vor deren Augen die Erde aufzugraben, um nachzuschauen. Weil wir damals zu ganz verschiedenen Mittelschulen auseinandergingen, haben wir in einer sentimentalen Abschiedsstimmung dieses Objekt hier hinterlassen. Später haben wir uns ja gegenseitig aus den Augen verloren, und genaugenommen beschleicht mich fast ein Gefühl des Zweifels, ob sich die Sache mit der Flasche überhaupt ereignet hat.

Im Februar des folgenden Jahres ist mein Bruder, der nur wenig älter war als ich, ganz unerwartet an Lungenentzündung gestorben. Im April darauf nahm meine große Schwester ihr Studium auf. Da ich nicht hinter meiner Schwester zurückstehen wollte, verfolgte ich nun selber das, was ihr Spaß gemacht hatte. Das heißt, ich hörte Jazz und ging ins Kino, und so lernte ich auch Jungs kennen, Oberschüler und Studenten. Durch eine ältere Mitschülerin wurde ich mit einem Oberschüler bekannt gemacht, und einmal gingen wir zu viert aus – in den Rikugi-Park. Das war das einzige Mal, daß ich mich für einen Besuch des Rikugi-Parks fein zurechtgemacht habe. Allerdings war ich keine Schönheit und auch kein besonders charmantes Mädchen, und deshalb war ich als einzige unbeholfen und verkrampft und fühlte mich im Gegensatz zu den anderen gelangweilt. Ich wünschte, ich hätte mich so wie die anderen drei, die zum erstenmal hier waren, von dem weiten japanischen Garten willig bezaubern lassen können, aber weil ich diese Bäume jeden Tag über die Mauer ragen sah, konnte ich, als ich nun im Park drin war, keine Bewunderung mehr aufbringen. Nachdem wir damals schon fast drei Jahre neben dem Park wohnten, kamen mir unwillkürlich bei dem Namen Rikugi-Garten weniger die sorgfältig gepflegten, in den Sonnenschein hingebreiteten Rasenflächen in den Sinn, die den Besucherneuling beeindrucken mochten, sondern mehr das dunkle, aus den verschiedensten Bäumen ineinandergewobene Dickicht, das sich entlang der Mauern hinzog.

Nach dieser kurzen Periode hatte ich keine Lust mehr, mich mit Jungen abzugeben. Was ich suchte, konnten mir die Jugendlichen nicht bieten, und was die Jungs wollten, dazu hatte ich keine Lust.

Während meiner Oberschulzeit geschah es eines Tages, daß unser alter Spitz starb, den wir lange Jahre im Haus gehabt hatten. Eine kurze Zeit blieb daher das Haus ohne Hund; aber als meine Schwester ihr Studium beendet hatte und gleich darauf heiratete und unser Haus verließ, waren also nur noch Mutter und ich im Haus, und weil sie das ein bißchen unsicher fand, faßte Mutter dann den Entschluß, wieder einen Hund zu halten, und wir bekamen von irgendwoher einen jungen Terrier. Nach Mutters Meinung stammte er angeblich von klugen Jagdhunden ab, daher drängte sie zum Kauf von Kamm und Bürste und begann, ihn mit großer Sorgfalt aufzuziehen. Aber dieser Hund zeigte, als er größer wurde, keineswegs die erwartete Intelligenz, sondern verhielt sich selbst nach einem halben Jahr noch genauso wie als Welpe, überdies war er ein Feigling. Bei guten Kräften war er allerdings, denn er tollte von früh bis spät, in den höchsten Tönen bellend, um das Haus herum. Seinen Zweck als Wachhund hat er zwar nicht erfüllt, aber lieb war er doch. Mir, die ich untätig zu Hause saß und mich langweilte, bedeutete es viel, daß dieser Hund da war.

Meine Mutter war seit meiner, ihrer jüngsten Tochter, frühesten Kindheit verwitwet; sie verbrachte nach dem Tod meines Bruders seither alle Tage wie eine einzige Nacht der Totenwache. Außer bei den Mahlzeiten bekam ich sie nicht zu Gesicht, und dann machten wir den Mund nicht auf und sprachen keinen Ton miteinander. Ich war eine Oberschülerin, die nichts Besonderes anstellte, außer gelegentlich ins Kino zu gehen, aber aus Mutters Sicht hieß das eben, daß meine Gefühle von weltlichen Dingen absorbiert wurden, und sie war zu mir kurz angebunden und warf mir sogar manches wütende Wort an den Kopf, und bei solchen Gelegenheiten konterte ich dann, ich würde das Haus verlassen, gleich wenn ich achtzehn sei. Und dazu war ich auch entschlossen.

Um diese Zeit hatten wir eben den putzmunteren Hund. Er wollte immer ins Haus herein – was vermutlich daher kam, daß ich ihn in seiner Kindheit verwöhnt hatte –, und kaum, daß ich die Glastür öffnete, kam er wie ein Gummiball direkt in meine Arme geflogen. Und dann war er ganz außer sich und leckte mir Gesicht und Hände.

Mutter aber war mit diesem Hund nicht zufrieden. Ihre Sympathie für ihn hatte sich erschöpft, sein Gebell ging ihr auf die Nerven. Und eines Tages war der Hund verschwunden. Ich nahm an, daß er nach draußen entwischt sei. Zwei, drei Tage vergingen, ohne daß das Tier zurückkam. Ich dachte, da er eben ein dummer Hund ist, findet er den Weg nicht mehr zurück, nachdem er einmal draußen ist. Ich war mir nicht schlüssig, ob ich mich nicht vielleicht an den Tierschutzverband wenden sollte. Aus übergroßer Sorge wagte ich sogar, bei Mutter, die ich ja gewöhnlich nie ansprach, nachzufragen: »Übrigens, unser Hund...« Und da antwortete Mutter: »Oh, der Hund? Den habe ich neulich ausgesetzt und über die Mauer in den Rikugi-Park geworfen.«

Ich war entsetzt, daß es so etwas wie Aussetzen überhaupt gibt, aber ich durfte meiner Mutter gegenüber keine Kritik äußern. Ich unterließ es auch, gleich in den Rikugi-Park zu gehen und dort zu suchen. Mutter hätte das Tier ja auch töten können, aber sie war immerhin mit dem Hund bis unter die Ziegelmauer des Rikugi-Parks gegangen, hatte ihn hochgehoben und auf die andere Seite der Mauer hinübergeworfen. Da er ein kleiner Hund war, nicht mehr als etwa dreißig Zentimeter lang, war er selbst für Mutters Hände nicht zu schwer zum Werfen gewesen.

Der Hund, der sich plötzlich mitten im Wald ausgesetzt sah, wird sich bestimmt nicht still im Versteck verkrochen haben, sondern unter lautem Gebell über die weiten Rasenflächen herumgejagt sein. Dabei könnte er sicher bald vom Parkwächter entdeckt und gefaßt worden sein. Danach war er dann womöglich im Tierheim gelandet. Aber mit einer winzigen Chance, daß es nicht so war, konnte man – glaubte ich – rechnen.

Bei Tage gibt es wohl im Wald nur eine gehörige Menge Vögel und Insekten. Und im Teich leben lediglich viele Karpfen und Schildkröten. Aber wie würde sich das Bild des Nachts verwandeln? Ich selber hatte nicht den Mut, mich einmal im Park einschließen zu lassen, um zu beobachten, wie es nachts dort zugeht, daher meinte ich, daß es wohl auch sonst niemanden gäbe, der jemals die ganze Nacht bis zum Toröffnen am Morgen im Park verbracht hätte. Könnten da nicht Dinge vor sich gehen, die man bei Tag gar nicht ahnte? Und könnte mein Hund, nachdem er nun einmal in diese Welt eingedrungen war, nicht doch darin überleben – wenn auch vielleicht nicht mehr als der kleine Terrier, sondern indem er sich irgendwie anders weiterentwickelte?

Daß der Hund ein Schicksal hatte, das mir solche Vorstellungen erlaubte – dafür mußte ich noch dankbar sein.

Von da an kehrte ich dem Rikugi-Park nur noch den Rücken zu. Der dichte Wald, der so gar nicht in die Großstadt paßte, machte mir angst. Hier war eben die Domäne des Hundes, den meine Mutter ausgesetzt hatte. Bald darauf verließ ich Mutters Haus. Nicht direkt mit achtzehn, sondern ein bißchen später. Mehrere Jahre danach kehrte ich – mit einer kleinen Tochter und einem Baby – in die Nähe von Mutters

Haus, das heißt wieder neben den Wald, zurück. Genauso wie meine eigene Mutter war auch aus mir eine Mutter geworden, die ihren Kindern keinen Begriff davon vermitteln konnte, was ein Vater ist. Das war aber auch das einzige, was ich an meiner Lage bedauerte.
Da wir in einem engen Appartement wohnen mußten, bot der Wald vom Rikugi-Park uns einen beliebten Auslauf ins Grüne. So ergab es sich, daß ich ihn mit den Kindern von Zeit zu Zeit besuchte. Ein paarmal kam es auch vor, daß wir Schildkröten oder Goldfische, die wir in der Wohnung großgezogen hatten, im Teich dort freisetzten. Viele von den Familien, die in den Appartements wohnten, pflegten ihre Wassertiere, die sie in den engen Räumen nicht weiter aufziehen konnten, heimlich in diesen Teich zu bringen, um ihnen hier ein angenehmes Weiterleben und Altwerden zu ermöglichen.
Aus diesem Teich ragen hier und da Felsen heraus. Auf einem jeden sitzen stets Scharen von Schildkröten in der Sonne. Wenn sie sich auf natürliche Weise vermehrten, wären es nicht so sehr viele. Es müssen Schildkröten sein, die früher mal auf dem Nachtmarkt oder von Tierhandlungen verkauft und dann ohne viel Aufwand großgezogen wurden. Auch am Rand des Teiches sieht man, sobald man nur hinunterschaut, die Schildkröten massenweise aufgereiht. Ebenso wie die Schildkröten vermehren sich auch andere Tierarten wie Goldfische, Schmerlen und ähnliche ungeheuer. Rings um den Wald wurden, eins nach dem anderen, vielstöckige Wohnhäuser gebaut, und fast aus jeder dieser Wohnungen wurden Tiere in den Wald gebracht, so daß es von Jahr zu Jahr immer mehr geworden sind. An Katzen hatte ich allerdings – recht achtlos – bisher nicht gedacht. Wenn es keine ungewöhnliche Praxis war, Schildkröten auszusetzen, mußten ja auch Katzen und ebenso Hunde ohne weiteres ausgesetzt werden können. Von den Lebewesen, die man so als Haustiere aufzieht, kam wohl jedes dafür in Betracht. Nur: um sich vermehren zu können, muß es ihnen gelingen, sich

von den Parkwächtern nicht erwischen und von den anderen starken Tieren im Wald nicht unterkriegen zu lassen – und dadurch werden natürlich die Arten begrenzt. Man könnte sagen: auf Katzen und Kriechtiere.

Als ich jetzt bemerkte, daß sich auch die Katzen hier vermehrten, wurde meine Erinnerung an den Hund, der von meiner Mutter eigenhändig ausgesetzt worden war, und an die Angst, die ich selber damals vor dem Wald gehabt hatte, wieder aufgefrischt. Und fast zwanghaft beschäftigte mich nun die Überlegung, wie die Katzen im Wald wohl ihre Tage fristen.

Vielleicht setzen sie ihre Hoffnung auf die Lebensmittel, die von den Leuten im Park zurückgelassen werden, aber die Abfallbehälter hier haben alle Deckel aus Drahtgitter – als Maßnahme gegen die Krähen, die sich ebenfalls stark vermehren. Selbst für die geschicktesten Katzen wäre es schwierig, da etwas Eßbares herauszuholen. Eidechsen und Mäuse werden sowieso von ihnen gefressen, und außerdem gibt es ja auf der anderen Seite der Mauer die Straße voller Abfall. Wenn es Nacht wird, gehen die Katzen auf Futtersuche hinaus auf die Straße.

Außerdem stehen auf der Seite, wo die Autostraße am Park entlangführt, die Appartementhäuser in langer Reihe eng nebeneinander. Und jedes Hochhaus hat seine Balkons dem Wald zugewandt. Auf diese Balkons zu gelangen, wäre für Katzen ein Leichtes, und wenn die Bewohner vielleicht sogar etwas, was die Katzen gern essen, hinausstellen, würden die Katzen bald regelmäßig kommen. Ich glaube, daß in Wirklichkeit vielleicht eine ganze Menge Bewohner das tun. Ältere Leute sind sicher darunter, oder alleinstehende Frauen. Kinder machen das sicherlich auch. Kinder, die ihr Herz an den Umgang mit einer Katze gehängt haben, von dem sie niemandem erzählen.

Eine Beziehung zwischen Kindern und Katzen kann ich nicht im geringsten ungewöhnlich finden. Vielleicht gerade deshalb, weil sie des öfteren in Märchen vorkommt. Um die

Beziehung länger fortzusetzen, müßte allerdings auch für die Hochhauskinder etwas dabei herausspringen, was sie von den Katzen bekommen. Es wird ja erzählt, daß die wilden Bergmenschen und die Dorfbewohner miteinander die jährliche Ausbeute an Baumrinde gegen drei Scheffel Reiskuchen eintauschten. Sie sind zwar Handelspartner, die so viel Angst voreinander haben, daß sie sich gegenseitig nicht bekannt zu machen wagen und sogar streng vermeiden, ihr Gesicht zu zeigen – aber wie die Geschäfte laufen, darin gibt es keine besseren Händler als sie. Mit einem Schlag – ohne daß Zeit bleibt, den anderen genau zu sehen oder seine Stimme zu hören – ist der Handel im Nu perfekt. So mancher von uns wünscht sich insgeheim, daß er seine Angelegenheiten so regeln könnte. Allerdings besteht eben immer die Bedrohung, angegriffen zu werden, und auch die Gefahr, von den eigenen Leuten erwischt zu werden.

Wenn nun meine eigenen Kinder diese Hochhauskinder wären – was könnten sie denn von den Katzen bekommen? So etwas wie eine Jahresausbeute an Baumrinde würden sie ja nicht haben wollen. Es gibt vieles, was sie sich wünschen würden, Spielzeug vielleicht oder Süßigkeiten, aber doch keine Mittel für den nackten Lebensunterhalt wie etwa Baumrinde. Was also dann? Etwas, was für die Kinder schwer zu kriegen ist, mit dem die Katzen aber im Überfluß gesegnet sind.

Die Kinder stellen Futter auf den Balkon. Und als Gegenleistung bietet die Katze den Kindern einen Vaterersatz: wäre das vielleicht der Handel? Einmal pro Jahr schwängern die Kater die Katzen. Das heißt, sie werden Väter. Viele Male, bis zum Überdruß, werden sie Väter. Aber wie viele Kinder ihnen geboren werden, kümmert diese Väter nicht. Und daß sie überhaupt Väter sind, merken sie nicht. Trotzdem sind sie Väter, da es ja Nachwuchs gibt. Es sind Väter, die den eigenen Nachwuchs nicht kennen. Bei uns Menschen scheint die Auffassung zu gelten, daß man erst dann zum Vater wird, wenn man das geborene Kind als sein eigenes anerkennt, aber das ist eine recht fragwürdige Ansicht. Soll das heißen, daß Männer ihre Kinder willkürlich in zwei Kategorien einteilen können – in anerkannte und nicht anerkannte? Wäre das Problem nicht besser gelöst, wenn sich das Kind aus passenden Männern einen Vater aussuchte, sobald es einen braucht? Würden sich also die Kinder entscheiden, einen Kater, der auf ihren Hochhausbalkon geklettert kommt, als Vater für sich zu nehmen, so bestünde von seiten des Katers gar kein Einwand. Der Vater besucht eben jede Nacht zwei seiner Kinder, um vom Balkon aus nach ihnen zu schauen. Das wollen die beiden Menschenkinder so haben, und deshalb vergessen sie nie, das Katzenfutter auf den Balkon zu stellen. Wenn der Kater kommt, ist tiefe Nacht, und die Kinder schlafen fest, und so ist es ihnen nicht möglich, ihn zu sehen oder seine Stimme zu hören. Wenn sie nur am nächsten Morgen merken, daß er auf dem Balkon gewesen ist, sind sie damit zufrieden. Und im Traum fühlen sich die Kinder von ihrem Katzenvater umarmt.

Was den leiblichen Vater meiner Kinder angeht, den hatten wir vor einem halben Jahr getroffen: da waren wir zusammen in ein Verkehrsmuseum gegangen, wo die Kinder hinwollten. Der Ausflug war nach inständigen Bitten von meiner Seite schließlich zustandegekommen. Wenn der Mann, der ihr Vater war, auf derselben Erde wie sie lebte und ihm nichts fehlte, dann wollte ich ihn den Kindern einmal lebendig vorführen. Für mich war er ja der einzige Mensch, den ich nie vergessen würde, denn an diesem Mann hatte ich lange Zeit gehangen, war von dem Wunsch besessen gewesen, mit ihm zusammen zu sein, und das hatte sich auch nicht geändert, als ich schwanger war, und obwohl der Mann mich verfluchte, bekam ich auch noch ein zweites Kind von ihm; aber für die Kinder, besonders für das kleinere, war er nichts weiter als ein menschlicher Schatten auf einem Foto, der sich nicht bewegt und nicht spricht. Als mein Jüngster so drei, vier Jahre alt wurde, kam ich unweigerlich zu dieser Erkenntnis. Verlief die Entwicklung schließlich nicht genauso wie bei mir, deren Vater verstorben war? Wäre ihr Vater tot, so könnte man nichts machen. Aber da er am Leben war, wollte ich ihnen doch eine bleibende Erinnerung an ihren Vater verschaffen als an ein menschliches Wesen, das seinen Körper bewegt, seine Augäpfel rollt, seinen Mund aufmacht und eine Stimme hat.

An jenem Tag kam er auch noch fast eine Stunde zu spät zur Verabredung. Die Kinder waren von dem Warten in einer Trinkstube schon erschöpft, aber als sie den Mann sahen, verfielen sie in ein verlegenes Schweigen. »Entschuldige, daß wir dir Mühe gemacht haben«, sagte ich mit einem Lächeln. Die Worte blieben mir aus. »Also, wohin soll's gehen«, tönte er und brach sofort auf. Er ging als Mann allein voran, und ich und die Kinder liefen hinterher mit Gesichtern, als sei es für uns ganz das gleiche, ob der Mann nun da war oder nicht. Noch in der Bahn fiel mir nichts ein, was ich sagen könnte. Und die Kinder – als fühlten sie sich gewarnt, dem Mann nicht nahe zu kommen – schauten mit nichtssagender Miene zum Fenster hinaus. In demselben Stil stiegen wir aus der Bahn aus, und wieder ging der Mann allein voran.

In dem Verkehrsmuseum gab es einen echten Shinkansen-Wagen sowie Dampflokomotiven, Flugzeuge und große Panorama-Modelle. Ich erinnerte mich, daß es mir als Kind bei einem Schulausflug hier gefallen hatte. Auch meine Kinder stürmten voller Begeisterung durch das Museum. »Als nächstes möchte ich in der Bahn da fahren« oder »Jetzt will ich das Modell dort probieren«, so hieß es ohne Atempause. An die zwei Stunden hatten sie ihren Spaß. In dieser Zeit war uns der Mann entschwunden. Als wir unseren Rundgang beendet hatten und wieder zum Eingang zurückkehrten, da tauchte er – wo er bloß bis dahin gesteckt hatte? – wieder auf. »Was jetzt?« ließ er verlauten, und ich erwiderte, wir würden uns gern irgendwo ausruhen und einen Saft trinken. Er nickte, schritt an unserer Spitze aus dem Museum und steuerte ein nahegelegenes Café an. Die Kinder klebten weiterhin an mir. Er betrat ein Café, wo man im Schaufenster Kuchen anbot, daher ging ich mit den Kindern auch hinein. Wir drei setzten uns dem Mann gegenüber. Keins der Kinder wollte auch nur in seiner Nachbarschaft sitzen. Sie tranken Saft.

Ich schwitzte vor Angst, daß mir überhaupt nichts einfallen würde, was ich zu ihm sagen könnte. Und hatte er denn nicht vielleicht das eine oder andere, was er mich hätte fragen wollen? Wie es den Kindern in der letzten Zeit gegangen war... Aber wenn ich davon angefangen hätte, konnte er das vielleicht so auslegen, als hoffte ich doch noch, daß er das Heranwachsen der Kinder mit mir zusammen beobachten sollte? Nur weil es mir gelungen war, eine solche Einstellung endlich zu überwinden, hatte ich mich mit dem Wunsch, uns einmal zu treffen, an ihn wenden können. Selbst wenn wir miteinander nur so belanglose Floskeln wie »Groß sind sie geworden!« oder »Hauptsache, sie sind gesund!« austauschten, würden jetzt offenbar immer gleich unsinnige Verdächtigungen geschürt. Das sollte aber nicht sein, ging es mir wirr durch den Kopf, doch ich brachte kein Wort über die Kinder heraus. Dieser Mann war zweifellos der Vater der Kinder, aber er war eben kein Vater, der seine Kinder behütete. Für ihn waren seine eigenen Kinder lediglich die zwei von der Ehefrau zur Welt gebrachten Kinder. Daß er überhaupt zu dem Treffen mit meinen Kindern bereit gewesen war, war weiter nichts als eine Gefälligkeit von ihm, für die ich ihm bloß dankbar sein mußte.

Wenn wir nicht über die Kinder reden konnten, dann gab es aber buchstäblich kein einziges Wort mehr mit ihm zu besprechen. Was wir früher zu zweit erlebt hatten, das war nicht so, daß man sich als Erinnerung gern darüber unterhalten hätte. Wenn ich könnte, würde ich es am liebsten vergessen, so als wäre es nur im Traum passiert. Was es zu erinnern gab, war bloß der Schmerz, den wir uns gegenseitig zugefügt hatten. Nach seiner Familie konnte ich ihn erst recht nicht fragen. Und auch sein Berufsleben anzusprechen – was noch

die wenigsten Klippen zu haben schien –, hatte ich letztlich Bedenken, da ich ja nicht vorhatte, über diesen Tag hinaus noch eine Beziehung mit ihm weiterzuführen.
So ließen der Mann und ich geistesabwesend über uns ergehen, wie sich die beiden Kinder allein miteinander die Zeit vertrieben.
Beim Aufbruch kaufte er einen Kuchen, gab ihn dem älteren Kind in die Hand und marschierte aus dem Café. Die Kinder, über die Trennung von dem Mann offensichtlich erleichtert, strebten voller Vorfreude auf das Kuchenessen schleunigst nach Hause in unsere Hochhauswohnung zurück. Keins der Kinder hatte den Mann bei der Hand gefaßt oder ihn angeredet – und das war es nun. »Jetzt könntet ihr ihm gerade noch nachlaufen und ihn anfassen, irgendwo an seinem Körper!« hätte ich ihnen zurufen mögen, aber selbst wenn ich so etwas gesagt hätte, hätten die Kinder natürlich keinen Anlaß gesehen, dem zu folgen.
Wann nun für die Kinder einmal wieder eine Gelegenheit kommt, den Mann zu treffen, weiß ich nicht. Vielleicht geht es so aus, daß sie ihm kein einziges Mal mehr begegnen, oder sie sehen ihn vielleicht in ein oder zwei Jahren noch mal. Aber daß er und ich uns wohl niemals völlig gleichgültig werden können, das weiß ich. Er bleibt mir stets im Sinn, auf welcher Gefühlsebene auch immer. Jedoch diese meine Empfindungen sind nicht in Worten auszudrücken. Schweigen ist wichtig. Solange wir das Schweigen einhalten, kommen wir uns gegenseitig nicht ins Gehege, und so können wir einen Status aufrechterhalten, bei dem wir jederzeit wieder Verhandlungen aufnehmen können.
Ich habe gehört, daß man Geschäfte zwischen schweigenden Partnern wie den Bergmenschen und den Dorfbewohnern als »heimlichen Handel« bezeichnet. Jetzt erst ist mir klar geworden, daß eine solche Art »heimlicher Handel« unter allen nach Leben dürstenden Wesen gang und gäbe ist. Solchen Lebewesen – wie zum Beispiel mir, meiner Mutter und nun auch meinen Kindern – kann das Wohnen am Wald einen

Trost bieten. Wir setzen alle möglichen Tiere im Wald aus und sind der Meinung, daß wir sie ja nicht ausgesetzt, sondern in eine andere Welt freigelassen hätten, und wir machen uns von dem Wald, den wir nicht selber kennen, eine Vorstellung nach Belieben und fürchten oder mögen ihn. Auf der anderen Seite behalten die Lebewesen, die sich nun im Wald vermehren, die Menschenwelt außerhalb des Waldes stillschweigend im Blick. Bis zum heutigen Tage habe ich jedenfalls noch nie gehört, daß aus dem Wald irgendeine Aggression gekommen wäre.
Ein heimlicher Handel, in welcher Form auch immer, hat sich zwischen denen innerhalb und denen außerhalb des Waldes etabliert. Es kann durchaus sein, daß auch meine Kinder tatsächlich mit den Katzen aus dem Wald so eine Partnerschaft beginnen.

Übersetzt von Diana Donath

KŌNO TAEKO

Der Eisenfisch

Wir beide waren offenbar die letzten, die das obere Stockwerk verließen. Als wir die große Treppe hinabgingen – wir verweilten dabei kurz bei den Ausstellungsstücken an der Wand und auf dem Treppenabsatz –, kam die Museumswärterin von oben gleich hinter uns her.

Auch unten waren kaum noch Besucher. Eine Angestellte hob das Schild beim Eingang hoch und trug es herein.

»Machen Sie schon zu?« fragte jemand, der gerade hereingekommen war.

»Wir schließen um vier«, erwiderte die Museumsangestellte. Noch war es nicht soweit, wovon man sich mit einem Blick auf die runde Uhr an der hohen Wand überzeugen konnte. Außerdem traten vereinzelt neue Besucher, die die Öffnungszeiten offenbar nicht kannten, herein, so daß die Eingangshalle sich nie ganz leerte.

Bald darauf kamen die beiden Museumsangestellten, die sich schon zum Weggehen umgezogen hatten, um die große Eingangstür zu schließen. Sie schlossen jedoch nur einen Türflügel und gingen gleich anschließend fort.

»Was? Die machen schon zu?« hörte man wieder eine Stimme von draußen. Doch nun zogen sich langsam auch aus der vom Türflügel abgedunkelten Eingangshalle die Besucher zurück. Auch wir wandten uns dem Ausgang zu. In diesem Augenblick sagte sie:

»Entschuldigen Sie mich bitte kurz.«

»Ich halte das solange für Sie.«

Wie es unter Frauen in solchen Situationen üblich ist, wollte ich ihr überflüssiges Gepäck abnehmen. Aber sie zögerte ein wenig, dann schaute sie auf den Schirm in ihrer Hand.

»Ach ja, es regnet ja gar nicht mehr«, murmelte sie und übergab mir den Schirm. »Gehen Sie doch bitte voraus. Ich komme gleich nach«, forderte sie mich auf und ging zurück in die Richtung, aus der wir gekommen waren.

Ich ging hinaus, ohne mich nach ihr umzusehen. Mir war, als hätte ich den wahren Grund verstanden, weshalb sie umkehren wollte. Es war unnötig gewesen, ihr anzubieten, ihren Schirm abzunehmen. Schon daß wir uns bis unmittelbar vor Ende der Öffnungszeiten hier aufgehalten hatten, lag ja daran, daß sie keinerlei Anstalten machte zu gehen, und ich spürte, daß es damit eine besondere Bewandtnis hatte. Besonders die Eingangshalle im Erdgeschoß mußte es ihr angetan haben. Allem Anschein nach wollte sie noch einmal ohne mich in dieser Halle ihren Gefühlen ungehemmt freien Lauf lassen.

Als wir dort angekommen waren, hatte der Regen fast aufgehört; nun war der Himmel klar, und eine herbstlich milde Abendsonne fiel durch die Bäume.

Ich stieg die Stufen zur Wagenauffahrt hinab, und, immer noch bemüht, mich nicht nach ihr umzuwenden, setzte ich auf dem kiesbedeckten Boden langsam Fuß vor Fuß. Die schmale Grünanlage hatte ich dennoch schnell durchschritten. Sie mündete in einen Spazierweg, den ich einschlug; dort blieb ich stehen. Ein pfeilförmiges Schild wies auf das Gebäude, das ich soeben verlassen hatte. Während ich auf sie wartete, hängte ich einen Schirm über den Wegweiser und faltete beide nacheinander fein säuberlich zusammen.

Der Boden zu meinen Füßen war mit Herbstlaub dicht bedeckt. Mit den Schirmen stocherte ich in den Blättern herum. Dabei fiel mir ein, daß es in jenem Gebäude unter den rauhen, grausamen Ausstellungsstücken, welche die Männer hinterlassen hatten, auch einige gepreßte Blüten und Blätter gab, die auf den ersten Blick ganz deplaziert gewirkt hatten. Sie waren mit dem Zeichenpapier, auf das sie geklebt waren, verblaßt. In demselben Schaukasten hingen auch mehrere Fotografien von jungen Frauen, die wie Mädchen aussahen. Sie alle waren einen seltsamen Tod gestorben; eine von ihnen hatte die Blüten und Blätter gepreßt. Der Eindruck der Unbeholfenheit, den der wahllos an Stengeln und Blattspitzen angeheftete Pflanzenschmuck hinterließ, legte beredtes Zeugnis ab von der mühevollen Fingerarbeit des Mädchens, das sich jeden Klebestreifen selbst zurechtschneiden mußte zu einer Zeit, als es noch kein Zellophanklebeband gab. Unter das Laub hatten sich einige leuchtendrote Blätter gemischt, die der Wind aus einiger Entfernung hergetragen haben mußte. Als ich ein junges Mädchen war, legte ich solche schönen Bätter zwischen Buchseiten. Auch ich schnitt mir den Streifen zum Befestigen von gepreßten Blüten und Blättern mit der Schere zurecht. Mein Blütenschmuck ging in dem großen Brand unter, den ein seltsamer ferngesteuerter Mechanismus entzündet hatte. Doch da ich zu einer etwas anderen Zeit und in anderer Umgebung als die Mädchen geboren worden war, entging ich dem seltsamen Tod. Seltsam war ihr Tod, weil er durch Fernsteuerung bewirkt worden war, und eben diese Ferne war wohl das eigentlich Seltsame daran.

Ich hörte Schritte und wandte mich um. Doch es war nur eine alte Frau in Arbeitskleidung, die vorbeiging. Nun erst ging ich wieder ein Stück zurück und betrachtete die Vorderfront des Gebäudes. Der andere Flügel der Eingangstür war ebenfalls geschlossen, und die beiden dicken runden Metallgriffe hingen nebeneinander. Dennoch war ich nicht wirklich besorgt. Ich stellte mir vor, sie würde jederzeit hinter irgendeinem Baum oder dem Sockel einer Statue hervortreten, dabei mit einem verlegenen Lächeln ihr Taschentuch verstauend, mit dem sie sich gerade ihre Tränen abgewischt hatte. Ich schaute also im Gehen um mich. Dann ging ich seitlich am Gebäude entlang, wo ich eine schmalere Eisentür entdeckte, doch sie war verschlossen. Der Widerstand, den der unbewegliche Türknauf meiner Hand entgegensetzte, jagte mir eine beunruhigende Vorahnung ein: So mußte auch die große Flügeltür an der Vorderfront verschlossen sein!

Die beiden großen runden Türgriffe an den Flügeln des

Haupteingangs waren, wie sich herausstellte, nur Dekoration. Es gab daneben noch einen anderen Türgriff mit zwei untereinander angeordneten Schlüssellöchern. Ich versuchte, ihn zu drehen, und ging dann zur anderen Seite des Gebäudes, als wolle ich mich vergewissern, daß sie auch dort nicht sei, um wieder zurückzukommen und den Griff mit mehr Gewalt zu bewegen.
»Die schließen wirklich früh. Wir haben auch gedacht, es wäre noch offen...«
Ich drehte mich um und ließ die Hand sinken. Auf den Stufen stand ein ältliches Paar. Meinem Verhalten nach schien ich ihre Enttäuschung zu teilen; ich versuchte, unbefangen dazustehen.
»Ja, ich finde auch, so früh...«
Während ich wartete, daß sich die beiden entfernten, tat ich, als sähe ich das Gebäude an. Dann trat ich wieder vor die Tür, immer auf der Hut, daß niemand mehr käme. Doch der Griff ließ sich nicht drehen, und ich ballte die Hand zur Faust und schlug damit gegen die schwere Eisentür. Dann wieder zog ich an dem Griff, während ich mich gegen den anderen Flügel der Tür stemmte, um vielleicht einen kleinen Spalt zu schaffen, durch den ich würde rufen können. Dabei bemerkte ich schließlich, daß das untere Schlüsselloch eine altmodisch großdimensionierte, pilzförmige Öffnung war.
Hastig schrieb ich ihren und meinen Namen auf eine Seite meines Taschenkalenders, riß sie ab, rollte sie auf und steckte sie in das Schlüsselloch. Dann stieß ich sie mit einem Streichholz hinein, so daß sie drinnen hinuntergefallen sein mußte, doch dabei ging mir auf, daß ich keine Möglichkeit hatte festzustellen, ob sie das Papier aufnahm oder nicht. Ich beschrieb noch ein Blatt und steckte es diesmal so hinein, daß es noch ein wenig aus dem Schlüsselloch herausstand.
Ich war sicher, daß das weiße Papier im Loch verschwinden würde, aber als ich es dann mit eigenen Augen sah, war mir, als sei dies das denkbar Ungewöhnlichste, das nur geschehen konnte. Ich bückte mich und legte das Auge an das Schlüssel-

loch. Drinnen war es dunkel. Plötzlich drang eine Stimme heraus, als spräche sie zu meinem Auge.
»Es ist alles in Ordnung. Machen Sie sich keine Sorgen... Bitte gehen Sie.«
»Ich soll gehen?«
»Ja bitte, gehen Sie nach Hause.«
»Und was dann?«
Es kam keine Antwort mehr; ich trommelte gegen den Spalt zwischen den Türflügeln.
»Bitte lassen Sie mich. Tun Sie, als wüßten Sie nichts. Sonst werde ich Ihnen nie verzeihen...«
Anfangs war ich verwirrt gewesen, weil ich dachte, ihr sei etwas zugestoßen. Doch nun kam ich nicht mehr umhin, etwas Kriminelles in ihrem Verhalten zu vermuten, und dies erschreckte mich noch mehr.
»Warum tun Sie so etwas?«
Ich sprach lauter, wußte aber selbst nicht, ob ich mich nun um sie sorgte oder nur neugierig war auf den Zweck ihrer verbotenen Handlung.
»Sie werden es schon noch verstehen.«
»Was soll das heißen?«
»Bei Gelegenheit werde ich es Ihnen erklären. Aber zwingen Sie mich nicht, Ihnen zu zürnen... Bitte verzeihen Sie mir.«
Mir schauderte. Zu sagen, sie werde es mir bei Gelegenheit erklären, klang, als werde es eine Gelegenheit dazu nie mehr geben. Ihre Worte hallten in meinen Ohren wider wie der letzte Gongschlag eines heiligen Mönchs, der auf seinen Wunsch lebendig begraben wird. Und als ich dann wußte, daß sie mir nicht mehr antworten würde, fühlte ich einen Schwindel; vor meinen Augen wirbelten nackte Schwerter aus den Vitrinen in jenem Gebäude, bräunlich verfärbte runde Blutflecke auf den Stoffen und die Schriftzeichen aus den zahllosen Abschiedsbriefen wild durcheinander.
Es dämmerte zusehends – eine Beobachtung, ich muß es gestehen, die wohl vor allem im eigenen Interesse erfolgte. Ich

starrte auf die verschlossene Tür und dachte an das öffentliche Telefon, das ich drinnen gesehen hatte, überzeugt davon, daß es außerdem noch eine weitere Amtsleitung in dem Gebäude geben müsse.
Auf dem Wege hierher hatte sie heute jemanden angerufen und dazu ihr Adressenheft herausgeholt; das müßte sie auch jetzt bei sich haben, und da sie sich gestern vom Bahnhof aus bei mir gemeldet hatte, stand sicher auch meine Nummer darin. Sollte sie sich in Bedrängnis – oder auch nur in einem Anflug von Schwäche – ans Telefon klammern, so mußte ich unbedingt zu Hause für sie erreichbar sein. – Entschlossen wandte ich der Tür den Rücken zu.
Die ganze Nacht hindurch verfolgten mich drei Bilder: Ich sah sie als heiligen Mönch, der sich zum Sterben zurückzieht, als Verbrecher und auch, was nicht auszuschließen war, als Opfer eines Mißgeschicks. Ich stellte mir die Nacht vor den großen, furchterregenden Türflügeln vor und wußte doch, ich war nicht dort. Die Spannung der Mönche vom Dōjō-Tempel aus jener berühmten Legende, die die Glocke mit ihren Gebeten wieder in die Höhe zu heben versuchten, die ein weiblicher Dämon herabgezogen hatte, sie übertrug sich auf meinen Magen, daß er zu schmerzen begann. Nein, versuchte ich mir klarzumachen, sie war ja nicht dort eingedrungen, sondern nur in dem Gebäude zurückgeblieben, und wenn sie nichts weiter tat, so war dies doch wohl keine kriminelle Handlung. Sollte sie aber eines der Ausstellungsstücke stehlen, da sie meinte, es zu brauchen, so würde es mir nichts ausmachen, der Komplizenschaft beschuldigt zu werden; ich wollte sie umgehend wissen lassen, daß ich sie nicht verraten würde. Doch indem mir dies alles durch den Kopf ging, sah ich ein, daß ich Schlaf brauchte, um mich zu stärken, denn morgen, nein, von morgen an würde ich gewiß für eine ganze Weile sehr beansprucht werden. Unruhig warf ich mich in meinem Bett von einer Seite auf die andere.
Das alles geschah vor vier Jahren. Wie erging es ihr in dieser

Nacht? Nach dem, was sie mir seinerzeit eröffnete, stelle ich es mir wie folgt vor:

Irgendwann, irgendwo hatte sich ihr erster Mann von einigen Kameraden zum letztenmal verabschiedet, war in den Leib des Eisenfisches gestiegen und unter den Blicken der Zurückbleibenden im Meer verschwunden. Sie hatte nichts davon geahnt. Der Eisenfisch hatte sich gegen den unter Wasser befindlichen Rumpf eines Riesenfisches geschleudert, dessen oberer Teil am fernen Horizont wie eine eiserne Insel emporragte. Sein Körper wurde zusammen mit dem Eisenfisch zerfetzt. Sein Fleisch, das, in viele Stücke zerrissen, auf den Meeresboden sank, mochte wohl echte Fische angelockt haben.
Er war also auch einen ziemlich seltsamen Tod gestorben und wurde daher, obgleich es noch gewisse Gradunterschiede der Seltsamkeit gab, mit zahllosen Männern und einigen Frauen, wie sie gehört hatte, als Gottheit verehrt.
Sie hatte den Ort, wo man ihren Mann angeblich als Gottheit verehrte, noch nie besucht. Sie war noch nicht einmal ein Jahr verheiratet gewesen, als sie sich von ihm verabschieden mußte. Danach kehrte er nur zweimal heim. Beide Male sagte er nicht, woher er kam, blieb nur eine Nacht und ging wieder, ohne zu sagen, wohin. Hundertzweiundsechzig Tage nach seinem zweiten Besuch erfuhr sie, daß ihr Mann nicht mehr lebte. Als sie nachzählte, stellte sie fest, daß sie hunderteinundzwanzig oder hundertzweiundzwanzig Tage verbracht hatte, ohne es zu ahnen. Ihre Ehe dauerte also selbst auf dem Papier nicht einmal zwei Jahre.
Auch nachdem ihr bestätigt worden war, daß ihr Mann unter denjenigen war, die man als Gottheit verehrte, unternahm sie es nicht etwa sogleich, den Ort aufzusuchen. Was sie davon abhielt, war weniger der Zweifel am Sinn einer solchen Verehrung als vielmehr die Abneigung gegenüber einem solchen Ort, den sie sich nur düster vorzustellen vermochte. Auf Bemerkungen wie: weshalb sie nicht ginge, ob sie denn nicht

gehen wolle, oder, noch direkter, sie solle doch gehen, antwortete sie nur, das habe sie durchaus einmal vor, doch insgeheim empfand sie etwas ganz anderes. Es war nichts als ein Gefühl, das sich schwerlich in Worte fassen ließ, doch müßte sie es benennen, so käme sie nicht umhin, sich eines Ausdrucks zu bedienen, den sie noch nie im Leben gebraucht hatte: »Das kümmert mich einen Dreck!«

Wenn sie sich dies Gefühl nun eingestand, erkannte sie, daß die Düsterheit wohl nur zum Teil für ihren Widerwillen gegen diesen Ort verantwortlich war. Der Hauptgrund war, daß die Zeit dafür noch nicht reif sei. Sie wollte ihren toten Mann ganz für sich haben, ihn persönlich empfinden. Doch gelang ihr dies noch nicht. Schuld daran war sicher auch die öffentliche Reaktion, aber selbst Jahre, nachdem diese nahezu verebbt war, vermochte sie immer noch nicht, ihn ganz persönlich zu empfinden.

Mit der Zeit war es ihr schließlich gelungen, sich ihren toten Mann wieder ganz zu eigen zu machen, doch nun kam ihr jener Ort nur um so düsterer vor. Hatte sie zuvor keine Lust verspürt, ihn aufzusuchen, so dachte sie jetzt, es lohne sich nicht. Sie wußte, sie würde in Zukunft mit diesem Ort nur gesteigerte Düsterkeit verbinden, und irgendwann einmal würde sie sich vergewissern wollen, daß ihre Ahnung zutraf.

Was bei all diesen Gedanken jedoch mitschwang, war die Vorstellung, daß sie diesen Ort, wenn sie ihn aufsuchte, nie wirklich für sich allein haben würde. Und hätte sie ihn je für sich allein haben und frei über ihn verfügen können, so wäre dennoch etwas zurückgeblieben, das sich dadurch nicht hätte lösen lassen.

Unterdessen heiratete sie ein zweites Mal. Sieben Jahre waren seit dem Tode ihres ersten Mannes vergangen, doch ihr kam es gar nicht so lang vor. Sie war erst siebenundzwanzig, das stand fest. Nicht nur ihre erste Ehe und der Tod ihres Mannes, sondern auch die Zeit danach und ihre zweite Ehe schienen schnell aufeinander gefolgt zu sein. Nach ihrer Wieder-

heirat begann sie, ihren verstorbenen Ehemann auch vor sich selbst ihren »ersten Mann« zu nennen.
Daß sie in den langen Jahren, die seither vergangen waren, nie den Ort besucht hatte, an dem ihr erster Mann verehrt wurde, geschah nicht nur aus Rücksicht gegenüber ihrem zweiten Mann. Die Vorstellung, sie werde sich ohnehin einmal der Düsterkeit, die sie mit diesem Ort assoziierte, vergewissern, hatte ihr eine Art Gewißheit verliehen, die ebenso dazu beigetragen hatte – die Gewißheit, weder aus Rücksicht auf den zweiten Mann den ersten zu vernachlässigen, noch aus Rücksicht auf den ersten Mann den zweiten zu vernachlässigen. Und diese Gewißheit erschien um so natürlicher, als sie nach ihrer Wiederheirat in eine Gegend gezogen war, die weit entfernt lag von jenem Ort. Ihr plötzlicher, während einer Reise gefaßter Entschluß, den Ort aufzusuchen, an dem ihr erster Mann verehrt wurde, und mich als Begleitung mitzunehmen, entstand ein Vierteljahrhundert nach seinem letzten Abschied.

Es war ein Herbsttag, an dem es leider regnete. Dennoch war sie überrascht, wie licht und klar sich der Ort darbot, den sie sich immer so düster vorgestellt hatte.
Es gab dort breite Kieswege, eine von riesigen Bäumen gesäumte Allee, parkähnliche Flächen und einen kiesgedeckten Platz, den hier und da junge Bäume zierten. Das weitläufige Gelände war bis in den letzten Winkel in allen Dimensionen von einer lichten Klarheit durchflutet, die selbst der Regen und die plötzlich fallenden Blätter nur noch betonten.
»Wie gut!« sagte sie zu sich selbst. Wenn es so düster gewesen wäre, wie sie es sich immer vorgestellt hatte, so hätte sie nun womöglich ein schlechtes Gewissen gegenüber ihrem ersten Mann, weil sie nicht schon längst hiergewesen, und gegenüber ihrem zweiten Mann, weil sie nun doch hierher gekommen war. Und vielleicht hätte sie ihr Kommen sogar bereut. Aber es war alles anders. Sie war frei in ihren Gedanken.
Die Stelle, wo ihr erster Mann zusammen mit zahllosen

Männern und einigen Frauen als Gottheit verehrt wurde, war ein Gebäude aus Naturstein, gigantischen Holzstämmen und Metall. Gewiß gab es noch viele andere Orte, wo sich ihr erster Mann gern aufhalten würde. Ob er diesen Ort zu Lebzeiten überhaupt gesehen hatte? Aber als er in den Rumpf des Eisenfisches einstieg, mußte er gewußt haben, daß man ihn nach seinem Tode hier verehren würde. Einen Ort, so licht und klar wie diesen, würde er nicht gänzlich verschmähen; dann und wann würde sein Geist gewiß hier auftauchen. Wenn vielleicht auch nicht gerade heute...

Die Ornamente an dem Gebäude waren dem Ort durchweg angemessen. An den Zweigen der Bäume hingen Holztäfelchen mit Formeln zur Heimrufung der Totengeister. Gewiß würde er manchmal auch kommen, ohne gerufen worden zu sein. Auf einem Täfelchen an einem anderen Baum stand »Ruhe in Frieden«. So viele Menschen, die er kannte, mich eingeschlossen, leben noch, dachte sie und bezweifelte, ob er so bald friedlich würde ruhen wollen.

Auf dem weitläufigen Gelände befand sich eine Anzahl Nebengebäude, und in eines davon hatte sie sich eingeschlossen.

Nachdem sie das Gespräch durch die Eisentür, hinter der sie sich selbst eingeschlossen hatte, abgebrochen und die Versuche, sie von außen anzurufen, zum Verstummen gebracht hatte, ging sie als erstes zum Eisenfisch und legte beide Hände auf seine Haut. Sie war, in welche Richtung man auch strich, rostig und rauh, so als streichelte man von hinten über die Schuppen. Dann kletterte sie unter der hölzernen Absperrung hindurch, um ihm noch näher zu kommen, legte ihren Körper an den Eisenfisch und umarmte ihn. Doch sie konnte ihn nicht ganz umspannen, so daß es eher wie ein Sich-Anklammern wirkte. Dies war ihr Recht und ihre Pflicht, empfand sie mit dem ganzen Körper.

Es hatte mehr als hundert Eisenfische gegeben, die einer nach dem anderen im Wasser verschwunden und allesamt zerfetzt auf den Meeresboden hinabgesunken waren. Nur einen von

ihnen, welcher es war, wußte man nicht, fand man später auf dem Meeresboden mit teilweise erhaltenem Rumpf; er wurde hochgezogen, hierher gebracht und aufgestellt.
Als sie diesen langen Rumpf, den man in der Mitte der Eingangshalle in Richtung der Eisentür aufgebaut hatte, zum erstenmal sah, wußte sie nicht, was es war. Sie las die Erläuterung auf dem Schild und sagte dann: »Ach, damit ging er.« Als sie bemerkte, daß sich auf Höhe der Mitte eine runde Öffnung befand, deren Deckel fehlte, ging sie näher, streckte die Hand aus und sagte: »Hier ist er sicher eingestiegen.« Dann trat sie wieder zurück, um die Angaben auf dem Schild zu lesen, und murmelte überrascht: »Immerhin, vierzehn Meter lang.« Doch daß der Durchmesser nur einen Meter betrug – und der Rumpf vor ihren Augen war tatsächlich nicht breiter –, und wie erstickend eng es darin für ihren ersten Mann gewesen sein mußte, der sich darin eingeschlossen hatte, um nie wieder daraus hervorzukommen, dazu sagte sie nichts. Der Rumpf war durchschnitten worden, und das Licht aus der Richtung der offenstehenden Eingangstür fiel in den vorderen Teil der engen Höhlung; dahinter war es dunkel, und sie ahnte die entsetzliche Bedrängnis des darin Eingeschlossen-Seins.
Dann vergaß sie dies alles für eine Weile, doch nicht etwa deshalb, weil sie im Weitergehen unter den Ausstellungsstücken im Obergeschoß etwas gesehen hätte, das sie ähnlich berührte. Bei ihrer Wiederheirat hatte sie alles, was ihr erster Mann hinterlassen hatte, einigen Leuten, denen es zustehen mochte, übergeben. Sie selbst hatte, außer einigen Fotos, lediglich ein Rangabzeichen behalten, wovon sie nur noch wußte, daß sie es ganz unten in ihrer samtenen Schmuckschatulle aufbewahrte. Ihr erschienen die hier gezeigten Stücke kaum bedeutungsvoll genug, um sie eigens auszustellen.
Als ihre Begleiterin in einem der Schaukästen einen Abschiedsbrief las, der mit den Worten endete: »Ich bin frei von Schulden, frei von Frauen, frei von Schuld«, trat diese un-

willkürlich zurück und wandte sich, wohl als Geste des Taktes gedacht, ab, um sich heimlich die Tränen abzuwischen. Als sie dies sah, ging ihr durch den Kopf, daß Menschen, die diese Zeit miterlebt, aber nicht wirklich erlebt hatten, wohl eher überempfindlich reagierten. Der Eifer der Begleiterin zwang sie, sich die Ausstellung gründlich anzusehen.
Dann aber, als sie wieder ins Erdgeschoß zurückgekehrt war und vor dem runden Rumpf des Eisenfisches stand, dachte sie wieder an die erstickende Enge in seinem Innern. Diese Empfindung steigerte sich noch, als ein Flügel der Eingangstür geschlossen und die Halle dadurch dunkler wurde. Aber als sie ihre Begleiterin vorausschickte, hatte sie wirklich vor, gleich nachzukommen, wie sie es gesagt hatte. Sie wollte nur kurz im Halbdunkel in den Rumpf hineinschlüpfen. Dazu mußte sie den Moment abpassen, wo sich niemand gleichzeitig in der Eingangshalle aufhielt, während der andere Türflügel aber noch nicht geschlossen war. Sie wollte für sich erleben, wie es sich anfühlte, im Innern dieses Rumpfes zu sein. Doch bevor sich diese Gelegenheit ergab, war es zwei Minuten vor vier. In Kürze würde die Tür geschlossen werden. Ihr war dabei, als würde ihr erster Mann in dem engen Rumpf eingeschlossen. Wenn sie wollte, könnte sie dasselbe tun und sich auch einschließen. War es nicht schon fast geschafft? dachte sie mit pochendem Herzen.
Sie stand immer noch im Halbdunkel der Eingangshalle, als der letzte Besucher hinausging. Die Treppe, die nach oben führte, war vorhin von den zwei Wärterinnen, die schon gegangen waren, mit einer Metallsperre abgeriegelt worden. Während sie darauf gewartet hatte, daß die Halle sich leerte, hatte sie sich wie einer der zu spät gekommenen Museumsbesucher verhalten, die wenigstens noch einen Blick auf ein paar Ausstellungsstücke an der Wand zu werfen versuchten. Langsam bewegte sie sich daran entlang und überprüfte dabei mit einem Griff an die Türknöpfe, daß auch die beiden anderen Räume schon verschlossen waren. Die Rückseite der Eingangshalle bestand ganz aus Glastüren, dahinter lag ein Vor-

tragsraum mit Holztischen und Klappstühlen. Das Licht, das aus einem daran angrenzenden Zimmer fiel, ging um Punkt vier Uhr aus. Als sie eine alte Frau in Arbeitskleidung sah, die das Zimmer abschloß, verbarg sie sich.
Die alte Frau schloß die große Flügeltür; sie hörte, wie sich der Schlüssel im Schloß drehte. Nun war sie wirklich eingesperrt. Drinnen war es noch nicht ganz dunkel. Die Decke über dem Versammlungsraum war aus Glas, und von dem spärlichen Licht, das noch hineinfiel, drang ein schwacher Schein über die Scheiben der Türen. Offenbar gab es auch beim Treppenabsatz noch ein Fenster, denn aus der Richtung der Metallsperre kam ebenfalls noch ein wenig Helligkeit.

Der Eisenfisch schien nun tief im Wasser zu sein. Das schwache Licht, so merkte sie, kam ja vom Meeresboden her.
Ein Teil des Rumpfes ruhte auf kleingestampften weißen Steinchen innerhalb einer rechteckigen Holzabsperrung mitten in der Eingangshalle. Das Licht vom Meeresboden war der Widerschein der weißen Steinchen, die im Dunkel schimmerten. Die Dunkelheit verdichtete sich, doch es blieb gerade so viel Licht im Raum, daß man noch die Richtung ahnen konnte, aus der es kam. Sie strich mit der Hand über die harte, feinkörnige Weiße des Meeresbodens, griff hinein und nahm ihn mit beiden Händen auf. Tagsüber hatte ein Kind hier genau dasselbe getan. Nun war sie überzeugt, daß das auf den Meeresboden herabgesunkene Fleisch ihres ersten Mannes nicht von den Fischen aufgenommen und Teil dieser Fische geworden war; er war mit diesen kleinen Steinchen zersplittert und zerstampft worden.
Er war jung, aber dennoch schwierig gewesen. Vielleicht lag es auch daran, daß sie selbst ebenfalls sehr jung gewesen war. Schwierig war er, weil er unreif und ungeschickt war, doch sie war noch unreifer und ungeschickter gewesen, und es war ihr nicht einmal in den Sinn gekommen, die gespannte Atmosphäre aufzulockern.

»Wir müssen uns beeilen« – das war die einzige Redensart von ihm, an die sie sich noch erinnern konnte. Gewiß hatte sie auch mit der Zeitstimmung in jenen Tagen zu tun, aber vielleicht schwang darin auch sein Wunsch mit, sie möchten bald noch offener und freier miteinander umgehen können. Manchmal hatte er damit wohl auch sagen wollen, sie seien zwar noch sehr jung, doch nicht mehr allein und müßten sich bemühen, sich so zu verhalten, daß man sie als Erwachsene behandelte. Er hatte diese Redensart sogar im Bett gebraucht. Doch das Komische daran ging ihr erst viel später auf. Damals hatte sie bestimmt mit einem Gesicht am Bettrand gesessen, als würden ihr Verhaltensmaßregeln gepredigt. – Ach ja, es gab noch eine zweite Redensart, an die sie sich nun erinnerte: »Ich wünsche, daß du ...«, zum Beispiel: »Ich wünsche, daß du das vorher mit mir besprichst« oder »Ich wünsche, daß du das nicht tust« oder »Ich wünsche, daß du mir sagst, wenn du einen Film sehen willst.« – Anscheinend dachte er unaufhörlich, sie müßten sich beeilen.

»Du, was hätte ich für dich tun sollen?« sagte sie und schlug sich, gleichzeitig von Lachen und Schluchzen gepackt, die Hand vor den Mund. – »Im Ernst, was soll ich für dich tun?« sagte sie und vermochte die in ihr hochsteigende Zärtlichkeit kaum zu bändigen. »Ich wünsche, daß du nichts Unnötiges redest«, würde er wohl geantwortet haben.

Mit ausgestreckten Armen fuhr sie die untere Höhlung im Innern des Rumpfes nach und kletterte in gebückter Haltung hinein. Sie tastete die seitliche Rundung ab und versuchte ihren Körper langsam aufzurichten, stieß jedoch sofort oben an. Ihr Mann, der größer gewesen war als sie, hatte sich noch weiter bücken müssen, dachte sie und krümmte sich tiefer. Sie kroch noch ein wenig weiter hinein, wobei ihr wieder einfiel, daß im Innern in regelmäßigen Abständen Metallringe von drei, vier Zentimetern Durchmesser angebracht waren, an denen ein gebogenes Brett befestigt sein mußte. Sie mußte sich also noch weiter hinunterzwängen. Einige Zeit verharrte sie in dieser Stellung.

Dann kauerte sie sich hin und streichelte den Boden des Rumpfes zu ihren Füßen. »Was wünschtest du denn damals, was sollte ich für dich tun?« Ihre Hände berührten Teile feinen, harten, spitzigen Fleisches. Wieder erinnerte sie sich, daß ein Kind dies vor ihr auch getan hatte.
Hatte er sich nicht gewünscht, noch einmal das Sonnenlicht zu sehen, den Duft des Windes einzuatmen und die Arme gegen den Himmel auszustrecken? Aber er würde ihr nicht antworten. Nichts hatte sich geändert zwischen ihnen, dem Mann, der nicht antworten konnte, und ihr, die sie nicht wußte, wie sie ihn zum Antworten bringen könnte. Ein schwieriger Mann war er gewesen, ihr erster Ehemann.

Da ihre erste Ehe so kurz gewesen war, dauerte es nicht lange, bis sie mehr Zeit mit ihrem zweiten Mann verbracht hatte. Wenn sie daher in den langen Jahren ihrer zweiten Ehe einmal an ihren ersten Mann zurückdachte, fand sie, daß er einen ungerecht kleinen Anteil an ihrem Leben gehabt hatte. Es schien ihr, als sei sie selbst für diese Ungerechtigkeiten verantwortlich. Und mit der Zeit kam ihr dies gar nicht mehr merkwürdig vor.
War es, daß der Himmel bedeckt war und bräunlich leuchtete oder daß Mond oder Sterne schienen, jedenfalls war das Glasdach über dem Versammlungsraum nicht völlig dunkel. Man konnte jedoch nur die Höhe der Decke ahnen, darunter lag dichte Finsternis. Sie stellte einen Klappstuhl, den sie tastend aus dem Versammlungsraum gezogen hatte, neben dem Eisenfisch auf und stützte sich mit den Ellbogen auf das hölzerne Absperrungsgeländer.
Im siebten Jahr war sie ihre zweite Ehe eingegangen, und dennoch kam es ihr vor, als habe sie sofort wieder geheiratet, was auch daran gelegen habe mußte, daß ihr zweiter Mann nur unwesentlich, nämlich zwei Jahre, älter als ihr erster war, so daß sie das Gefühl hatte, es ginge alles nahtlos ineinander über. Vielleicht half ihr dies, sich ihrem zweiten

Mann gegenüber freier zu fühlen. Sicher wollte sie es so empfinden.

Ihr zweiter Mann wollte nicht über seine erste Frau reden, und so sprach sie auch nicht über ihren ersten Mann. Als sie doch einmal zufällig auf ihn zu sprechen kamen, sagte er: »Ja, er war einer, der für die Front bestimmt war.« Sie sah die Worte »an die Front ausrücken«, die sie damals so oft gehört hatte, vor sich, und das Bild ihres ersten Mannes überlagerte sich mit dem »Mann, der für die Front bestimmt war«, zu einer Intensität, wie sie sie nur in diesem Augenblick erlebte. Etwas Derartiges geschah nur ein einziges Mal, obgleich ihr zweiter Mann gegenüber solchen Situationen nicht sonderlich empfindlich zu sein schien. »Du mußt in deinem vorigen Leben etwas sehr Gutes getan haben, sonst hättest du kaum so viel Glück gehabt, von einem so gutmütigen Kerl wie mir geangelt und durchgebracht zu werden. Ob ich allerdings den richtigen Fang getan habe...« Mit diesem Scherz wollte er andeuten, daß sie wegen ihrer Vergangenheit nicht befangen zu sein bräuchte. Dies war das Schönste, was er je zu ihr gesagt hatte. Wegen dieses Satzes, den ihr zweiter Mann zu Anfang ihrer Ehe einmal geäußert hatte, war sie vielleicht bis heute bei ihm geblieben. Manchmal hatte sie zwar das Gefühl, von diesen Worten betrogen worden zu sein. Aber jedesmal dachte sie dann, sie werde es noch einmal überprüfen.

Manchmal überlegte sie sich, welche Enttäuschung und welches Verlangen ihr erster Mann ihr gegenüber wohl empfunden haben mochte, als er sich selbst im Körper des Eisenfisches einschloß. Waren es nicht die Gefühle eines schwierigen Mannes gewesen? Und dann bedauerte sie, daß sie ihm nicht einen größeren Anteil ihres Lebens hatte zuteil werden lassen können.

Während sie in der tiefen Dunkelheit gegen das Geländer gelehnt diesen Gedanken nachhing, ging ihr auf, daß ihre Empfindungen gegenüber ihrem ersten Mann von ihrer Ehe mit dem zweiten hervorgerufen wurden und daß ihre erste

Ehe wiederum der Grund dafür war, daß sie die damals geäußerten Worte ihres zweiten Mannes als so wohltuend empfunden hatte. War da jemand, der ihr dies eingab? Sie würde es herausfinden, wenn sie noch einmal das Sonnenlicht sehen könnte.

Übersetzt von Irmela Hijiya-Kirschnereit

Das Soldatenlied »Alte Kameraden«

Alle jene, die während des Krieges aus den Hörsälen an die Front geholt wurden, befinden sich heute, sofern sie mit heiler Haut davongekommen sind, im besten Mannesalter so um die Fünfundfünfzig. Die in eine Firma eintraten, scheiden dort nun seit dem vergangenen Jahr nach und nach aus, weil sie das Pensionsalter erreichen. Wer einen Posten in einem großen Unternehmen bekleidete, geht danach mitunter in eine Tochterfirma, wie unser Freund Okuyama. Nach gut zwei Jahren Universität war er zur Reserve einberufen worden, hatte dann bei der Marine gedient und war nach der Demobilisierung bei einer Firma untergekommen, hatte dort mit dem Erreichen der Altersgrenze Ende März dieses Jahres aufgehört und war zu einer Tochterfirma des Unternehmens übergewechselt. Anfang vorigen Monats machte die Firma einen Ausflug nach Atami. Alle, vom Direktor bis zum Boten, übernachteten im Urlaubsheim der Stammfirma.

Man bezog zu viert oder fünft ein Zimmer. Die Frauen wohnten für sich in einem Seitenflügel. Übrigens war auch das Thermalbad für Männer und Frauen getrennt. Nach dem Baden warf man sich über den leichten baumwollenen Kimono eine Kitteljacke und versammelte sich im Gesellschaftszimmer. Zuerst hielt der Direktor eine Begrüßungsansprache, danach sollten sich die neuen Mitarbeiter selbst vorstellen, und der Maître de plaisir rief Okuyama auf.

»Nun bitte ich die neuen Mitarbeiter unserer Firma, sich vorzustellen. Herr Okuyama, der bereits viele Jahre in unserer Stammfirma gearbeitet hat, bevor er zu uns kam, macht den Anfang. Er hat, wie mir erzählt wurde, während des Krieges auf der Insel Iojima gekämpft und gehörte dem Panzerregiment von Oberst Nishi an. Oberst Nishi ist, wie Sie viel-

leicht wissen, ein Held, dem der Lorbeerkranz gewunden wurde, als er, damals war er noch Oberleutnant, bei den Olympischen Spielen von Los Angeles im Großen Jagdspringen die Goldmedaille errang. Ich hoffe, Herr Okuyama wird uns auch über seine Fronterlebnisse auf Iojima berichten.«
Hier war dem Sprecher des Abends ein Fehler unterlaufen, denn Okuyama hatte nicht der ehrenvoll untergegangenen Streitmacht auf Iojima angehört, weder einer Infanterieeinheit noch dem Panzerregiment des Oberst Nishi. Als Oberleutnant zur See hatte er auf einem Transporter nur Nachschub nach Iojima gebracht und war immer flugs in seinen Heimathafen Yokosuka zurückgekehrt.

Damals bestand nicht gerade das beste Einvernehmen zwischen Heer und Marine. Auch um allen klarzumachen, daß er der Kriegsmarine angehört hatte, holte er ziemlich weit aus, ereiferte sich und redete an die dreißig Minuten. Die Folge davon war niederschmetternd. Denn während sie alle im Gesellschaftszimmer saßen, schlichen sich Diebe in Okuyamas Zimmer und in das Zimmer daneben und leerten sämtliche Brieftaschen. Es war unklug von Okuyama, sich an den Differenzen zwischen Heer und Marine festzubeißen und so sehr in Eifer zu reden, daß darüber wohl nicht nur dreißig, sondern vielleicht sogar vierzig Minuten vergingen. Schließlich handelte es sich um das Heim einer Firma, und im Unterschied zu einem Hotel wurden die Zimmer und das Gelände ringsum nicht sehr sorgfältig bewacht.

Das Schiff, auf dem Okuyama fuhr, war ein Transporter der Klasse eins mit einer Wasserverdrängung von eintausendfünfhundert Tonnen. Es hatte keinen Namen, sondern trug einfach nur eine Nummer, und zwar die »Sechzehn«. Ausgerüstet auf einer Mitsubishi-Werft, war es bestückt mit einem 12,7-cm-Steilfeuergeschütz. Seine Geschwindigkeit war mit zweiundzwanzig Knoten angegeben, das heißt, es lief vierzehn, fünfzehn Knoten, und es konnte zweihundertsechzig Tonnen Fracht an Bord nehmen.

Zu der Zeit lagen außerhalb der Bucht von Tōkiō überall ver-

streut schon amerikanische Unterseeboote, die den Auftrag hatten, die B 29 bei ihren Bombenangriffen auf die Hauptinsel zu unterstützen. Sichteten sie ein japanisches Schiff, feuerten sie sofort ihre sehr treffsicheren Torpedos ab. Bevor Okuyama mit seinem Schiff aus Yokosuka auslief, aß man zum Mittag. Das Abendessen wurde auf der Reede von Tateyama eingenommen. Dann wartete man die Nacht ab und verließ erst im Schutz der Dunkelheit die Bucht von Tōkyō. Die Izu-Insel Oshima wurde auf der östlichen Seite passiert; am folgenden Tag erreichte man gegen Abend den Hafen Futami auf der Insel Chichijima. Sowie die Nacht hereinbrach, ging es dann Kurs Iojima. Diese Insel liegt noch südlicher als die Ogasawa-Inseln, aber von der örtlichen Verwaltung her zählt sie zum Stadtgebiet von Tōkyō. Bis zum Ausbruch des Krieges wurde hier Schwefel gewonnen und Zuckerrohr angebaut. Außerdem war es eine Basis für Fischerboote.
Die Insel Saipan war schon gefallen und zu einem Stützpunkt der amerikanischen Streitkräfte geworden. Südlich der Bucht von Tōkyō hatte Japan sowohl die Luft- als auch die Seeherrschaft verloren, und die Transporter, bewacht von Zerstörern, in Geleitzügen wie zu Beginn des Krieges auf die Reise zu schicken, war ein längst entschwundener Traum. Um das Jahr zweiundvierzig begann die Seeherrschaft zu zerbröckeln, und seit dem Jahr dreiundvierzig mutete es schon wie ein Wunder an, wenn einer von drei Transportern auf dem Wege nach den Philippinen oder nach Malakka seinen Bestimmungshafen erreichte. Im Jahre vierundvierzig und erst recht fünfundvierzig wurde es dann noch viel schlimmer. Aber der Transporter Nummer »Sechzehn« kam seltsamerweise durch.
Okuyama brachte am siebenundzwanzigsten Januar des Jahres fünfundvierzig zum erstenmal Nachschub nach Iojima. Auf der wie verbrannt aussehenden braunen Insel gab es nicht mehr ein einziges Haus, was diesen Namen noch verdient hätte. Es stand dort nur noch eine verlorene Hütte, in der wahrscheinlich einmal Schwefelarbeiter gehaust hatten.

Die Inselbesatzung lebte offenbar in unterirdischen Bunkern und in Höhlen. Die von Generalleutnant Kurihashi befehligte Streitmacht belief sich auf etwa zwanzigtausend Mann, davon zehntausend Mann Infanterie und tausend Mann eines Heereslandungskorps, so hieß es jedenfalls, und mehr war nicht zu erfahren. Bei den Gütern, die nach Iojima geschafft wurden, handelte es sich wahrscheinlich um Proviant, Medikamente und Waffen, aber genau wußte man das nicht, denn die gesamte Ladung wurde in dichtverschlossenen Blechfässern an Bord genommen. Wenn Iojima erreicht war, wurden diese Fässer ins Meer gerollt. Soldaten hievten sie in kleine Pontons und brachten sie ans Land.
Die ganze Insel stank nach Schwefel. Und je nachdem, wie der Wind stand, bekam man das bald mehr, bald weniger zu spüren.
Zwischen der Besatzung des Transporters und den Soldaten kam es zu keinerlei Zwistigkeiten. Das einzige Ärgernis war, daß die Soldaten Scheinwerfer auf das Schiff richteten, wenn es sich im Schutz der Dunkelheit der Insel näherte, und zwar um ihm den Weg zu weisen. Nun konnte sich aber das Schiff auch in finsterster Nacht mit Hilfe eines Radargerätes zumindest im Umkreis von drei Meilen selber ganz gut zurechtfinden. Das hatte der Kommandant, ein Korvettenkapitän, der Insel ordnungsgemäß mitgeteilt. Trotzdem schalteten die Soldaten, die sehnsüchtig das Schiff erwarteten, die Scheinwerfer ein, weil sie offenbar fürchteten, das Schiff könnte wieder auf Gegenkurs gehen, wenn es die Lage der Insel nicht ausmachte. Auch bei der zweiten Fahrt flammten die Scheinwerfer wieder auf, was die Besatzung des Schiffes mächtig aufbrachte. Selbst der Kommandant stampfte vor Ärger mit den Füßen auf. Er hatte so seine Zweifel an der Führung bei den Landstreitkräften.
Auf der dritten und letzten Fahrt hatten sie wieder Fässer an Bord, insgesamt zweihundertsechzig Tonnen, also so viel, daß zweihundertsechzig Eintonner-Lastwagen damit hätten beladen werden können. – Wenn man es im nachhinein

bedenkt, dann wurden die schrecklichen Leiden der Soldaten durch die Dinge, die man zur Insel schaffte, nur verlängert. – Das Entladen der Fässer war beendet, und um sich die Zeit bis zum Einbruch der Dunkelheit zu vertreiben, saß Okuyama im Offiziersraum neben der Kajüte des Kapitäns vor einem Grammophon. Plötzlich kam ein Offizier der Landstreitkräfte herein. Er hatte einen etwas stechenden Blick. »Eine Schallplatte? Ja, das laß ich mir gefallen!« sagte er. Als er näher trat, nahm man deutlich den Geruch von Schwefel wahr.

Es war ein hochgewachsener Offizier mit feinem Gesichtsschnitt. An seiner Tropenuniform prangten die Rangabzeichen eines Obersten. Er hatte Langschäfter mit Sporen an, wie sie vor dem Kriege in der Armee nur von Stabsoffizieren getragen wurden. Die Sporen der Generäle waren golden, seine aber waren silbern und stimmten insofern mit den Rangabzeichen überein. Trotzdem war nicht recht zu verstehen, daß er zu der einfachen Tropenuniform frischpolierte schwarzglänzende Stiefel mit Sporen trug. Denn auch die Generäle und andere Stabsoffiziere saßen nicht mehr hoch zu Roß. Und die Kavallerie war als Waffengattung schon zu Beginn des Krieges abgeschafft worden. – Wie sich später herausstellte, war dieser Oberst der frühere Oberleutnant Nishi, der bei den Olympischen Spielen in Los Angeles die Goldmedaille im Großen Jagdspringen gewonnen hatte.

Der Oberst setzte sich und lauschte dem »Tōkyō-Marsch«. Als das Lied zu Ende war, sagte er mit einem leutseligen Lächeln: »Ich würde mir ganz gern noch was anhören. Das Volkslied ›Sankai-bushi‹ aus Niigata wäre nicht schlecht. Wenn die Soldaten vom Niigataer Regiment das hören, dann geraten sie in Begeisterung. Die Platte haben Sie wohl nicht?«

»Nein, aber dafür das ›Kiso-Lied‹.«

»Dann legen Sie das auf. Und stellen Sie den Apparat ein bißchen lauter!«

Okuyama stellte das Grammophon lauter und legte die Platte mit dem »Kiso-Lied« auf.
Auf Iojima waren die Schallplatten wahrscheinlich schon so abgespielt, daß sie keinen Ton mehr von sich gaben.
Der Oberst lehnte sich in den Stuhl zurück, verschränkte die Arme, schloß die Augen und lauschte hingebungsvoll. Er sah abgehärmt aus und war von der südlichen Sonne verbrannt, trotzdem wirkte sein feines Gesicht mit den buschigen Augenbrauen, dem kleinen Bärtchen auf der Oberlippe und dem frischrasierten Kinn recht jugendlich.
Als das »Kiso-Lied« verklungen war, sagte der Oberst: »Schade, daß es die Soldaten nicht hören können. Ich danke Ihnen! Übrigens der Mittmann, von dem da im Lied gesungen wird, das ist der Mann, dem die Flöße gehören. Die einzelnen Flöße werden zusammengebunden und dann flußabwärts gesteuert. Und auf dem Floß ganz in der Mitte, da hat der Besitzer seinen Platz.«
»Ich habe das mal auf einem alten Bild gesehen: Ein Mann sitzt mitten auf einem Floß und schmaucht seine Pfeife.«
»Deshalb ist das ›Kiso-Lied‹ ein Lobgesang auf den Floßherrn, verstehen Sie? ›Der Saum des Kleides ist durchnäßt, doch packt nur immer weiter feste zu. Vorwärts, joi, joi, joi...‹ und so weiter. Da kommt so richtig das Gefühl der liebenden Frau zum Ausdruck, die sich nach dem Floßherrn sehnt.«
Das ist ein Arbeitslied, und dennoch preist es den Kapitalisten? Doch die Soldatenlieder verherrlichen ja auch bloß in den Worten das reine Gefühl, die Melodien werden immer verhunzter und dekadenter. Aber statt das auszusprechen, sagte Okuyama: »Das Lied ›Hunderte Meilen von hier in der Heimat‹ soll ja jetzt im Heer verboten sein. Und dabei war es allen so vertraut.«
Der Oberst ging darauf nicht ein. Er zeigte vielmehr auf das Goldfischglas, das im Regal stand, und sagte: »Überlassen Sie mir die? Unser Befehlshaber klagt über die Eintönigkeit hier. Auf der Insel gibt es nur braune Felsen, den Geruch von

Schwefel und das blaue Meer. Ich möchte Exzellenz eine Freude mit den roten Goldfischen machen. Schenken Sie mir die mitsamt dem Glas?«

Das waren nur ganz kleine Goldfische, zehn Stück oder auch zwölf, dreizehn. Irgendjemand, der nicht mehr an Bord war, hatte sie einfach stehengelassen. Und sie galten ebenso als herrenlos wie der Kakteentopf und die abgegriffenen Spielkarten und Schachfiguren.

»Wenn es weiter nichts ist als die Goldfische, bitte! Nehmen Sie sie samt Behälter.«

»Danke!« sagte der Oberst und nahm das Glas in den Arm. »Kommen Sie von der Marineakademie?«

»Nein, aus der Studentenreserve.«

»Sagen Ihnen die Olympischen Spiele von Los Angeles etwas? Im Jahre zweiunddreißig. Es waren die zehnten.«

Zu der Zeit hatte Okuyama noch die Volksschule in seinem Dorf besucht und sich für die Ereignisse, von denen die Erwachsenen so viel Aufhebens machten, wenn sie eine Zeitung in die Hand bekamen, nicht so sehr interessiert.

»Allzuviel weiß ich darüber nicht«, antwortete er.

Daraufhin meinte der Oberst: »Das habe ich mir fast gedacht. Ich will Ihnen nur soviel sagen: Die japanischen Siege damals hatten mit einem Wunder nichts zu tun.«

Okuyama folgte dem Oberst an Deck. Längsseits hatte ein Ponton mit zwei Soldaten festgemacht. Was der Oberst mit seinem letzten Satz eigentlich sagen wollte, war Okuyama nicht gleich klargeworden. Später dachte er darüber nach. Bei den Spielen in Los Angeles hatte Japan viele Medaillen errungen, und die japanische Fahne war oft am Siegesmast emporgestiegen. Der Ruhm damals beruhte aber nicht auf Wunder. Und jetzt im Kriege sollte man sich auch nicht auf ein Wunder verlassen... Das hatte er doch wohl gemeint. Jedenfalls deutete Okuyama seine Worte so. Daß der Radioreporter bei den Schwimmwettkämpfen geschrien hatte: »Machata, durchhalten!« – davon hatte auch Okuyama gehört.

Nach dem Krieg, als Okuyama schon in der Firma arbeitete, erzählte ihm ein Kollege von dem heldenhaften Untergang der japanischen Truppen auf der Insel Iojima.
Den Amerikanern war bekannt, daß sich unter den Offizieren der auf der Insel verborgenen japanischen Streitmacht Oberst Nishi als Kommandeur eines Panzerregiments befand. Sicherlich wußten sie auch, daß Generalleutnant Kurihashi die japanischen Truppen befehligte, daß es ein Regiment standhafter Soldaten aus Niigata gab und daß viele Soldaten das Volkslied »Sankai-bushi« liebten.
Die Amerikaner zogen eine gewaltige Streitmacht von zweihundertfünfzigtausend Mann zusammen und landeten am neunzehnten Februar mit sechzigtausend Soldaten. Ihren mehrtägigen Artilleriebeschuß unterbrachen sie von Zeit zu Zeit und wandten sich in diesen Pausen über Lautsprecher in stockendem Japanisch an die Verteidiger.
»Wir rufen den Helden Olympias, Baron Nishi! Sie haben als ein hervorragender Soldat Ihre Pflicht erfüllt. Auch wir Amerikaner würden es unendlich bedauern, wenn wir Sie hier verlieren sollten. Baron Nishi, kommen Sie heraus! Wir wollen Sie nicht töten.«
Diese Aufforderung wurde mehrmals wiederholt. Aber Oberst Nishi ergab sich nicht. Die blutige Schlacht ging weiter. Der Gestank von Leichen und Schwefel benahm einem den Atem. Es fiel auch kein Regen. Der letzte Tropfen Trinkwasser war verbraucht. Es gab Männer, die wahnsinnig wurden und ihren eigenen Urin tranken. Oberst Nishi starb am zweiundzwanzigsten März. Zweiundzwanzigtausend japanische Soldaten verloren ihr Leben.
Im Unterschied zur Insel Saipan soll es auf Iojima weder Frauen noch irgendwelche Einrichtungen gegeben haben, wo man hätte Trost und Zerstreuung finden können. Wenn die Amerikaner aus der Luft angriffen, um den Gegner aufzuspüren, dann tauchte man in die unterirdischen Bunker und in Höhlen unter und verfolgte strikt die Taktik der Tarnung. Auf Saipan hatte man bei Luftangriffen das direkte Feuer auf

die Flugzeuge eröffnet und damit dem Feind die eigenen Stellungen verraten. Es heißt nicht umsonst: Die beste Art, sich zu verteidigen, ist, sich dem Gegner nicht zu zeigen. Die amerikanischen Streitkräfte werden auf Iojima wohl ihre allerschwersten Verluste erlitten haben.
Baron Nishi hatte, wie man Okuyama kürzlich erzählte, seine Stiefel und Sporen über alles geliebt. Auch nachdem er von der Kavallerie zu den Panzern versetzt worden war, soll er ständig seine Reitstiefel getragen haben. In Gedanken an den Ruhm, der ihm zuteil wurde, als Pferd und Mensch eins geworden waren, mochte er sich von den Stiefeln mit den Sporen offenbar nicht mehr trennen. Es war ein feuriges Pferd, das er bei den Spielen in Los Angeles geritten hatte. Uranus hieß es, und er hatte es bei einer auf eigene Kosten unternommenen Europareise für sechstausend Yen gekauft. Drei Jahre lang hatte er es unter vielen Mühen trainiert und sozusagen zusammen mit ihm gegessen und geschlafen. Damals galt das Große Jagdspringen als Höhepunkt der Olympischen Spiele. Es wurde am letzten Tag unmittelbar vor der Abschlußzeremonie ausgetragen. Die Begeisterung der Teilnehmer und der Zuschauer schlug in jenen Stunden die höchsten Wellen.
»Ich kann mir ganz gut vorstellen, wie ergriffen Baron Nishi und seine Mannschaftskameraden damals in Amerika gewesen sein müssen«, sagte Okuyama.
In der nach dem Kriege erschienenen Großen Enzyklopädie steht nichts über Oberst Nishi. Aber in einem kurzgefaßten Personenlexikon findet sich folgende Eintragung:

> Nishi, Takeichi (1902–1945)... Absolvent des 36. Jahrgangs der Heeresoffiziersschule; nahm 1932 als Oberleutnant der Kavallerie an den X. Olympischen Spielen (Los Angeles) teil und gewann das Große Jagdspringen auf Uranus; stand 1945 im Pazifischen Krieg als Kommandeur eines Panzerregiments auf der Insel Iojima an der Front; gefallen am 22. März. Das Pferd Uranus (es war der

Heeresveterinärschule zur Pflege anvertraut) starb sieben Tage später an einer Krankheit. Baron. Siehe auch Furuhashi, Kaizo: Nishi und Uranus, Tōkyō 1969.

Es war am Mittag des dreizehnten Februar des Jahres fünfundvierzig, als Okuyama dem Oberst Nishi die Goldfische schenkte. Okuyama hatte das anscheinend in seinem Notizbuch vermerkt. – Das waren genau sechs Tage, bevor die amerikanische Marine zum Angriff auf Iojima ansetzte, und siebenunddreißig Tage, bevor Oberst Nishi fiel. Die japanische Inselbesatzung verbarg sich in den unterirdischen Stellungen und leistete in völlig aussichtsloser Lage einen ganzen Monat lang Widerstand. Sowohl der Befehlshaber, Generalleutnant Kurihashi, als auch Oberst Nishi werden sich im wesentlichen in ihren Bunkern aufgehalten haben. Die Goldfische standen vielleicht auf dem Tisch des Befehlshabers oder vielleicht auch neben seinem Bett. Ob der Generalleutnant am Ende seinen verdurstenden Stellvertretern und den Ordonnanzen das Wasser aus dem Goldfischglas zum Trinken gegeben hat?
»Was meinen Sie, hat er den durstigen Soldaten das Wasser gegeben?« wurde Okuyama gefragt.
»Wer weiß«, antwortete er. »Aber in dem Lied ›Alte Kameraden‹ heißt es ja: ›Selbst die Zigarette teilen wir...‹«
Okuyama hatte sich auf dem geselligen Beisammensein vorstellen wollen und war dabei sogar auf dieses Goldfischglas zu sprechen gekommen. Dafür hatte er allerdings mehr als eine halbe Stunde lang geredet. Ansonsten scheint es ja heute immer mehr Mode zu werden, sich nur noch mit ein paar knappen Bemerkungen vorzustellen. Ein junger neuer Mitarbeiter der Firma, der nach Okuyama aufstand, nannte lediglich seinen Namen, sein Geburtsdatum, seinen Heimatort und die Schule, die er besucht hatte, dann verbeugte er sich und setzte sich wieder. Auch was der junge Bursche sagte, der sich danach erhob, hörte sich eher so an, als leierte er den bei der Firma eingereichten Lebenslauf herunter.

Das gesellige Beisammensein wurde zu einem fröhlichen Gelage. Auf Kosten der Stammfirma gab es Sake und Bier. Außerdem erhielt jeder ein Geschenk, und zwar getrockneten Fisch, eine Spezialität Atamis. Selbst die Älteren kamen in Stimmung. Einige trugen Volkslieder vor, und gemeinsam sang man dann Soldatenlieder. Okuyama war so betrunken, daß er sich an nichts mehr erinnerte.

Am nächsten Morgen stellten Okuyama, seine Zimmergenossen und die aus dem Nebenzimmer fest, daß der Inhalt ihrer Brieftaschen verschwunden war. Der geringste Verlust belief sich auf dreißigtausend, der größte auf fünfzigtausend Yen. Zwei Tage vor dem Ausflug hatte der Direktor angeordnet, daß niemand mehr als fünfzigtausend Yen an Taschengeld mitnehmen dürfte. Man wollte damit verhindern, daß sich die schlechten Sitten bei Gruppen- und Betriebsreisen auch auf die Manieren der Mitarbeiter auswirkten. Das ging auf eine Anweisung der Stammfirma zurück. Die gesamten Kosten für den Ausflug trug die Firma. Man wollte damit als Firma in althergebrachter Weise seinen eigenen Stil pflegen.

Der Verwalter des Heims rief bei der Polizei in Atami an, und es erschienen drei Polizisten in einem Streifenwagen. Daraufhin versammelten sich alle im Gesellschaftszimmer, und Hongo, der stellvertretende Leiter der Personalabteilung, der die Feier am Abend zuvor geleitet hatte, stand der Polizei Rede und Antwort.

Zwei der Polizisten hatten einen Stern auf dem Kragenspiegel, der andere zwei. Der mit den zwei Sternen sagte: »Das ist heute schon der dritte Fall von Diebstahl. Normalerweise kommen wir zu fünft. Aber heute am Sonntag sind wir so beschäftigt, daß die Leute nicht ausreichen.«

Die beiden Polizisten mit dem einen Stern packten allerlei Gerätschaften aus, um von jedem einzelnen der Mitarbeiter Fingerabdrücke zu nehmen. Erst kam der kleine Finger der linken Hand dran und dann die anderen Finger, bei der rechten Hand zuerst der Daumen und zuletzt der kleine Finger.

»Also, Sie sind alle in das Gesellschaftszimmer gegangen,

ohne daß sich jemand vergewissert hat, ob die Türen auch verschlossen sind«, sagte der mit den zwei Sternen zu Hongo. Der Polizist schien niemanden von denen, die nicht bestohlen worden waren, auch nur im geringsten zu verdächtigen. Das beruhigte Okuyama sehr. Er vermutete, daß die Diebe während seiner etwas zu lang geratenen Rede eingedrungen waren.

»Haben Sie bei Ihrer Feier Soldatenlieder gesungen?« fragte der mit den zwei Sternen.

»Ja, mehrere«, antwortete Hongo.

»Und war darunter auch das Lied ›Alte Kameraden‹, das mit der Zeile anfängt: ›Hunderte Meilen von hier in der Heimat‹?« fragte wieder der mit den zwei Sternen.

»Ja, das haben wir auch gesungen«, bestätigte Hongo.

»Dann ist der Diebstahl in der Zeit ausgeführt worden«, sagte der Polizist.

Die Diebe, die sich die Gäste in den Firmenheimen aussuchen, scheinen also ans Werk zu gehen, wenn die Gesellschaft anfängt, Soldatenlieder im Chor zu singen. Und gerade das Lied »Alte Kameraden« hat vierzehn Strophen. Bis es zu Ende ist, vergehen dreißig Minuten. Und während es gesungen wird, verläßt niemand den Raum und begibt sich auf sein Zimmer.

»Auch wenn Reisegruppen in den Hotels etwas gestohlen wurde, dann haben sie meistens dieses Lied gesungen. Man sagt ja, dieses Lied muß getragen gesungen werden, sonst wirkt es nicht. Ich kann mir nicht helfen, irgendwie liegt darin auch ein bißchen Ironie«, meinte der mit den zwei Sternen.

Die drei Polizisten begaben sich in die beiden Zimmer, in denen der Diebstahl passiert war. Der mit den zwei Sternen entdeckte mit scharfem Blick in einer Ecke ein Stück Papier und hob es auf. Als Okuyama die Hand danach ausstreckte, sagte der mit den beiden Sternen: »Nein, das geht nicht!«, wickelte das Stück Papier in ein Taschentuch und steckte es ein. Es war eine alte Eintrittskarte für ein Radrennen.

Seither sind zwanzig Tage vergangen, aber die Polizei hat sich wegen des Diebstahls noch immer nicht gemeldet. Übrigens, der Text des Soldatenliedes »Alte Kameraden« stammt von Hidemoto Mashita, die Melodie von Waki Miyoshi.

Übersetzt von Jürgen Berndt

ŌE KENZABURŌ

Stolz der Toten

Ich folgte dem Verwalter der Leichenaufbewahrung zusammen mit einer Studentin die dunkle Treppe hinunter, die unter der Aula der Medizinischen Fakultät in den Keller führte. Wenn die Studentin mit ihren feuchten Stiefelsohlen auf den abgenutzten Metallkanten der Treppenstufen ausrutschte, stieß sie jedesmal einen kleinen Schrei aus. Unten führte ein betonierter Korridor unter der niedrigen Decke entlang in scharfer Wendung weiter. An der Tür am Ende des Ganges hing eine schwarze Holztafel mit der Aufschrift ›Leichenkonservierungsraum‹. Ein großer Schlüssel steckte im Schlüsselloch. Der Verwalter wandte sich um und sah mich und die Studentin herausfordernd an. Er war klein, gedrungen und kräftig und trug Gummimantel und Mundmaske. Mit schwerverständlicher Stimme sagte er etwas und blickte auf seine starken Beine hinab, die in Gummistiefeln steckten, aber ich schüttelte den Kopf. Sicher hätte ich auch Gummistiefel anziehen sollen. Ich nahm mir vor, am Nachmittag daran zu denken. Die Studentin hatte viel zu große Stiefel an – im Büro geliehen –, in denen ihr das Gehen offensichtlich schwerfiel. Ihre Augen zwischen dem in die Stirn fallenden Haar und der Mundmaske wirkten scharf wie die eines Raubvogels.

Durch die geöffnete Tür drang bleiches, wie die Morgendämmerung scheinendes Licht und dicke, alkoholgetränkte Luft. Auf dem Grund dieses Alkoholgeruchs lagerte ein noch schwereres, gleichsam aufgequollenes Aroma, das sich aufdringlich in meinen Nasenschleimhäuten festsetzte. Der Geruch reizte mich, aber ich wandte den Kopf nicht ab, sondern blickte in den von weißem Licht erfüllten Raum.

»Setzen Sie die Maske auf«, sagte der Verwalter.

Ich nahm die Mundmaske aus der Tasche des Arbeitsmantels, den ich mir von einer Krankenschwester hatte anziehen lassen, und setzte sie schnell auf; sie roch nach trockener Gaze. Der Verwalter ergriff die Türklinke auf der Innenseite der Tür, wandte sich um und deutete mit einer Kopfbewegung auf mich: »Ekeln Sie sich jetzt schon?«
Die Studentin warf mir einen boshaften Blick zu. Ich fühlte mein Gesicht heiß werden, während ich den großen, weiß gefliesten Raum betrat. Meine Schuhe erzeugten ein lautes Geräusch, das vielfältig von den Wänden widerhallte und die Luft scharf zerschnitt.
Die Wände des Raumes waren sauber mit einer blendend weißen Kalkfarbe getüncht, nur an der außergewöhnlich hohen Decke zeigten sich verschiedene ölige Flecken. Eine Hälfte des Fußbodens war mit Fliesen ausgelegt. Dort standen vier Seziertische, angemessen flach und einsam. Ich ging auf einen der Tische zu und sah, daß die in weichem Glanz schimmernde Marmorplatte feucht war. Ich legte die Hände darauf, während ich die lange Wanne betrachtete, die an der gegenüberliegenden Wand den halben Raum einnahm. Sie war in mehrere Abschnitte unterteilt, und ihr etwa meterhoher Rand war mit den gleichen Fliesen belegt wie der Fußboden. Einige der Unterteilungen waren mit Deckeln geschlossen, andere nicht. Und da schwammen die Leichen, eingelegt in dunkelbraunem Alkohol.
Ich stand da und schaute. Schamhitze hatte tief in meiner Haut Wurzeln geschlagen und brannte. Über dem breiten Mundschutz, der mein Gesicht halb bedeckte, preßte ich die Handflächen gegen beide Wangen. Über meine Schultern hinweg schaute die Studentin auf die Leichen. Sie hielt die Luft an und überwand ein kurzes Schaudern.
»Das Licht ist zwar nicht gut, aber es genügt«, sagte der Verwalter. »Wenn man schon am frühen Morgen elektrisches Licht brennt, schimpfen die im Büro. Das wird bei Ihnen in der Philosophischen Fakultät nicht anders sein.«
Ich nickte und blickte hinauf zu dem länglichen Kellerfenster

unter der hohen Decke. Durch das verschmutzte Glas fiel weißes, wäßriges Licht. Wie an einem bewölkten Wintermorgen, dachte ich. Bei solchem Licht bin ich morgens oft durch den Nebel gegangen. Der Nebel dringt in den Mund wie ein Tier, er bläht sich auf und reizt zum Husten oder Lachen. Ich spürte mein Gefaßtsein zurückkehren und richtete den Blick auf die Wanne.
Im weißen Licht lagen die Toten unbewegt. Ich sah, daß das Licht des Kellerfensters ihrer nackten Haut einen Anflug von Spannkraft verlieh. Würde diese Haut, wenn man sie mit dem Finger berührte, weichen Widerstand leisten, als drückte man das Knie eines Wassersüchtigen?
»Ein Licht wie im Winter«, sagte ich. Dabei war die Welt jenseits des Kellerfensters vom klaren Licht und der Luft des Frühsommers übergossen, auch der Himmel war heiter. Ich war unter buschig belaubten Gingobäumen entlanggegangen, als ich über den Pflasterweg ins Büro der Medizinischen Fakultät kam.
»Hier ist es das ganze Jahr über so«, sagte der Verwalter, »auch im Sommer ist es nicht heiß, sondern immer kühl. Es kommt vor, daß Studenten mit Stühlen hier hereinkommen, um sich abzukühlen.«
Ich spürte wohlig, wie tief unter der Wangenhaut die Hitze verging.
»Die Gummihandschuhe bindet man über den Ellbogen fest«, sagte der Verwalter. »Wenn Alkohol in die Handschuhe kommt, kann man nicht richtig arbeiten.«
Ich band die lehmfarbenen Handschuhe sorgfältig fest. Innen haftende Wassertröpfchen benetzten meine Handflächen und Handgelenke.
»Die Handschuhe müßten nach dem Waschen besser getrocknet werden. Die Schwestern haben das mal wieder versäumt«, sagte der Verwalter, während er seine stark behaarten, dicken Hände in die Handschuhe steckte.
»Ich dachte, es stänke noch mehr hier«, sagte die Studentin.

»Was?« Der Verwalter wandte sich nach der Studentin um. »Das kommt noch.«

Ich sah, daß die Studentin zögerte, weil sie den rechten Handschuh nicht richtig schließen konnte. Ich half ihr. Sie hatte eine weiche, große Hand.

»Was ist mit den Schuhen?« fragte der Verwalter.

»Nach der Mittagspause ziehe ich mich um.«

»Stiefel sind unbedingt nötig. Wenn der Alkohol auf die Haut dringt, stinkt sie lange«, sagte der Verwalter drohend. »Besonders zwischen den Zehen gibt das einen penetranten Geruch.«

Ich ging auf die Wanne zu, als hätte ich die Worte des Verwalters nicht gehört. Wo die Fliesen ein wenig verfärbt waren, stützte ich die Hände auf den Wannenrand, während ich die im Alkohol konservierten Leichen betrachtete. Als mir im Büro der Medizinischen Fakultät die Arbeit erläutert worden war, hatte der Angestellte gesagt, es seien etwa dreißig Stück. Die Leichen, die hier an der Oberfläche schwammen, übertrafen jedoch offensichtlich diese Angaben.

»Schwimmen darunter noch mehr, und gibt es auch solche, die ganz auf den Boden gesunken sind?« fragte ich.

»Die Leichen, die oben schwimmen, sind relativ frisch. Die alten Leichen sinken stets auf den Grund. Aber die Studenten möchten für die Anatomieübungen immer frische Leichen haben.«

»Was nennen Sie alte Leichen? Wie viele Jahre sind die schon hier?« fragte die Studentin.

»Die Leichen unter diesem Deckel sind fünfzehn Jahre hier«, sagte der Verwalter und streckte seinen kurzen Arm aus. »Auf dem Grund liegen unzählbar viele. Diese Wanne ist seit der Zeit vor dem Kriege nicht mehr gereinigt worden.«

»Warum sollen sie jetzt in die neue Wanne umgesetzt werden?« fragte ich.

»Wahrscheinlich hat das Kultusministerium Geld gegeben«, antwortete der Verwalter mißbilligend. »Aber das Umsetzen ändert nichts.«

»Woran?«
»An den Leichen.«
»An denen ändert sich nichts«, stimmte ich zu.
»Das Umsetzen ist nur eine Belastung.«
»Eine große Belastung, das stimmt.«
Doch diese Arbeit war für mich mehr als eine Belastung. Als ich am vorhergehenden Nachmittag am schwarzen Brett las, daß ›zum Ordnen der in Alkohol konservierten Leichen der Anatomie Hilfskräfte gesucht‹ würden, ging ich sofort zum Büro der Medizinischen Fakultät. Ich fürchtete, daß ich als Student der Philosophischen Fakultät nicht genommen würde, aber der zuständige Angestellte war sehr in Eile. Er sah sich meinen Studentenausweis gar nicht richtig an, stellte mich gleich dem Verwalter des Konservierungsraumes vor und sagte, die Arbeit werde voraussichtlich einen Tag dauern. Als ich das Büro verließ, sah ich hinter der Tür die Studentin stehen, die darauf wartete, hereingerufen zu werden. Ich hatte sie hin und wieder in Anglistikvorlesungen gesehen. Wir grüßten uns, aber ich kam nicht auf den Gedanken, daß sie sich auch um diese Arbeit bewerben würde.
»Um neun Uhr fangen wir an«, sagte der Verwalter und blickte auf die Uhr, die hoch oben an der Wand hing, wo meine Augen, die sich inzwischen an die Dunkelheit gewöhnt hatten, gerade noch Unebenheiten im Verputz feststellen konnten. »Vorher rauchen wir noch eine.«
Ich sagte zu dem Verwalter, der sich auf einen der Seziertische gesetzt hatte und zu rauchen begann: »Für wen ist diese Uhr? Man könnte denken, sie sei für die Toten hier.«
»Jeder, der zum erstenmal in diesen Raum kommt, sagt irgendwelchen Unsinn«, meinte der Verwalter und ließ zwischen seinen aufgeworfenen Lippen die Zigarette naß werden. »Ich arbeite nämlich schon dreißig Jahre hier.«
Die Studentin hob die Schultern und lachte lautlos. Ich schwieg und blickte durch den Raum. Innen an der Eingangstür und an der Tür zum Nebenraum hingen Holztafeln mit dem sauberen Aufdruck ›Eintritt verboten‹ und ›Rau-

chen verboten‹. In der Wanne waren die Leichen zusammengedrängt, teils oben schwimmend und teils zu Boden gesunken. Bei ihrem Anblick stockten mir die Worte in der Kehle, bis ich sie herausschleuderte:

»Die Leichen müssen sich ja ganz verloren fühlen, wenn sie so jahrelang in Form gehalten und im Keller konserviert werden.«

»Im Gegenteil«, sagte der Verwalter, »ganz im Gegenteil. Es muß kein schlechtes Gefühl sein, jahrzehntelang in so einer Wanne unterzutauchen und gelegentlich wieder emporzuschwimmen. Einen Körper zu haben, ist eine feine Sache.«

»Vielleicht lasse ich mich auch einmal in so eine Wanne tauchen.«

»Dann gebe ich mir Mühe, Sie auf den Grund zu schieben.«

»Ich bin erst zwanzig, da wird es nicht so bald sein.«

»Es kommen auch viele Junge«, sagte der Verwalter. »Aber sie werden immer gleich von den Anfangssemestern mitgenommen. Man müßte dafür eine neue Regelung treffen.«

Ich fuhr mit dem Arm durch den Seitenschlitz meines Arbeitsmantels und holte aus der Tasche der Studentenuniform meine Armbanduhr, um sie mit der Wanduhr zu vergleichen; sie ging fünf Minuten vor. Sie zeigte neun Uhr.

»Ob wir diese Arbeit an einem Tag schaffen?« fragte ich. »Schon für die Leichen, die obenauf schwimmen, braucht man ziemlich lange.«

»Die Leichen, die auf dem Grund liegen, werden von Arbeitern der Universitätsklinik weggeschafft, wenn der Alkohol abgelassen ist. Die unteren sind unbrauchbar. Unsere Arbeit ist nur, alles, was sich als Unterrichtsmaterial für die Anatomie eignet, in die neue Wanne dort drüben umzusetzen. Was auf dem Grund liegt, weiß man gar nicht.«

»Ist das tief?« fragte die Studentin und blickte in den dunkelbraunen Alkohol zwischen den Körpern. »Es sieht schrecklich tief aus.«

Ohne darauf zu antworten, stieg der Verwalter vom Seziertisch und klatschte in die dicken behandschuhten Hände. Das gab ein seltsam hohles Geräusch. »Zu dumm, wenn man diese Gummihandschuhe nicht richtig trocknen läßt und alles klebt«, sagte der Verwalter. Er beugte seinen kräftigen, von glanzloser sonnenverbrannter Haut gespannten Nacken und bewegte herausfordernd seine Finger in den Handschuhen.

So unangenehm ist es gar nicht, mit diesem Mann zusammenzuarbeiten, dachte ich erleichtert. Die Stirn des Verwalters war von tiefen Falten bedeckt, die sich beim Lachen auf und ab bewegten. Er schien an die fünfzig zu sein. Seine Frau war vermutlich kaum jünger, und sein Sohn mochte Fabrikarbeiter sein. Sicherlich war er stolz, bei einer staatlichen Universität an der Medizinischen Fakultät beschäftigt zu sein. Ab und zu zog er vielleicht einen ordentlichen Anzug an, um in einem weit abgelegenen Stadtteil ins Kino zu gehen.

»Ich hole den Leichenwagen«, sagte der Verwalter und spuckte die Zigarette mit Speichel aus.

»Ich komme mit«, sagte die Studentin.

»Sie können das Nummernschild und das Register holen«, sagte der Verwalter zu ihr und wandte sich dann an mich: »Gehen Sie schon zur Wanne hinüber und schauen Sie sie an.«

Als der Verwalter mit der Studentin gegangen war, öffnete ich die Tür zum Nebenraum. Sie knarrte nicht, ließ aber weißen Farbstoff herabrieseln. Da sie sich nicht feststellen ließ, hob ich im Korridor ein Stück Papier auf und klemmte es unter die Tür. Drüben war ein kleineres Zimmer mit einer neuen Wanne, die mit einem weißlich trüben Alkoholgemisch gefüllt war. Das Licht aus dem hohen Kellerfenster ließ die Wanne neblig weiß leuchten. Sie wirkte geräumig, da keine Leichen darin waren. Ich versuchte, durch die Flüssigkeit hindurchzusehen, wie tief die neue Wanne sei, aber die Flüssigkeit hielt das Licht zurück wie ein undurchsichtiger Schleier. Ich ging in den Nebenraum mit der alten Wanne zurück. Obwohl ich auf meine Schritte achtete, schallten sie laut.

Der Verwalter und die Studentin waren noch nicht zurück. Zum erstenmal war ich den unzähligen Toten allein gegen-

über. Die Hände auf einen der Seziertische gestützt, stand ich lange da, bis ich auf die Wanne zuging.
Die Toten lagen regungslos in der braunen Flüssigkeit. Ich bemerkte, daß sie verschiedenen Geschlechts waren. Ein kleiner Körper, mit dem Kopf tief in die Flüssigkeit getaucht, streckte Rücken und Gesäß in die Luft: es war eine Frau. Ein anderer Körper, dessen Arm gegen den Deckel gestemmt war, hatte eine männlich kräftige, eckige Kinnlade. An seinem Kopf scheuerte sich, unnatürlich hoch aufgebäumt, ein Körper mit den krausen Schamhaaren einer Frau. Aber das Geschlecht unterschied diese Toten kaum. Alle waren sie zusammengeschrumpft und hatten die gleiche Erdfarbe. Die Haut hatte ihre Leuchtkraft verloren und war ihrer Saugfähigkeit entsprechend verdickt.
Solch ein Toter ist anders als einer, der gleich nach dem Tod eingeäschert wird, dachte ich. Die Toten in der Wanne hier haben sich gleichsam zu Dingen verdichtet, sind kompakte Gegenstände geworden, losgelöst vom Leben. Ein Toter, der schnell eingeäschert wird, ist nicht so gegenständlich, dachte ich, er ist weder Gegenstand noch Bewußtsein, sondern geht über in einen undefinierbaren Zwischenzustand. Bei eiliger Einäscherung bleibt ihnen keine Zeit, gegenständlich zu werden. Die Toten, die die Wanne füllten, hatten diesen gefährlichen Übergangszustand überwunden. Ich betrachtete mir diese Gegenstände. Sie wirkten hart und fest. Sie waren konkret wie der Boden, die Wanne oder das Kellerfenster. Ich fühlte, wie ein leises Beben durch meinen Körper ging.
Ja, schienen sie zu sagen, wir sind Gegenstände, und sehr präzis gemacht. Wer nach dem Tode eingeäschert wird, hat keine Maße und kennt nicht das sichere Gefühl der Schwere.
So verhält es sich, dachte ich. Der Tod ist gegenständlich. Bisher hatte ich den Tod nur unter dem Aspekt des Bewußtseins betrachtet. Doch nach dem Aufhören des Bewußtseins wird der Tod gegenständlich.
Ich betastete mit den Gummihandschuhen prüfend das harte

Oberschenkelfleisch einer etwa vierzigjährigen Frau, deren Körper an den Wannenrand stieß. Das Fleisch gab nach, wenn auch ohne Elastizität.
Als ich noch lebte, waren meine Schenkel besser geformt, vielleicht wirken sie jetzt zu lang.
Sie ist gut gewachsen, dachte ich und stellte mir vor, wie diese Frau in einem leichten Sommerkleid über den Boulevard ging.
Die Tür aufstoßend, kam die Studentin mit einem kleinen Karteikasten unter dem Arm herein. Hastig, als hätte ich etwas Unerlaubtes getan, trat ich von der Wanne zurück. Gleich darauf kam der Verwalter, der einen weißlackierten Wagen schob.
Der Wagen war so lang, daß man einen großen Mann daraufladen konnte. Er erinnerte mich an die fahrbare Bahre, auf die man mich legte, als ich zur Blinddarmoperation gebracht wurde. Aber dieser Wagen war viel nackter, weißer und mit mehr Mechanik versehen. Er hatte sieben gummibereifte Räder, auf denen er weich rollte. Neben einem der Seziertische blieb er stehen. Der Verwalter trug über der Schulter eine dünne Bambusstange, deren eines Ende mit einem Gummistöpsel abgeschlossen war.
»Was ist denn das?« fragte ich ihn, als er die Bambusstange behutsam an die Wand lehnte.
»Um die Leichen heranzuziehen. Die Stange wird schon seit Jahren benutzt, sie ist sehr praktisch.«
Der Verwalter nahm die Stange, die er eben abgestellt hatte, wieder auf und wog sie in beiden Händen, während er nach der Wanne sah. Er wirkte selbstsicher und erfahren wie ein Techniker, mußte ich staunend zugeben. Anscheinend war er stolz auf seine Arbeit. Wir Menschen sind Geschöpfe, die auf die seltsamsten Dinge stolz sein können.
Die Studentin brachte den Karteikasten in den Nebenraum mit der neuen Wanne und schien unschlüssig, wohin sie ihn stellen sollte.
»Es geht los«, sagte der Verwalter und reichte der Studentin

die Bambusstange. Sie nahm sie und warf sie einfach auf einen Seziertisch.
Die Arbeit war leicht. Trotzdem brauchten wir ziemlich viel Zeit, um eine Leiche umzusetzen. Es beanspruchte allerdings wenig Aufmerksamkeit, und ich hatte mir schon nach kurzer Zeit Routine angeeignet.
Der Wagen stand längs neben der glattgekachelten Wanne, und seine Platte, auf die wir die Leichen luden, war genau so hoch wie die Wanne. Der Verwalter und ich standen an den beiden Schmalseiten des Wagens und suchten, seitlich über die Wanne gebeugt, die Leiche heraus, die wir dann an Schultern und Schenkeln packten und herausholten. Die Leichen, tropfend vom braunen Alkoholgemisch, waren alle steif wie Bretter und leicht zu handhaben. Wir legten sie mit dem Rücken nach unten auf den Wagen, den wir dann langsam zwischen den Seziertischen hindurch in den Nebenraum mit der neuen Wanne rollten. An deren Rand stellten wir den Wagen wieder ab, hoben die Leiche an und ließen sie in die weißliche Alkohollösung gleiten.
Der Körper versank sofort, kam aber gleich darauf langsam wieder emporgeschwommen. Dann kauerte die Studentin nieder, nahm ein Holzschild mit eingebrannten Buchstaben und Zahlen aus dem Kästchen und packte die Leiche an der Ferse. Hing am rechten Fuß ein altes Holzschild, band sie das neue Schild an die große Zehe des linken Fußes, im umgekehrten Fall an die des rechten Fußes. Wenn die Studentin die Ferse der Leiche, die mit dem Kopf tief in der Wanne steckte und nur die Füße herausstreckte, losließ, schwamm die Leiche auf die Mitte der Wanne zu. Danach trug die Studentin mit Bleistift die alte und die neue Nummer in großen Ziffern ins Register ein.
Diese monotone Arbeit wiederholten wir in schweigender Ausdauer. Auf dem gefliesten Boden zwischen der alten und der neuen Wanne bildete sich ein nasses braunes Band, auf dem der Wagen leicht rutschend und quietschend gemächlich hin und her rollte.

Einige der Leichen waren sehr schwer, andere wiederum sehr leicht. Der Körper eines etwa vierzigjährigen Mannes war ungewöhnlich leicht und schwebte in der neuen Wanne auffallend frei, aber erst durch die Verwirrung der Studentin, die vergebens nach der Ferse haschte, um die Holztafel festzubinden, bemerkte ich, daß die Leiche nur ein Bein hatte.
Ich achtete nicht sonderlich auf die Leichen, die auf der Wagenplatte lagen. Sie ähnelten sich alle, und es waren keine besonders ausdrucksvollen Gesichter darunter, die meine Aufmerksamkeit auf sich gelenkt hätten, und da der abgestandene klebrige Geruch der Toten unter dem scharfen Alkoholgeruch mir trotz der Gesichtsmaske sehr zusetzte, hatte ich beim Umladen meist das Gesicht von ihnen abgewandt. Daher kam es auch, daß einmal der Arm einer Leiche zu weit über den Wagen hinausragte und an einen der Seziertische stieß, wobei der Wagen beinahe umgekippt wäre.
Als wir eine junge Tote, deren Arme steif ausgebreitet waren, auf den Wagen luden, lag sie dort unsicher wie eine Kugel und drohte sogleich wieder herunterzurollen. Der Verwalter packte die Arme, die starren Widerstand leisteten und wie Holz knackten, und bog sie mit beiden Händen zusammen, bis sie auf dem Unterleib verschränkt waren. Danach rieb er sich die Stirn am Ärmel des Gummimantels, um den Schweiß abzuwischen, nickte mir zu, und wir schoben den Wagen. Als wir diese Leiche in die neue Wanne gleiten lassen wollten, ruschten mir die Oberschenkel aus den nassen Handschuhen, und wir wurden mit Alkohol bespritzt.
»Passen Sie doch auf«, sagte der Verwalter ärgerlich. »Sehen Sie, mir ist etwas in die Stiefel gelaufen.«
Auch der Studentin war Alkohol an den Gummimantel gespritzt. Sie wischte ihn mit den Gummihandschuhen ab und blickte mich vorwurfsvoll an.
»Das ruscht sehr leicht«, sagte ich. »Eigentlich hatte ich fest zugefaßt.«
»Die frischen rutschen besonders leicht«, sagte der Verwalter und verfolgte aufmerksam den Körper, der in der Wanne un-

tergetaucht war und nur zögernd wieder emporkam. Als die Frau endlich an die Oberfläche kam, packte er die Ferse, nahm von der Studentin ein Nummernschild entgegen und band es behende fest. Dann schob er den Körper mit großer Geste von sich und sagte: »Wenn das Nummernschild abgeht, hat man später Scherereien. Man darf sie nicht roh behandeln.«

»Ganz recht«, antwortete ich. Daß er sagte, man dürfe sie nicht roh behandeln, fand ich merkwürdig. Vielleicht hielt er es nicht für roh, die Arme der Leiche zu packen und zu biegen, daß die Knochen krachten. Ihm ging es nur darum, daß das Nummernschild an der aufgeschwollenen Zehe nicht beschädigt würde oder gar verlorenginge.

»Man darf sie wirklich nicht roh behandeln«, bestätigte ich ironisch und zog den Wagen mit einer Hand.

»Das ist wichtig«, sagte der Verwalter.

Als die Wanduhr zwölf Uhr mittags zeigte, hatten wir erst zehn Leichen in die neue Wanne umgesetzt. Wir hörten die Uhr gemächlich die Stunde schlagen, während wir eine kleine kräftige Leiche auf den Wagen luden.

»Das ist die einzige Uhr in der ganzen Universität, die noch die Stunden schlägt«, sagte der Verwalter.

»Es hört sich seltsam an.«

»Wieso?«

Ich spürte starken Hunger. Aber dann stellte ich mir vor, wie es wäre, wenn das Mittagessen vor mir stünde, sicher hätte ich dann plötzlich keinen Appetit mehr.

»Das war ein Soldat«, sagte der Verwalter mit einem Blick auf die Leiche, die längs der Wanne auf dem Wagen lag.

»Gegen Kriegsende wollte er desertieren und wurde dabei von einem Posten erschossen. Er wurde eigentlich zur Obduktion gebracht, aber durch die Kriegswirren wurde nichts daraus. Ich kann mich noch gut daran erinnern, wie man diesen Mann hierher brachte.«

Ich sah, daß der Soldat an schmalen Handgelenken kräftige Hände hatte. Sein Kopf wirkte winzig klein, wie bei all den anderen Toten auch. Die Köpfe der Toten wirken kleiner als die der Lebenden und weniger gewichtig, sie lenken weniger Interesse auf sich als die Brust und der geschwollene Unterkörper. Ich zwang meine Vorstellungskraft zum Arbeiten und dachte mir, daß dieser Mann wohl zu Lebzeiten einen schüchternen, ernsten Gesichtsausdruck hatte, als er eines nachts vor zehn Jahren den mutigen Entschluß zum Desertieren faßte.

»Wenn wir mit dem fertig sind, essen wir«, sagte der Verwalter. »Machen Sie das Nummernschild fest!«

Die Studentin zögerte und hatte offenbar Angst, als letzte noch beschäftigt zu sein und allein gelassen zu werden.

»Ich mach's fest.«

»O ja, bitte«, sagte die Studentin, gab mir rasch das hölzerne Nummernschild und lief dem Verwalter zur Tür nach.

Als ich in der Alkohollösung, die schon begonnen hatte, sich braun zu färben, nach der Ferse des Soldaten tastete und ärgerlich zufassen wollte, glitt mir die Holztafel durch die Finger der Gummihandschuhe und fiel in die Wanne. Wohin sie gefallen war, ließ sich nicht mehr feststellen. Während ich mit der linken Hand die Ferse des Soldaten hielt, suchte ich zwischen den dicht aneinandergepreßten Körpern der Leichen. Der Soldat fühlte sich hart an.

Du willst wohl desertieren, weil du hier fest eingekerkert bist?

Das habe ich nicht vor, auch wenn andere das manchmal tun.

Das glaube ich dir nicht recht.

»Wollen Sie Brot zum Mittagessen?« fragte die Studentin, den Kopf zur Tür hereingestreckt.

»Ich habe die Holztafel verloren und suche noch danach. Ich komme gleich. Dann hole ich mir selbst mein Essen.«

Ob du es glaubst oder nicht, es sind schon manche von hier in ihrer lehmfarbenen Haut die Treppe hinaufgegangen. In diesem Raum kommt man auf mancherlei Gedanken. Aber ich bleibe hier.

Zwischen dem Arm und der Hüfte des Soldaten schwamm die Holztafel. Ich schob die Hüfte beiseite und nahm die Tafel. Der Soldat sank mit der Schulter in den Alkohol und drehte sich langsam, bevor er wieder hochschwamm. In seiner Seite entdeckte ich eine Einschußstelle, an der sich die Haut, dunkler und dicker als am übrigen Körper, zusammengezogen hatte wie welke Blütenblätter.
Niemand ist eine so überzeugende Mahnung an den Krieg wie ich, denn ich ruhe hier so, wie ich getötet wurde. Aber du warst im Krieg sicher noch ein Kind?
In dieser Zeit, in der langen Kriegszeit, wuchs ich heran, damals, als die einzige Hoffnung im elenden Alltag war, daß der Krieg aufhören möge. Von dieser Hoffnung war ich angefüllt bis zum Ersticken, und ich war sterbenskrank. Als der Krieg zu Ende ging, mußte er in den Herzen der Erwachsenen verdaut werden, und das unverdaulich Harte wurde ausgeschieden. Aber ich nahm an diesem Vorgang noch nicht teil, und das gespannte Hoffen schwand uns ganz allmählich dahin.
Eure Hoffnung war eine schwere Verantwortung für uns. Doch der nächste Krieg ist eure Sache.
Ich hob das rechte Fußgelenk des Soldaten hoch und band die Holztafel an die dicke große Zehe, die einmal gutgeformt gewesen sein mußte.
Der nächste Krieg wird beginnen, ob wir wollen oder nicht, und dieses Mal werden wir im Strom der leeren Hoffnung ertrinken.
Ihr Jungen müßt euch mehr um die Politik kümmern!
Die Politik?
Ihr seid es, die den nächsten Krieg beginnen werden! Wir Toten können nur noch zuschauen und kritisieren.
Auch wir haben die Pflicht, zu urteilen und zu kritisieren. Der Haken ist nur, daß man dabei ums Leben kommen kann. Und von den Toten kann ja nur eine ausgewählte Minderheit in eine solche Wanne gelangen, nicht wahr?
Ich betrachtete den schlichten, athletenhaften Kopf des Sol-

daten, einen wohlgeformten Kopf mit kurzgeschnittenem Lockenhaar. Mir war, als habe der Soldat mit kräftiger aus dem Innern seines Leibes tönender Stimme gesprochen, indem er den dichten Stoppelbart um die Lippen und die angrenzende trockene Haut bewegte wie ein Hase beim Kauen. Aber seine Augen blieben ausdruckslos und gaben ihm einen verschlagenen Ausdruck.

Nachdem ich mich überzeugt hatte, daß das Schild ›F 5‹ auf der Oberseite seiner großen Zehe gut festsaß, ließ ich die Ferse los und schob den Körper mit kräftigem Stoß in die Wanne hinaus. Das kleine Kinn nach oben gereckt, bewegte sich der Soldat gemächlich vorwärts, wie ein riesiger Dampfer ins Weite.

Oben im Verwaltungsbüro war nur der Verwalter, der sich aufs Sofa gelegt hatte. Daneben lagen der Arbeitsmantel und die Handschuhe der Studentin.

»Wo ist sie?« fragte ich.

»Sie ist in den Waschraum gegangen, um sich die Hände zu waschen.«

Ich zog den Gummimantel und die Handschuhe aus, rollte sie zusammen und legte sie auf einen Holzstuhl. Dann ging ich nach draußen. Ich schritt über das dunkle Steinpflaster der Vorhalle und trat in die Tageshelle hinaus. Die Luft war frisch, und alles schien von einem neuen Licht übergossen zu sein. Das Gefühl frischer Lebenskraft, das man nach getaner Arbeit hat, erfüllte mich. Über meine Hände und Finger strich der Wind und gab mir ein sinnliches Wohlgefühl. Die Haut meiner Finger atmet ganz natürlich, dachte ich.

Ich stieg den abschüssigen, mit grauen Ziegeln gepflasterten Weg vor der Universitätsklinik hinab. Vor den geschlossenen niedrigen Fenstern des gerichtsmedizinischen Hörsaals wucherte ein Laubbaum mit breiten weichen Blättern, die in sattem Grün leuchteten. Im Vorbeigehen streifte ich mit den Schultern die herabhängenden Zweige. In der Allee gingen die Patienten der Universitätsklinik in Schlafanzug und dicken Pantoffeln spazieren, sie schienen Karauschen zu gleichen, die im harten Wasser des Frühjahrs munter schwammen. Ich dehnte die Brust und atmete beim Gehen tief ein. Das Gefühl der Gesundheit durchlief mich in Wellen sinnlichen Erschauerns. Ich bückte mich, um die Schnürsenkel zu binden, und war mir erleichtert bewußt, daß ich jetzt von den Toten weit entfernt war. Ich freute mich über die frische Geschmeidigkeit meines Körpers und glaubte, daß meine Augen über den geröteten Wangen glänzten wie feuchte Eicheln.

Eine Krankenschwester in mittleren Jahren kam den steilen Weg herab. Sie schob einen Rollstuhl mit einem Jungen, dessen Körper in einem Gipsverband steckte. Sie fuhren an mir vorbei. Ich klopfte mir den Staub von der Hose, richtete mich auf und blickte der Krankenschwester nach, deren Schultern sich ruhig auf und ab bewegten. Auf dem ordentlich gebürsteten Haar des Jungen lag ein goldener Schimmer.

Ich hätte die beiden gern heiter angesprochen, aber es blieb beim bloßen Vorsatz. Ich holte sie ein und ging neben der Schwester her. Sie zeigte mir ein freundliches Lächeln, und um es zu erwidern, berührte ich lächelnd die eingegipsten Schultern des Jungen. Vielleicht würde er mich für einen netten älteren Freund halten und sich darüber freuen.

So ging ich ein paar Schritte nebenher und schaute dann erst dem Jungen ins Gesicht. Es war kein Junge. Ein etwa vierzigjähriger Mann, auf dessen Stirn die Adern hervortraten, blickte mich mit verärgerten, zornigen Augen an. Während sein festgestellter Kopf geradeaus gerichtet blieb, waren in seinem Gesicht die haßerfüllten Augen, soweit es ging, nach rechts gedreht.

Ich blieb stehen. Die beiden gingen weiter durch die von hellem Licht erfüllte Luft.

Ich stand unschlüssig da und spürte plötzlich eine lähmende Müdigkeit meinen ganzen Körper befallen. Der Mann im Rollstuhl war ein lebendiger Mensch. Und ich empfand schmerzlich, daß dieser lebendige, von Bewußtsein beseelte

Mensch einen dicken Schleier von Schleim um sich hatte und mich ablehnte. Heute morgen hatte ich die Welt der Toten betreten. Und nachdem ich nun wieder zu den Lebenden zurückgekehrt war, wurde alles schwierig, wie dies mein erstes Stolpern bewies. Ich hatte die unheilvolle Ahnung, zu tief in diese Arbeit eingedrungen zu sein und mich nie mehr ganz davon lösen zu können.
Aber ich wollte den Nachmittag weiterarbeiten, denn ich brauchte den Lohn. Ich begann zu laufen, rannte trotz Seitenstechen den ganzen Weg zum Waschraum. Die Studentin stand barfuß auf dem Zementboden und ließ Wasser auf ihre Füße laufen.
»Warum sind Sie so gerannt?« fragte die Studentin, weil ich ganz außer Atem war.
»Ich habe von klein auf immer mal Lust zu rennen«, sagte ich.
»Sie sind noch jung«, sagte die Studentin, ohne zu lächeln.
Ich betrachtete ihr breites Gesicht mit der groben gelben Haut. Die Studentin wirkte erschöpft, alle Aufmerksamkeit war aus ihrem Gesicht gewichen. Sie mochte etwa zwei Jahre älter sein als ich.
»Ich sehe schlecht aus, nicht wahr?« fragte sie und blickte mich hart und ohne Wimpernschlag an. »Das kommt von der Schwangerschaft.«
»Was?«
Die Studentin ließ unbekümmert Wasser auf ihre hohen Fußrücken laufen. Ich zog die Strümpfe aus und trat auf den Zementfußboden. Dann drehte ich den nächsten Wasserhahn auf und ließ den Wasserstrahl auf meine Zehen und Fersen spritzen. Ich fragte zurückhaltend:
»Macht es Ihnen denn nichts aus, diese Arbeit zu tun? Ist das nicht ungesund?«
»Ich weiß nicht«, sagte sie.
Ich krempelte die Ärmel hoch und wusch mir gründlich die Hände. Sie gab mir schnell ein Stück Seife, ehe sie auf die

trockene Zementstufe stieg, um ihre Füße in der Sonne trocknen zu lassen.
»Ihr Männer könnt unsere Gefühle nicht verstehen«, sagte sie. Ich betrachtete sie schweigend, wie sie ihre trotzig verschlossenen schmalen Lippen mit dem Handrücken abwischte.
»Was man empfindet, wenn man plötzlich schwanger ist und sich selbst zu einer häßlichen Figur werden sieht, das könnt ihr nicht verstehen.«
»Es mag schon sein, daß wir das nicht verstehen«, sagte ich verwirrt.
»Seit ich schwanger bin, ist mein Leben von abscheulicher Erwartung erfüllt. Das ist mir fast unerträglich.«
Ich zog ein großes Taschentuch aus der Tasche und trocknete mir die Füße ab: »In diesem Fall müßte man einen Eingriff machen lassen.«
»Das will ich auch. Dazu verdiene ich mir die Operationskosten«, sagte sie.
»Wenn Sie genug verdienen, nehmen Sie sich nur ein möglichst gutes Krankenzimmer!«
»Ach, meine Freundin ist nach der Abtreibung angeblich sofort mit dem Fahrrad heimgefahren.«
Wir lachten beide gepreßt und gingen zum Gebäude der Medizinischen Fakultät zurück.
»Was würde denn daraus, wenn ich nichts unternähme?« fragte sie. »Das wäre doch eine schreckliche Verantwortung, wenn ich jetzt die neun Monate vergehen ließe, ohne etwas zu unternehmen. Ich fühle mich selbst schon unsicher und im Zweifel über den Sinn meines Lebens, und da soll ich noch ein Ungewisses mehr ins Leben setzen? Die Verantwortung beim Gebären ist genauso schwer wie die bei einem Mord.«
»Sie unternehmen ja etwas«, sagte ich unsicher. »Sie haben sich entschlossen, in die Klinik zu gehen und es beseitigen zu lassen. Und um das zu bezahlen, machen Sie jetzt diese Arbeit.«

»Ich kann nicht anders, als dieses Wesen vernichten. Es mag das Recht haben, groß und stark zu werden wie ein Ringer, und ich weiß nicht, ob ich darüber entscheiden darf. Mag sein, daß ich im Begriff bin, etwas Falsches zu tun.«
»Sie haben jedenfalls nicht vor, es zur Welt zu bringen?«
»Nein.«
»Dann ist die Lösung einfach.«
»Für euch Männer schon«, sagte sie scharf. »Aber alles spielt sich in meinem Unterleib ab, ob es nun getötet wird oder ob man es heranwachsen läßt. Das gibt eine Wunde, und mir bleibt die Narbe.«
Ich schwieg und verwahrte mich gegen ihren Ärger, der beinahe greifbar auf mich zukam. Was tief in ihrem Unterbewußtsein verwurzelt zu sein schien, war mir unverständlich und berührte mich nicht.
»Für mich gibt es keine Möglichkeit, ohne eine Wunde davonzukommen. Ich habe schon nicht mehr die Freiheit, einen Weg zu wählen, der mir gefällt.«
»Das ist schlimm«, sagte ich und unterdrückte ein Gähnen.
»Ja, das ist schlimm«, sagte die Studentin plötzlich ernüchtert. »Das ist unerträglich.«

Nach dem Mittagessen ging ich mit dem Verwalter wieder in den Leichenkeller. Die Studentin, die noch aufzuräumen hatte, ließen wir oben. Jetzt standen ein Professor und zwei Studenten um den Seziertisch im Raum mit der alten Wanne. Als ich hinzutreten wollte, machte der Professor eine zurückweisende Geste. Sie standen an der Wanne und schauten auf den Operationstisch, auf dem die frische Leiche eines etwa zwölfjährigen Mädchens lag. Ihre Beine waren mir gegenüber breit geöffnet, und einer der Studenten injizierte dort nach Anweisung des Professors Farbstoff und Formalin, um das Blut zu konservieren.
Als sich der Student, der sich vor der Leiche niedergekauert hatte, mit der Spritze in der Hand erhob, sah ich offen vor mir das Geschlecht des Mädchens, das bis dahin von dem

weißbekittelten Rücken des Studenten verdeckt gewesen war. Es schien munter, taufrisch und voller Leben, durchaus gesund und kräftig. Ich fühlte mich davon angezogen und betrachtete es fast liebevoll. Es erregte mich.
Ich schämte mich, blickte weg und wendete mich den Leichen in der Wanne zu. Ich glaubte, ihre Blicke im Rücken zu fühlen, und hatte ihnen gegenüber ein schlechtes Gewissen. Ich nickte dem Verwalter zu. Wir hoben eine Leiche heraus und luden sie unachtsam auf den Wagen.
Als wir den Wagen zwischen den Seziertischen hindurchschoben, stieß ich mit dem angewinkelten Ellbogen einen der Studenten leicht in die Hüfte. Der Bursche mit den wohlgenährten weißen Wangen, der mich bis dahin gar nicht beachtet hatte, drehte sich um und schimpfte scharf: »Passen Sie doch auf! Das ist doch gefährlich!«
Ich blickte auf seine rundlichen Finger, die eine Spritze hielten, und schwieg.
»Haben Sie nicht gehört!«
Ich schaute dem Studenten ins Gesicht, das leichte Verwirrung widerspiegelte. Sie verschwand sogleich, und er schimpfte auch nicht mehr. Mit übertriebenem Eifer kauerte er bei der Leiche nieder. Flüchtig sah ich die Klitoris des Mädchens wie den Keim einer Pflanze. Ich schob den Wagen weiter und überlegte, warum dieser junge Mann mich angestarrt und dann verwirrt die Augen abgewandt hatte. Tief in mir spürte ich ein heimtückisches Unbehagen aufsteigen.
Der junge Mann hatte verächtlich auf mich herabgesehen. Ich lud die Leiche absichtlich langsam ab und ließ mir Zeit beim Festbinden der Holztafel. Ich knüpfte die Schnur immer wieder von neuem, ohne mich darum zu kümmern, daß mir der Verwalter ärgerlich auf die Hände schaute. Diesem jungen Mann war mein Anblick so unangenehm gewesen wie eine Begegnung mit gemeinem Gesindel, so daß er sogar die Lust verlor, mich zu schelten. Rasch war er bei der Leiche niedergekauert, und offensichtlich um sich bestätigt zu wissen und vom Professor und dem Kommilitonen anerkannt zu

werden, hantierte er effekthascherisch mit der Spritze. Warum machte er das? Was sollte das heißen?
Ich band die Schnur fest und blickte dann auf das kleine Gesicht des Toten, der kurzgeschorene weißliche Haare hatte. Er hatte etwas Amphibienhaftes an sich.
Dieser Student hielt dich für einen von uns, schien er zu sagen, oder zumindest für einen, der zu uns gehört.
Vielleicht weil ich dich auf den Wagen geladen und hierhergefahren habe.
Nein, sondern weil du einen Gesichtsausdruck hast wie unseresgleichen. Heute morgen dagegen fühltest du dich dem Verwalter noch überlegen.
Ich kam mir so schmutzig vor, als könne ich mich nie mehr reinwaschen. Ich hatte das Gefühl, in alle Säfte meines Körpers seien leichenhaft stinkende Mikroben eingedrungen, die alles zusammenzukleben und zu versteifen drohten.
Ich hörte, wie im Raum nebenan die Tür geöffnet wurde und Schritte sich entfernten. Ich löste meine Hand vom Wannenrand und ging in den Raum mit der neuen Wanne hinüber, in den der Verwalter mit dem Wagen schon vorausgegangen war. Außer ihm stand nur noch der Professor neben dem Seziertisch, über den ein nasses Tuch gebreitet war. Unter diesem Tuch begann das Mädchen mit dem Geschlecht, das so voller Leben gewesen war, in die Welt der Dinge einzugehen. Bald würde sie genauso wie die anderen Frauen in der Wanne in harte und schrumpelige, braune Haut gehüllt sein. Ich stellte mir vor, daß dieses Geschlecht dann niemanden mehr erregen würde, so wenig wie ihr Rücken oder ihre Hüfte. Diese Vorstellung gab mir im Innern einen leichten Stich.
Der Professor, der neben dem Verwalter in die Wanne schaute, drehte sich um und musterte mich von oben bis unten mit demselben Augenausdruck, mit dem er die Leichen betrachtet hatte.
»Sie sind ein neuer Angestellter?«
»Er ist ein Werkstudent. Er hilft beim Umsetzen der Leichen«, sagte der Verwalter.

Ich grüßte zögernd und bemerkte lustlos, daß in den Augen des Professors ein Anflug von Neugierde erschien.
»Ein Job also«, sagte der Professor und bewegte seine geröteten abstehenden Ohren. »Sie studieren bei uns?«
»Ja, an der Philosophischen Fakultät.«
»Germanistik?«
»Romanistik.«
»Ach«, sagte der Professor mißbilligend. »Über wen schreiben Sie denn Ihre Diplomarbeit?«
Erst nach einigem Zögern traute ich mich zu sagen: »Über Racine. Jean Racine.«
Der Professor zog das Gesicht in Falten und lachte schallend und kindisch: »Ein Student, der über Racine schreibt, als Leichenträger!«
Ich preßte die Lippen zusammen und schwieg.
»Wozu machen Sie denn dann die Arbeit hier?« fragte der Professor und versuchte, ein ernstes Gesicht zu machen. Aber er war noch kurzatmig vom Lachen. »Eine solche Arbeit?«
»Wie, bitte?« fragte ich erstaunt.
»Sie haben doch offenbar ein wissenschaftliches Interesse an den Leichen.«
»Ich wollte Geld verdienen.«
Wie ich vorausgesehen hatte, berührte ihn das zutiefst: es konnte nicht gutgehen. Er nahm einen harten Gesichtsausdruck an.
»Genieren Sie sich nicht, solche Arbeit zu tun? Hat eure Generation denn gar keinen Stolz?«
Warum war es nur so schwer, mit einem Lebenden zu sprechen! Jeder Kontakt mit den Lebenden entwickelte sich in unvorhergesehener Richtung und erwies sich als sinnloses Unterfangen. Der Professor schien wie von einer schleimigen Schicht umhüllt zu sein, und diese zu durchdringen und seinen feisten Körper wirklich mit der Hand zu fassen, mußte ungeheuer schwer sein. Ich fühlte, wie Müdigkeit meinen ganzen Körper vollsaugte, und schwieg verwirrt.

»Nun, was ist?«
Ich hob die Augen und blickte dem Professor in das von Haß und Ärger erfüllte Gesicht. Hinter ihm stand der Verwalter und starrte mich mit unverhohlener Verachtung an. Da übermannte mich eine große Kraftlosigkeit. Dieses Knäuel von schwerwiegendem Mißverstehen war nicht zu entwirren. Einen lebendigen Menschen zum Partner zu haben ist wohl nicht zu bewältigen.
Ich nahm die Bambusstange und kauerte bei der Wanne nieder. Unter dem Deckel schwamm an der Wand die Leiche eines Mannes mit kräftigem Nacken, der mir den Rücken halb zuwendete. Ich versuchte, ihn heranzuziehen, aber er rührte sich nicht. In meinem Rücken fühlte ich die Augen des Professors und des Verwalters. Ich schob die Stange unter der Leiche hindurch, um sie hochzuheben, aber sie war unendlich schwer. Woran konnte das liegen? Sie mußte irgendwo festhängen. Es ging nicht, wie ich wollte. Warum war sie so schwer?
Der Verwalter trat neben mich und schob die Stange, die er mir aus der Hand nahm, tief unter der Achsel der Leiche hindurch, indem er sie mehrmals leicht hin und her drehte. Die Leiche schwamm willenlos empor und wendete sich dabei um, als wolle sie die Stange von sich weisen.
»Sie können eben nichts richtig. Die Studenten von heute sind alle so«, sagte der Verwalter.
Ich blieb unbewegt bei der Wanne hocken und wartete, daß der Tote sich näherte. Dabei fühlte ich unablässig die aufdringlichen Blicke des Professors in Nacken und Rücken. Der Tote hatte die Armmuskeln gespannt wie ein Mann mit schwerem Gepäck. Langsam kam er näher, das Kinn emporgereckt. Ich packte ihn roh bei der muskulösen Schulter, daß der Alkohol aufspritzte. »Fassen Sie noch fester an!« sagte der Verwalter, über mich gebeugt.
Die Arbeit ging mir nun schon viel besser von der Hand als am Vormittag. Die Studentin kam zurück, und unsere Tätigkeit ging geregelt weiter. Es ging schneller als am Vormittag.

Der Verwalter zog die Leichen, die am Rand schwammen, geschickt mit der Stange heran, und in der neuen Wanne schob er sie, wenn sie sich vorn am Rand sammelten, mit der Stange weg und verteilte sie, damit wir die nachfolgenden Leichen leichter hineingleiten lassen konnten. Als es auf drei Uhr zuging, fing ich unter dem Gummimantel an zu schwitzen, und die Handrücken begannen dort, wo sie von den Gummihandschuhen berührt wurden, zu jucken. Von Zeit zu Zeit ging ich auf den Korridor hinaus, öffnete den Mantel und wischte mir den Schweiß ab. Doch bei jedem unerwarteten kühlen Luftzug am Nacken erschauerte ich wie unter gefährlicher Kälte. Ab und zu nahm ich den Mundschutz ab, ohne mich um den am Grunde der Luft abgesetzten Gestank zu kümmern, und atmete die Luft voll durch die Nasenlöcher ein.

Die Arbeit schritt zügig voran. Schweigend arbeiteten wir weiter. Nur selten machten wir eine Toilettenpause. Dann zogen wir die Mäntel und Handschuhe aus und gingen gemeinsam auf den Korridor hinaus. Die Studentin brauchte jedesmal die längste Zeit und kam als letzte zurück. Jetzt kam sie den Korridor, in dem ich unbeschäftigt wartete, zurückgelaufen und sagte vertraulich:

»Ihr Männer habt es eben leichter als wir.«

Ich nickte unschlüssig. Der Verwalter trat näher und wollte am Gespräch teilnehmen. Um das zu vermeiden, ging ich rasch in den Raum hinein. Die Studentin tippte mich an und brachte ihren Mund aufdringlich nahe an mein Ohr:

»Eben kam es mir vor, als drängten sich die Toten um mich und schauten mir zu.«

In der Nähe sah ich, daß ihre Augenlider von schwarzen Schatten umgeben waren und die Haut über ihren Wangen aufgerauht war. Ich fühlte meinen Körper von Müdigkeit wie von einem nassen Mantel umhüllt. Aber ich gab ein leises Lachen von mir.

Sie lachte oberflächlich und senkte die rauhen Augenlider.

»Außerdem erinnert mich der Klumpen aus Knorpel und

Fleisch in meinem Bauch an die Leichen hier in der Wanne.«

»Sie sind erschöpft«, sagte ich, ihrer überdrüssig.

»Der Embryo und die Leichen, das sind beides eine Art von Menschen, bei denen der Körper keine Verbindung mit einem Bewußtsein hat. Es sind Menschen, aber sie sind nur eine Verbindung aus Fleisch und Knochen.«

Also sind sie gegenständlich, obwohl es Menschen sind, dachte ich. Ich tat, als hätte ich die Studentin nicht verstanden, und begann, die Handschuhe und den Mantel wieder anzuziehen. Es störte mich, daß die Studentin, wahrscheinlich aus Müdigkeit, so geschwätzig geworden war.

»Das fiel mir nur so ein«, sagte sie abschließend mit plötzlich ernüchterter Stimme und fuhr mit dem Arm in den Gummiärmel ihres Mantels.

»He!« schrie der Verwalter aus dem Raum mit der neuen Wanne. »Sind von den neuen Nummernschildern nur noch so wenige da? Kommen Sie mal her und sehen Sie sich das an!«

Die Studentin rannte los, wobei ihr die viel zu großen Gummistiefel um die Beine schlugen. Auf dem braunen Band, das sich aus den Tropfen der Alkoholflüssigkeit auf dem Fußboden gebildet hatte, rutschte sie aus und fiel unter seltsamen Verrenkungen hin. Schweigend stand sie wieder auf, die Lippen fest zusammengepreßt. Ihrem Gesicht war anzusehen, daß ihr die Angst in allen Gliedern saß. Das Lachen, daß mir schon in der Kehle steckte, verging mir.

Als es fünf Uhr war, hatten wir alle an der Oberfläche schwimmenden Leichen umgesetzt. Bis die Arbeiter der Universitätsklinik kamen, um die Alkoholflüssigkeit abzulassen, gingen wir ins Verwaltungsbüro hinauf und ruhten uns aus. Es hatte angefangen zu regnen. In der dämmrigen Abendluft sah der in Nebel gehüllte Uhrturm der Aula aus wie ein Schloß. Auch die Ziegelmauer der Bibliothek war vom halb durchsichtigen Netz des Nebels überzogen wie von gut gewachsenem Schimmel.

Der Verwalter und ich aßen belegte Schnitten zum Abendbrot, doch die Studentin aß kaum. Schweigend verbrachten wir die Essenszeit, während der Regen andauerte. Ich fühlte die Verdauungsbewegungen im Magen.

»Sie haben doch sicher Kinder?« fragte die Studentin unvermittelt.

»Was?« Der Verwalter war verwirrt. »Natürlich habe ich Kinder. Aber was soll das heißen?«

»Für die Kinder ist das nicht gut, wenn man in der Frühperiode der Schwangerschaft einen Schock erleidet, zum Beispiel, wenn man etwas Schreckliches sieht, nicht wahr?«

»Das ist sicher nicht gut. Aber so genau weiß ich das nicht«, antwortete der Verwalter nachdenklich. »Was wollen Sie damit sagen?«

»Nichts«, sagte die Studentin rasch, »nichts weiter.«

»Daß ich Kinder habe, ist doch nichts Besonderes«, sagte der Verwalter müde und mißgelaunt. »Mein ältester Sohn ist schon verheiratet und hat selber Kinder.«

Die Studentin bemühte sich, noch weiterhin Interesse an dem Gespräch über die Kinder des Verwalters zu heucheln, aber sie hörte nicht mehr zu, sondern war in Gedanken versunken.

»Als unser erstes Kind zur Welt kam, war mir seltsam zumute«, sagte der Verwalter. »Jeden Tag komme ich, die Verstorbenen aufzunehmen und zu hüten – das ist mein Beruf. Daß jemand mit einem solchen Beruf nun einen neuen Menschen erzeugt haben sollte, war sonderbar. Mir war, als hätte ich etwas Überflüssiges getan. Weil ich ständig die Leichen vor Augen habe, kommt mir so manches sinnlos vor. Wenn unsere Kinder krank waren, ließen wir sie nie vom Arzt behandeln. Aber sie wuchsen trotzdem kräftig heran. Und daß nun diese Kinder wieder Kinder bekommen, erscheint mir geradezu absurd.«

Die Studentin schwieg. Der Verwalter gähnte, daß seine Augen feucht wurden. Mit einem Ausdruck tiefer Resignation wandte er sich an mich.

»Wenn man all die Toten sieht, kann man sich nicht mehr richtig um die eigenen Kinder kümmern.«
»Das ist so ein Problem«, sagte ich.
»Die Leichen, denen ich in dem Jahr die Tafel anband, als mein erster Sohn geboren wurde, liegen immer noch unbewegt in der Wanne, mit unveränderter Farbe. Man kann sich ihnen nicht widmen.«
»Wem?«
»Man kann sich beiden nicht widmen«, versetzte er. »Aber manchmal habe ich doch das Gefühl, es lohne sich zu leben. Wie ist das denn für einen jungen Studenten wie Sie? Es ist doch sicher merkwürdig für Sie, bei den Toten zu arbeiten.«
»Merkwürdig schon.«
»Wenn man noch voller Hoffnung ist! Gerät sie nicht ins Wanken beim Anblick der Toten?«
»Ich habe keine Hoffnung«, sagte ich leise.
»Aber wenn Sie keine Hoffnungen haben«, versetzte er erregt, »warum gehen Sie dann auf die Hochschule? Wo eine so scharfe Konkurrenz herrscht, um überhaupt in diese Universität aufgenommen zu werden! Und warum studieren Sie überhaupt, wenn Sie dazu solche Arbeiten verrichten müssen?«
Ich blickte dem Verwalter in sein müdes Gesicht. Seine farblosen Lippen zitterten, und ihre Winkel füllten sich mit kleinen Speichelbläschen, während er mich ansah. Ich fühlte mich in einer mißlichen Lage. Ich hatte mich, wie vorhin schon, bei diesem Thema verfangen. Überzeugen konnte ich da nicht. Besonders von diesem einfachen Mann war kaum Verständnis zu erwarten. Was konnte bei einer Diskussion herauskommen? Man diskutierte sich die Köpfe heiß und so trocken wie eine Kehle nach zuviel Singen, und man kam doch nur wieder beim Ausgangspunkt an: bei sich selbst. Überdies war ich mir selber ganz unschlüssig. Ich merkte, daß die anstrengende Aufgabe, zuerst mich selbst zu überzeugen, ungelöst geblieben war. Das verursachte mir ein

Mißbehagen wie eine chronische Verdauungsstörung. Bei solchen Themen zog ich immer den Kürzeren.
»Na, was soll das heißen, ›ohne Hoffnung‹? Sie sind doch aus dem Teenageralter heraus, wo man von Hoffnungslosigkeit schwatzt. Reden Sie doch nicht daher wie ein Mittelschulmädchen.«
»So ist das nicht«, sagte ich unsicher. »Man braucht keine Hoffnung zu haben. Ich will mein Leben gut führen und gut studieren. Das tue ich auch täglich, so gut es geht. Ich bin nicht faul. Um an der Universität richtig zu studieren, muß man seine ganze Zeit opfern. Ich bin zwar oft unkonzentriert durch den Schlafmangel, aber ich studiere gewissenhaft. Für ein solches Leben braucht man aber keine Hoffnung. Ich habe, außer in der Kindheit, nie mit Hoffnungen gelebt, ich hatte kein Bedürfnis danach.«
»Sie haben eine Neigung zum Nihilismus.«
»Ich weiß nicht, ob das nihilistisch ist oder nicht.« Ich ärgerte mich über die Studentin, die schwieg und kein Interesse für uns zeigte. »Ich bin einer der fleißigsten Studenten. Ich habe gar keine Zeit, Hoffnung oder Hoffnungslosigkeit zu pflegen.«
»Das verstehe ich nicht«, sagte der Verwalter.
Ich schloß den Mund, entspannte mich und lehnte mich tief in den Sessel zurück. Über solche Dinge läßt sich nicht sprechen, dachte ich nüchtern, und das liegt nicht nur daran, daß mir die überzeugenden Worte fehlen.
Plötzlich stand die Studentin auf, ging in die Ecke des Zimmers und erbrach sich in ihr Taschentuch. Ich lief ihr nach und klopfte ihr leicht den verkrampften Rücken. Um das zu verhindern, drehte sie ihren Rücken weg und blickte mit feuchten Augen zu mir hoch:
»Es geht mir ziemlich schlecht. Vielleicht kommt es daher, daß ich vorhin im Keller hingefallen bin.«
»Ach«, sagte ich heiser.
»Der Unterleib ist wie abgeschnürt und schmerzt.«
»Holen Sie die Krankenschwester«, sagte der Verwalter.

Er ließ die Studentin auf dem Sofa Platz nehmen, und ich verließ hastig das Zimmer. Ich rannte die Treppe hinauf zum Schwesternzimmer der Medizinischen Fakultät. Ich fühlte, daß ich über den ganzen Rücken zu schwitzen begann, und die trockene Zunge klebte mir am Zahnfleisch. Eine ältliche Krankenschwester, die mir am Morgen den Gummimantel gegeben hatte, war dabei, Bündel von Scheuertüchern auszuwringen, die auf dem Boden lagen. Obwohl ich nicht mehr rannte, ließ sich nicht vermeiden, daß meine Gummistiefel auf dem Steinboden des Korridors ein schabendes Geräusch erzeugten. Tief in mir saß ein unkontrollierbares Gefühl der Unentschlossenheit und drängte mit Macht zum Kopf.

»Meiner Kommilitonin ist es nicht gut«, sagte ich und blickte auf das fleckenübersäte, fettglänzende kleine Gesicht der Schwester hinab.

»Was ist denn passiert?« fragte die Schwester, den Hals rekkend und ihr fahles Zahnfleisch entblößend. »Ihre Kommilitonin, dieses Mädchen?«

»Kommen Sie, bitte«, sagte ich.

Während ich mit der Schwester die Treppe hinunterging, erklärte ich leise: »Sie ist schwanger. Heute nachmittag ist sie auf den Steinfliesen im Keller ausgerutscht, vielleicht kommt es daher.«

»Das ist gefährlich«, sagte die Schwester. »Eine böse Geschichte.«

O ja, eine scheußliche Geschichte, dachte ich. Die Intimität dieses Vorfalls war mir unerträglich.

Die Studentin richtete ihren zusammengekrümmten Körper auf. Um ihre Nasenflügel saßen unzählige glitzernde Schweißperlen. Sie war erschöpft und sah schlecht aus, ihr Gesicht wirkte unkonzentriert. Mir schnürte es die Brust zusammen.

Die Schwester legte der Studentin ihre weißliche, welke kleine Hand auf die Stirn und frage: »Wie geht es? Haben Sie Schmerzen?«

»Ja, wissen Sie...« begann die Studentin erregt mit kindlicher Stimme.
»Kommen Sie mit auf die Station, dann lassen wir einen Arzt kommen«, sagte die Schwester zu mir und ging rasch hinaus, vorbei am Verwalter, der an der Tür lehnte und mit unbeholfener Besorgnis auf die Studentin schaute.
»Kann sie noch gehen?« fragte er mich.
Ich schüttelte den Kopf und ging langsam mit der Studentin, sie an der Schulter stützend, auf den Korridor hinaus. Sie wollte sich gleich wieder niederkauern, aber ich hielt sie mit dem um ihre Schultern gelegten Arm fest. Als wir an der Treppe anlangten, bemerkte ich, daß sie die Zähne zusammenbiß und ein Stöhnen unterdrückte, und ich ließ sie niederkauern. Sie erbrach etwas Magensaft in ihr Taschentuch und warf es dann, schmutzig wie es war, einfach weg. Beim Aufstehen sagte sie mit verzerrten Lippen:
»Jetzt bin ich fast soweit, daß ich das Kind zur Welt bringen möchte. Als ich nämlich die Leute in der Wanne sah, kam mir die Überzeugung, daß ein Kind, selbst wenn es zum Sterben bestimmt ist, erst einmal geboren werden und eine richtige Haut bekommen sollte. Sonst bleibt alles in der Schwebe.«
Sie ist in einen Irrgarten geraten, dachte ich.
Ich sagte: »Da sind Sie in einer verzwickten Situation.«
»Ich bin in einer Sackgasse«, meinte sie ächzend. »Das habe ich kommen sehen.«
Auf der Station wartete die Schwester am Eingang des kleinen Zimmers. Ich blieb im Korridor stehen und sah voll Mitleid zu, wie die Studentin ins Zimmer geführt wurde. Dann schloß sich die Tür, und ich ging.
Als ich in das Zimmer des Verwalters zurückkam, fand ich dort zwei Arbeiter in der Uniform der Universitätsklinik, die auf dem Sofa saßen und rauchten. Und mit dem Verwalter, der mit dem Rücken am Fensterrahmen lehnte, war ein jüngerer Mann, wohl ein Dozent der Medizinischen Fakultät, ins Gespräch vertieft. Ich glaubte, die Arbeiter seien gekommen, um die Alkoholflüssigkeit abzulassen. Aber sie saßen

untätig da und pafften ihren Zigarettenrauch in die Luft, während der Dozent und der Verwalter aufgebracht diskutierten. Die Situation war seltsam. Ich trat näher.

»Das war ein Versehen der Verwaltung«, sagte der Dozent mit Nachdruck. »Es stand fest, daß alle alten Leichen im Krematorium eingeäschert werden sollten. Das war auf der Professorenkonferenz der Medizinischen Fakultät unmißverständlich festgelegt worden. Ihre Arbeit für heute hätte es sein sollen, die Leichen zu ordnen und auf die Lastwagen des Krematoriums zu laden! Ich war der Meinung, daß die vorbereitende Arbeit abgeschlossen sei, und ließ deshalb diese Leute kommen.«

Der Verwalter war verlegen. »Wenn dem so ist, was geschieht dann mit der neuen Wanne? Sie ist gereinigt und mit neuer Alkohollösung gefüllt. Soll sie so ungenutzt stehenbleiben?«

»Darin sollen frische Leichen aufbewahrt werden. Überlegen Sie doch mal, es ist doch sinnlos, die unbrauchbar gewordenen alten Leichen erst noch in die neue Wanne umzusetzen!«

Der Verwalter starrte den Dozenten mit feindseligen und enttäuschten Augen an wie ein in die Enge getriebenes Tier. Um seine Lippen hatte sich Speichel gesammelt. Mit geballten Fäusten sagte er dann grollend:

»Sie nennen diese Leichen alt und unbrauchbar. Schließlich bin ich es gewesen, der die Wanne dreißig Jahre lang verwaltet hat.«

»Vom medizinischen Standpunkt aus muß man sie als unbrauchbar bezeichnen. Das heißt, daß man bei Verwendung dieser Leichen keine genauen Resultate erwarten kann«, sagte der Dozent, über den Verwalter hinwegsehend, zu mir. »Außerdem sind frische Leichen für die Medizinische Fakultät kein Problem. Und da vom Kultusministerium ein neuer Etat genehmigt worden ist, sollten bei dieser Gelegenheit die alten Leichen beseitigt werden.«

Der Verwalter hatte die Augen niedergeschlagen und schwieg nachdenklich.

»Na, da wollen wir mal mit der Arbeit anfangen«, sagte einer der Arbeiter und trat seine Zigarette mit dem Schuh aus, »auch wenn Sie sagen, daß noch nichts vorbereitet ist. Der Zeitplan des Krematoriums steht fest, und die beiden Lastwagen sind auch schon da.«
»Ja, fangen Sie an!« sagte der Dozent zum Verwalter. »Nun? Es läßt sich nicht ändern. Die Universitätsverwaltung hat längst geschlossen. Und morgen kommt eine Delegation vom Kultusministerium zur Besichtigung.«
Der Verwalter nahm wortlos seinen Gummimantel, und wir gingen die Treppe zum Keller hinunter. Die Arbeiter trugen eine Handpumpe und einen Gummischlauch über der Schulter, der immer wieder mit dumpfem Klang gegen das Treppengeländer stieß.
Wenn sich die Sache so verhielt, hatten wir also umsonst gearbeitet, dachte ich. Doch da die Verwaltung für den Fehler verantwortlich war, mußte sie auch den Arbeitslohn bezahlen. Aber es konnte Komplikationen geben, und es konnte passieren, daß ich bei der Abrechnung der Arbeitsstunden zu kurz kam.
Ich eilte dem Dozenten nach und fragte: »Ich habe heute beim Umsetzen der Leichen in die neue Wanne mitgearbeitet, und dazu hatte man mich auch in der Verwaltung angewiesen, als ich mich um die Arbeit bewarb.«
»Was man Ihnen in der Verwaltung gesagt hat, ist mir nicht bekannt. Diese Arbeit war sinnlos. Es stand lange fest, daß die Leichen heute abend ins Krematorium gebracht werden sollten.«
»Jedenfalls ist dieser Fehler im Verwaltungsbüro gemacht worden. Wird der Lohn trotzdem richtig ausbezahlt?«
»Für eine völlig überflüssige Arbeit?« erwiderte der Dozent kühl. »Ich weiß nicht. Da müssen Sie den Verwalter fragen.«
Ich ging zum Verwalter, der die Treppe demonstrativ langsam herunterkam. Aber er wandte wortlos und verärgert sein Gesicht ab.

»Eine üble Sache«, sagte ich.
»Helfen Sie erst einmal die Leichen heraustragen. Über den Lohn können Sie selber mit der Verwaltung verhandeln«, sagte der Dozent.
»Aber ich hatte ausgemacht, daß ich nur bis sechs Uhr arbeite. Ich glaube nicht, daß die Überstunden extra bezahlt werden.«
Der Dozent gab keine Antwort. Er setzte rasch seinen Mundschutz auf und knipste am Eingang des Leichenraumes das Licht an. Im Schein der elektrischen Birne wirkte die Haut der Toten in der neuen Wanne nicht mehr hart und verschrumpft, sondern schwammig aufgequollen, viel häßlicher und fremder als im Licht des Kellerfensters.
Der Dozent trat auf die Wanne zu und hockte sich nieder.
»Also, sehen Sie sich das an!« rief er. »Die neue Alkohollösung ist ja völlig verfärbt!«
Auf seinem Gesicht, das er uns zuwandte, schwammen rote Flecken des Ärgers. Barsch sagte er zum Verwalter, der nicht antwortete:
»Dafür sind Sie verantwortlich! Das kann Sie Ihre Stellung kosten! Wenn hier bis morgen keine neue Lösung aufgefüllt ist, haben Sie die Konsequenzen zu tragen. Und die Kosten für die Lösung auch, die ist nicht billig.«
»Es ist aber gar nicht sicher, ob wir das bis morgen früh schaffen«, sagte einer der Arbeiter.
»Um so schlimmer«, sagte der Dozent mit Nachdruck. »Morgen kommt im Laufe des Vormittags eine Delegation vom Kultusministerium zur Besichtigung. Es steht fest, daß bis dahin beide Wannen, die neue und die alte, gereinigt und mit neuer Lösung gefüllt sein müssen.«
»Ich trage meine Verantwortung«, preßte der Verwalter hervor. »Wenn ich das Reinigen besorge, ist doch alles in Ordnung, oder?«
»Hoffentlich«, sagte der Dozent noch kühler und hob die Schultern.
Wir zogen die Gummimäntel und Handschuhe an und be-

gannen mit dem Leichentransport. Je zwei Mann arbeiteten zusammen. Die Leichen wurden herausgehoben, durch den Korridor hinausgeschafft und mit dem Lift, der zum Anatomie-Hörsaal führte, hinaufgefahren und dann auf die Lastwagen des Krematoriums geladen, die mit der Pritsche bis dicht an den Lieferanteneingang herangefahren waren. Bei den Lastwagen waren noch andere Arbeiter, die mithalfen, aber die Arbeit war sehr schwer, und ich kam bald außer Atem. Mein Körper war in Schweiß gebadet. Es regnete unaufhaltsam, obwohl der Regen jetzt zu einem feinen, fast wie Nebel wirkenden Sprühen geworden war, und wenn ich beim Aufladen im Freien stand und mich in den Lastwagen beugte, wurden mir Nacken und Wangen naß. Es war sehr schwer, die Leichen fachgerecht auf den Pritschen der beiden Lastwagen aufzuschichten. Eine der Leichen rutschte den Arbeitern aus der Hand und kippte auf den Erdboden.

»Behandelt sie vorsichtig!« schrie der Verwalter mit vor Ärger zitternder Stimme.

»Diese Burschen sind Luxusartikel«, murmelte einer der Arbeiter.

Es war nun völlig dunkel geworden. Wir arbeiteten emsig, aber wir kamen nicht recht voran. Der Verwalter setzte sich mit verschränkten Armen auf einen der Seziertische, und nach einigem Zögern wandte er sich demütig an den Dozenten, der unsere Arbeit schlechtgelaunt verfolgte.

»Wie wär's, wenn Sie die Universitätsklinik anriefen und noch einige Arbeiter kommen ließen. Mit diesen hier schaffen wir es auf keinen Fall.«

»Rufen Sie doch an«, versetzte der Dozent. »Die Arbeit in diesem Raum untersteht ja wohl Ihrer Verantwortung!«

Der Verwalter neigte widerwillig, aber untertänig den Kopf und ging die Treppe hinauf zur Verwaltung.

Mir war klar, daß der Dozent nicht die Absicht hatte, in der Zwischenzeit mit mir zu zweit weiterzuarbeiten. Ich lief daher schnell die Treppe hinauf und ging zu dem Zimmer, in dem die Studentin lag.

Als ich die Tür öffnete, war die Schwester nicht da. Die Studentin lag auf dem Sofa, ihren kleinen Körper in eine Decke gehüllt, und drehte sich nach mir um.
»Wie geht's?« fragte ich.
»Ich weiß noch nicht. Die Ärzte sind alle beschäftigt und konfus, weil morgen jemand vom Kultusministerium kommen soll«, sagte sie und verzog das Gesicht. »Die Schwester ist deshalb in die Universitätsklinik gegangen. Die Schmerzen haben zwar nachgelassen, aber ich kann unmöglich aufstehen.«
»Sie haben die ganze Zeit allein hier gewartet?«
»Das läßt sich nicht ändern.«
Ich zog einen hölzernen Schemel zum Sofa und setzte mich.
»Die Verwaltung hat offenbar einen Fehler gemacht. Es scheint, daß die Arbeit, die wir im Laufe des Tages verrichtet haben, vergeblich war. Es sind Arbeiter von der Klinik gekommen, die alle Leichen abtransportieren.«
»Was machen sie mit den Leichen?«
»Die sollen eingeäschert werden.«
»Also«, sagte die Studentin kraftlos, »also war das Umsetzen in die neue Wanne und das Festbinden der Nummernschilder völlig umsonst.«
»Ja, es ist fast ein Witz.«
Die Studentin drehte sich weg und lachte mit leiser Stimme, die sich an der Wand des engen Zimmers brach und schwach widerhallte. Auch ich wollte lachen, aber mein Gelächter blieb mir im Halse stecken. Ich zog die Decke wieder zurecht, die von der Studentin herabgerutscht war. Ihr Körper zitterte leicht unter meinem Arm, als fliehe das Lachen unter ihrer Haut in leisen Wellen davon.
»Da habe ich nun Buch geführt und die alten und die neuen Nummern auf sorgfältig gezogenen Zeilen zusammengeschrieben!« Dabei wurde ihr Gesicht krebsrot von erneutem Lachen, das aber nicht zum Klang wurde, sondern unvermittelt in Japsen überging.

Ich stand auf. »Ob wir es schaffen, alle Leichen bis morgen früh auf die Lastwagen zu legen, ist noch nicht abzusehen. Was aus unserem Lohn wird, ist auch nicht klar.«
Die Studentin zog die Augenbrauen hoch. Ihr Gesicht wirkte wie klamm vor Kälte. Das Lachen war völlig verschwunden.
»Sie stinken«, sagte sie plötzlich und wendete ihr Gesicht ab. »Sie stinken furchtbar.«
Sie blickte eigensinnig zur Decke. Ich sah auf ihren kräftigen Nacken, der schmutzig war, und unterdrückte die Worte: Sie stinken auch. Ihr Gesicht wirkte alt und erschöpft, sie sah aus wie ein kranker Vogel. Es wäre mir unerträglich, wenn ich selbst einen solchen Gesichtsausdruck hätte.
»Gehen Sie bitte raus, ich vertrage den Geruch nicht«, sagte sie.
Ich fühlte meinen schweißdurchnäßten Körper mit einemmal kalt werden. Ich schloß den Kragen des Gummimantels und verließ das Zimmer.
Vor dem Anatomie-Hörsaal traf ich den Verwalter, der gebeugten Ganges zurückkam. Er streifte mich achtlos und sagte resigniert:
»Es ist schon Feierabend, da können keine Arbeiter mehr kommen. Es wird schwer sein, mit den wenigen Leuten die Arbeit heute nacht noch zu schaffen.«
»Das läßt sich nicht ändern«, sagte ich.
»Sie können sich doch noch erinnern, daß Ihnen die Arbeit von jemandem aus der Verwaltung erklärt worden ist und nicht von mir. Merken Sie sich das gut.«
Ich nickte unschlüssig und löste mich von der schweren Hand, die mir der Verwalter auf die Schulter gelegt hatte. Ich betrat den Anatomie-Hörsaal und ging zum Leichenausgang hinüber. Wie durch ein Schalterfenster sah ich die Leichen mit den weiß hervorschimmernden Fußsohlen in mehreren Lagen übereinander auf der Pritsche des Lastwagens liegen. Sie wirkten sehr fremd. Ich strengte meine Augen an, aber in der Dunkelheit konnte ich die Nummernschilder, die wir an

den großen Zehen der Toten festgebunden hatten, nicht erkennen.
Der Lift kam mit leisem Rollen herauf, und die Arbeiter trugen weitere Leichen durch den Transporteingang hinaus und verluden sie wie Schachteln. Aus einem dunklen Winkel, der von der Lampe nicht beleuchtet wurde, kam ein kräftiger Arm hervor und schob die Leichen auf die Pritsche des Lastwagens. Die Toten bewegten sich etwas und drehten die Fußsohlen zur Seite wie beim Öffnen eines Fächers, bis sie festgerüttelt wurden.
»He, stehen Sie nicht herum«, sagte einer der Arbeiter zu mir.
»Was?« fragte eine mürrische Stimme unter der Pritsche des Lastwagens hervor.
Ich ging in den Korridor hinaus.
Ich war mir bewußt, daß ich die ganze Nacht durcharbeiten mußte. Die Arbeit fiel mir schwer und war mir lästig. Überdies würde ich danach, um meinen Lohn zu bekommen, selbst zur Verwaltung hingehen und unangenehm verhandeln müssen. Unmut stieg mir in der Kehle auf wie eine Geschwulst und kam nach jedem Schlucken wieder hoch.
Ich stürmte die Treppe hinunter.

Übersetzt von Margarete Donath
und Itsuko Gelbrich

Nachwort

Im frühen fünften Jahrhundert übernahm Japan die chinesische Schrift und entwickelte später aus sinnentleerten und verkürzten chinesischen Schriftzeichen zusätzlich noch zwei eigene Silbenschriften: die Kombination aus diesen drei Zeichentypen bildet die japanische Schrift. Wie in China galt auch in Japan das Schreibenkönnen als Grundmerkmal jeder Bildung, und die hochgeschätzte Kunst der Kalligraphie war sowohl mit Malerei als auch mit Poesie eng verbunden. Von der Frühzeit an hatte die japanische Intelligenz ein enges Verhältnis zur Literatur und entwickelte viele Gattungen von Poesie und Prosa. Aber auch das ganze Volk hegte immer eine große Achtung und Neigung für den literarischen Ausdruck; so pflegte es zum Beispiel Gedichtwettbewerbe als Gesellschaftsspiel. Nach der Verbreitung des Holzblockdrucks stillte das breite Bürgertum seit dem siebzehnten Jahrhundert seinen Lesehunger mit Trivialliteratur, die sich manchmal zu literarischem Rang aufschwingen konnte.
Mitte des neunzehnten Jahrhunderts wurde Japan, das sich unter der Herrschaft der Shōgun-Militärregenten fast ein Vierteljahrtausend gegen die Außenwelt nahezu völlig abgeschirmt hatte, durch die Ausländer – zuerst 1853 durch die Kanonenrohre amerikanischer Kriegsschiffe – zu einer Öffnung gezwungen und eignete sich nach der Meiji-Reform von 1868 in atemberaubender Schnelligkeit die politischen und administrativen, juristischen und militärischen, wirtschaftlichen und technischen Errungenschaften des Westens an. Auch Kultur und Kunst des Abendlandes – und hier besonders die Literatur – strömten jetzt herein. Hunderte von Übersetzungen erschlossen den Japanern wichtige Kostproben der westlichen Literatur.

Die moderne japanische Literatur beginnt mit einem Neuansatz. Fasziniert von der Begegnung mit dem völlig Neuen, adaptierte sie alles ihr Kongeniale aus dem abendländischen Schreiben und Denken. Nach zwei Jahrzehnten intensiver Übersetzertätigkeit, mit den ersten bedeutenderen Eigenleistungen ab etwa 1885, hatte sich die japanische Moderne bis 1910 etabliert – dem Jahr, als Japan sich, nach seinen Siegen über China 1895 und Rußland 1905, durch Annexion Koreas 1910 unter die Kolonialmächte einreihte.
Parallel zu den literarischen Strömungen des Westens, aber natürlich mit Abwandlungen und Verformungen, entstanden auch in der japanischen Moderne Gruppen wie Naturalisten (und Realisten) einerseits und die manchmal vereinfachend als Anti-Naturalisten zusammengefaßten Gruppen andererseits, zu denen Idealisten und Romantiker, Surrealisten und Symbolisten bis zu Ästhetizisten des L'art-pour-l'art gehörten.
Einer der wichtigsten Avantgardisten und Exponent der sogenannten »Intellektuellen Schule« war der Anglist Akutagawa Ryūnosuke (1892–1927), der in nur dreizehn Schaffensjahren bis zu seinem frühen Freitod über hundertfünzig Erzählungen mit breiter Themen- und Stimmungsvielfalt – lyrische und historisierende, symbolische und satirische Novellen – schuf, alle in meisterhafter psychologischer Vertiefung und mit bestechender Brillanz in Struktur und Sprache, darunter die durch Verfilmungen international bekanntgewordenen Stücke »Rashōmon« und »Das Höllentor«. Der nach ihm benannte, 1935 eingerichtete Akutagawa-Preis wurde zum begehrtesten japanischen Literaturpreis und zu einem verkaufssichernden Markenzeichen – die meisten der in unseren Band aufgenommenen Autoren haben ihn erhalten.
Als führende Figur der Ästhetizisten kann Tanizaki Jun'ichirō (1886–1965) gelten, ein Meister in der Darstellung erotischer Beziehungsstörungen, dessen vor allem im Frühwerk aufscheinender Sado-Masochismus auch als »Diabolismus«

klassifiziert wurde. Solche Grundzüge wie auch den später immer wieder ausgedrückten Drang nach Selbstzerstörung durch Hingabe an eine dominierende weibliche Figur zeigt schon sein 1910 veröffentlichtes, aufsehenerregendes Debütwerk, die in unseren Band aufgenommene Erzählung »Tätowierung«. Tanizakis Bilder menschlicher Leidenschaften spielen oft im Spannungsfeld zwischen westlicher und östlicher Kultur, deren gleichberechtigte Elemente er in seinem Alterswerk zu gelungener Synthese brachte.

Eine der bedeutendsten Gruppen der zwanziger Jahre war der um die Literaturzeitschrift »Weiße Birke« (Shirakaba) gescharte Kreis humanitär denkender Autoren meist vornehmer Herkunft, die einen teils an den Buddhismus, teils an das Christentum, teils an abendländische Humanitätsphilosophie angelehnten Idealismus mit der schon von Tolstoi und Dostojewski formulierten Forderung nach egoismusfreier Menschlichkeit propagierten. Zu den Mitbegründern der »Weißen Birke« gehört Shiga Naoya (1883–1971), ein Meister des gepflegten Stils, der in grüblerischer Reflexion die Frage nach der eigenen Mitschuld am Unheil dieser Erde stellt. Dieser Kreis löste sich 1923 auf, als nach dem großen Erdbeben von Tōkyō viele Schriftsteller aus der zerstörten Hauptstadt in das alte Kulturzentrum Kyōto-Ōsaka umsiedelten, was ein wieder stärkeres Hervortreten traditioneller japanischer Werte in der Literatur zur Folge hatte.

Danach formierte sich 1924 die Gruppe der vom europäischen Futurismus und deutschen Expressionismus beeinflußten »Neosensualisten«. Zu ihnen wird Kawabata Yasunari (1899–1972), der spätere PEN-Club-Vorsitzende (1948–65) und erste japanische Nobelpreisträger (1968), gezählt.

Ab 1925 rückte die seit der Oktoberrevolution von 1918 bestehende Sammelgruppe der »Proletarischen Literatur« stärker ins Blickfeld, mit Sozialisten verschiedener Provenienz, Marxisten und Pazifisten, meist aus unterprivilegierten Schichten stammenden Autoren, die oft mit der 1922 gegründeten und 1923 schon wieder verbotenen Kommunistischen Partei Japans in Verbindung standen. Dieser Gruppe waren auch Autorinnen assoziiert, die später zu Ruhm gelangten. So Sata Ineko (geb. 1904), die bei verschiedenen Organen der »Proletarischen Literatur« mitarbeitete, mehrmals der Kommunistischen Partei angehörte und wegen ihrer Teilnahme an Truppenbetreuung im Kriegsgebiet und einem nationalistischen Schriftstellerkongreß während des Pazifischen Krieges dann wieder ausgeschlossen wurde, die aber ihr Leben lang, auch nach landesweiter Ehrung durch zahlreiche Preise und Würdigung ihrer Werke durch Aufnahme in Sammelbandreihen der Gegenwartsliteratur, eine streitbare »Linke« mit dem Ziel der Veränderung der Gesellschaft blieb. Oder Enchi Fumiko (1905–1986), die in den zwanziger Jahren zu den »Proletariern« in Kontakt stand und später, nach sehr reichem dramatischem und erzählerischem Lebenswerk, das in Form und Inhalt viel japanisches Erbe bewahrt, Vorsitzende des Schriftstellerinnenverbandes (1968–76), Mitglied der Akademie der Künste (ab 1970) und Trägerin des höchsten japanischen Kulturordens (1985) wurde.

Alle diese Gruppen entstanden in Japan als literarische Zirkel Gleichgesinnter, geschart um eine Zeitschrift, um einen führenden Literaten als »Meister« oder um Literaturwissenschaftler an den Universitäten. Manche dieser Zeitschriften konnten sich später zu Verlagen auswachsen, wie die »Neuen Strömungen« (Shinchō) – hervorgegangen aus den von Akutagawa mitbegründeten »Neuen geistigen Strömungen« (Shinshichō) –, die zu einem der größten Buchverlage wurde, der einen eigenen Literaturpreis stiftete.

Obwohl sich die literarischen Gruppen zum Teil heftig befehdeten, bildeten sie gemeinsam als »Literarische Welt« (Bundan) – als elitärer Ort der geistigen Auseinandersetzung – eine Gesellschaft in der Gesellschaft. Wirtschaftlichen Rückhalt und öffentliches Forum zugleich boten den Autoren die drei großen, zusammen über eine Million Auflage erreichenden Tageszeitungen mit ihrer täglichen Literaturseite und andere Wochen- und Monatsblätter mit ihrem Literaturteil.

Diese Formation der »literarischen Welt« bildete eine Zeitlang einen gewissen Schutz gegen den aufkommenden Faschismus, der seit der japanischen Besetzung der Mandschurei 1931 militärisch in Erscheinung trat. Nach den ersten Verhaftungswellen von 1932/33, die hauptsächlich die »Proletarier« betrafen, formierten sich die Literaten 1933 nochmals um die neue Zeitschrift »Literaturwelt« (Bungakukai), mit so bedeutenden Autoren wie dem heute als Vorbild komprimierter Erzählkunst geltenden Ibuse Masuji (geb. 1898), die sich um die Erhaltung der Kunst bemühten. Doch nach dem Antikominternpakt mit Hitler 1936 und der japanischen Eröffnung des Krieges gegen China 1937 war die polizeistaatliche Knebelung der Geistesfreiheit nicht mehr aufzuhalten. Die nationalistische Fanatisierung Japans während des Zweiten Weltkriegs schlug eine Öde ins Feld der literarischen Produktivität. Eine japanische Widerstands- oder Exilliteratur gibt es nicht. Lediglich eine Flucht in formale Sprachexperimente versuchte die Gruppe »Matinée poétique« ab 1942 mit monatlichen Leseveranstaltungen. Aber im ganzen setzt das verbitterte Schweigen der inneren Emigration eine scharfe Zäsur vor die Nachkriegsliteratur.

Der Ende 1945 gegründete neue Verband um die ab März 1946 erscheinende Zeitschrift »Neue japanische Literatur« (Shin-Nihon-bungaku), formal unter der Kontrolle der US-Besatzungsmacht, begann unter der Wortführung ehemaliger »Proletarier« mit dem Versuch einer literarischen Vergangenheitsbewältigung, verlor aber, durch innerkommunistische Richtungskämpfe geschwächt, seine Bedeutung an die ebenfalls 1946 gegründete Gegen-Zeitschrift »Moderne Literatur« (Kindai-bungaku), die die eigentliche freie Plattform und der kritische Impulsgeber für die neue Literatur wurde.

Die Nachkriegsliteratur begann mit der vom Existenzialis-

mus eines Sartre und Camus gespeisten, nihilistischen bis radikalistischen »Après-Literatur«, deren Nachwirkungen sich noch zwei Jahrzehnte später bei Japans zornigen jungen Männern als Rat- und Maßlosigkeit zeigten.
In den fünfziger Jahren hat – zugleich mit der Wiedererlangung der staatlichen Souveränität (1952) und der politischen Stabilität Japans und seinem wirtschaftlichen Aufschwung – auch die japanische Literatur ein neues Wachstumsstadium erreicht. In der konsolidierten Demokratie und ihrer unbeschränkten Meinungsfreiheit belebte sich die »Literarische Welt« reicher und vielfältiger als zuvor, aber ohne die frühere Funktion einer in sich geschlossenen Gesellschaft. Die einzelnen Autoren schrieben ohne Gruppenzugehörigkeit direkt aus eigener Erfahrung, die oft stellvertretend für das Erleben aller stand. Als eine Sondergattung spiegelt die »Atombombenliteratur« das Schicksal der Nation.
Schon mit dem Naturalismus der Jahrhundertwende, der sich damals bei den meisten japanischen Autoren auf ihren privaten Lebensbereich beschränkte, hatten die Schriftsteller – auf ihrer Suche nach literarischer Wahrheit – mit ihrer Entdeckung der eigenen Naturtriebe und der Entwicklung eines modernen Ich-Empfindens die Stilform des Ich-Romans wiederbelebt, den auch die traditionelle japanische Literatur schon angeboten hatte. Die Form der Ich-Erzählung, die der japanischen Mentalität naheliegt und die nach 1905 besonders wegen ihrer emotional bekenntnishaften Wahrhaftigkeit geschätzt wurde, blieb durchgehend bis heute beliebt, wobei man aber über die reine Autobiographie hinausging und zur allgemeingültigen Aussage vorstieß.
Die sechziger Jahre waren politisch wie literarisch das unruhige und engagierte Jahrzehnt, das seit 1960 mit Demonstrationen gegen den japanisch-amerikanischen Sicherheitspakt angefüllt war und in die weit ausufernden Studentenrevolten von 1968 einmündete.
Sicherlich der Begabteste unter den engagierten Autoren ist Ōe Kenzaburō (geb. 1935), der in seinem umfangreichen

Werk, einerseits bis zum Anfang der Meiji-Modernisierungsperiode zurück und andererseits in der Gegenwart über Japan hinaus gehend, ein weites Problemspektrum mit ethischem Verantwortungsbewußtsein behandelt und dem Leser dabei immer das betroffene und verletzte Ich eindrucksvoll nahebringt. Fast als Ōes Kontrahent erscheint die zweite herausragende Schriftstellerpersönlichkeit, der geniale Könner Mishima Yukio (1925–1970). Sein ganz anderes Engagement, das den »reinen Geist Japans« wiederzubeleben und das Kaisertum zu erneuern suchte, führte ihn zu theatralisch wirkenden politischen »Happenings«, die ohne Widerhall blieben und ihn bis in den spektakulären Seppuku-Selbstmord trieben.
Eine Reihe weiterer Autoren erlangte ihre Reife und Gültigkeit in diesem Jahrzehnt, so der gelegentlich als »Stoiker« bezeichnete Yasuoka Shōtarō (geb. 1920), ein dem Grundthema des Mißerfolgs verpflichteter Erfolgsautor, der in nüchternem Erzählstil die Schwäche und Bedeutungslosigkeit des eigenen Ichs enthüllt und der Lächerlichkeit preisgibt, wie auch der elegante Stilist Yoshiyuki Junnosuke (geb. 1924), der den unter Alltäglichem und Banalem verborgenen erotischen Regungen nachspürt und feine Beziehungsknüpfungen aufdeckt und der nicht selten aus der gesellschaftlichen Achtung Verbannte wie z. B. Prostituierte zu seinen Helden macht.
Die siebziger Jahre brachten mit sensationellem Wirtschaftserfolg und neuem Wohlstand endlich die Herausbildung eines selbstbewußten und selbstverständlichen modernen Lebensgefühls. Als Zeichen dafür treten nun auch die Frauen als Autoren immer stärker hervor. Schon in der alten japanischen Literatur waren weibliche Autoren oft von tonangebender Wichtigkeit gewesen und hatten zur Herausbildung einer typisch japanischen Ästhetik grundlegend beigetragen, waren dann aber unter der patriarchalischen Bevormundung der letzten Jahrhunderte vor der Meiji-Reform verstummt. Mit Anbruch der Moderne hatten sich seit den Heroinen der

Gründerzeit in ununterbrochener Kette Autorinnen verschiedener Richtungen zu Wort gemeldet. Aber ab jetzt und in den achtziger Jahren scheinen sie fast in der Überzahl zu sein, und auch wenn sie zumeist leise und sensationslos erzählen, ist ihre künstlerische Qualität zu gutem Niveau herangereift. Viele von ihnen bevorzugen noch immer die subjektive, privat-intime Sphäre der Ich-Erzählung. Und bei den meisten finden wir, offen oder versteckt, Sozialkritik.
Unter den etablierten Autorinnen ragen zwei starke Frauen heraus: Kōno Taeko (geb. 1926) entblößt in ihrem Frühwerk in »bösem Ästhetizismus« mit kalter, auch gegen sich selbst schonungsloser Analyse häufig sadistische Neigungen, betont aber in späteren Werken mehr ihren Hunger nach Freiheit an vielschichtig überlagerten Beispielen psychischen oder physischen Eingeschlossenseins, wie bei dem »Eisenfisch« genannten menschlichen Torpedo, dem Gegenstück des Kamikaze-Fliegers. Und Ōba Minako (geb. 1930) überragt ihre Kolleginnen nicht nur in ihrer an Kawabata geschulten Ausdrucksweise mit Formulierungen voller geballter Kraft, sondern auch dadurch, daß sie durch ihren zwölfjährigen Aufenthalt in Nordamerika über einen selbstverständlichen Umgang mit westlich freien Moralvorstellungen verfügt und das Hauptthema der japanischen Frauenliteratur, die Abtakelung der noch immer gestellten Patriarchatsansprüche des japanischen Mannes, sicherer angehen kann.
Die vielgereiste Ariyoshi Sawako (1931–1984), eine mit Quellenstudium und Feldforschung arbeitende Soziografin, traf in zahlreichen Theaterstücken und einem reichen Prosawerk im neuen Sachbuchstil, das bei aktuellen Themen dennoch viel traditionelles Japan schildert, den Geschmack des Publikums und wurde zur populären Bestseller-Autorin. Die jüngere Tsushima Yūko (geb. 1947), die zwischen 1976 und 1983 fünf Literaturpreise erhielt, fand mit flüssigem und doch diszipliniertem Stil und mit aktuellen, aber Tradition und Folklore einbeziehenden Themen den Beifall zunächst besonders des weiblichen Publikums, ist aber von der »reprä-

sentativen Autorin« zur »Repräsentantin der jungen Autoren« aufgestiegen. Kanai Mieko (geb. 1947), die neunzehnjährig zu veröffentlichen begann und sehr bald Preise erhielt, beschreibt – hier unter dem falsche Erwartungen weckenden Titel »Platonische Liebe« – selbstironisch die Geburtswehen beim Kreieren einer kleinen Kurzgeschichte, und über dem heiklem Thema des Plagiats geraten ihre Selbstzweifel zum psychologischen Verwirrspiel bis zur Gefahr der Selbstaufgabe.

Hatte es im Überschwang der allerersten Gründerjahre der modernen Literatur viele Stimmen gegeben, die die eigene japanische Tradition als ungenügend und veraltet über Bord werfen wollten, so merkten Kritiker und Autoren schon bald, daß das traditionell Japanische sich nicht, weder im Inhalt noch in der Form, einfach tilgen ließ und daß es andererseits auch gar nicht verleugnet, sondern im Gegenteil weiter gepflegt und wieder betont werden sollte, weil im Einbinden des eigenständig Japanischen in die moderne Literatur eben Japans Beitrag zu Weltliteratur bestehen könnte.

Einer der wichtigsten unter den jüngeren japanischen Autoren, der diesen Beitrag zweifellos leisten kann, ist der »junge Wilde« Nakagami Kenji (geb. 1946), der seiner Herkunft nach zu den »Parias« (Burakumin) gehört und auch noch als illegitimes Kind von »ganz unten« kommt, sich aber ein außerordentliches Wissen angeeignet und einer betont intellektuellen Literatengruppe angeschlossen hat. In der urwüchsigen Landschaft seiner Heimatregion Kumano fest verwurzelt, fügt er – unbekümmert um formale Gebote, Konventionen und Tabus – Kulturbruchstücke aus der buddhistischen oder schintoistisch-naturreligiösen Überlieferung, aus der Märchen- und Sagenwelt oder aus alten Nō-Spielen eigenwillig zu einem Puzzle zusammen, das oft von schicksalsschwerer Trauer erfüllt ist und aus dem Traumhaft-Unbewußtes und Archaisches hervorbrechen kann.

In konträr anderer Weise bringt der vierzig Jahre ältere, mehrfach für den Nobelpreis vorgeschlagene Inoue Yasushi (geb. 1907) in Form und Inhalt japanische beziehungsweise fernöstliche Tradition in sein Werk ein. Als eigenes Reiseerlebnis, meist in trockenem Annalenstil geschildert, rückt er alte ost-westliche Kulturverbindungen wie die von China über die Wüsten Zentralasiens bis ins alte Römische Reich führenden Seidenstraßen ins Gedächtnis. Die westliche Art jedoch, das überwältigende Erlebnis der grandiosen Wüstenlandschaft in ihrer Unendlichkeit, Erhabenheit und tödlichen Gefährlichkeit dem Leser möglichst hautnah zu vermitteln, vermeidet der japanische Autor völlig und handelt das Thema indirekt ab, mit dem Stilmittel des Briefes an einen Toten und zusätzlich mit der tief in der literarischen Tradition Japans verhafteten Kunstform der Verserzählung: aufgehängt an einem immer wieder zitierten Siebzehnsilben-Gedicht, das in der japanischen Heimat verfaßt und auf seine Landschaft bezogen wurde und dessen Nichtzutreffen auf den so ganz anderen, eben unbeschreiblichen Charakter der Wüste die wesentliche – und typisch japanische – Aussage ist.

Die Rückbesinnung der japanischen Autoren auf die eigenen Werte wird aber durchaus verbunden mit herbem Tadel der eigenen Mängel. Was wir Ausländer als Kritik an unserem fernöstlichen Konkurrenten kaum zu äußern wagen würden, das besorgen die japanischen Autoren gründlich selber. Die von ihnen reichlich aufs Korn genommenen Schwächen sind aber nicht nur solche, die aus der japanischen Tradition erwachsen, sondern auch solche unseres Gesellschaftssystems oder der menschlichen Natur überhaupt.

Die Fülle und Vielfalt der modernen Literaturerzeugnisse, von denen hier aus Platzgründen nur eine winzige, aber – wie wir hoffen – doch repräsentative Auswahl vorgestellt werden konnte, entspricht der althergebrachten Hochschätzung und Aufnahmebereitschaft des japanischen Publikums für die Literatur.

Margarete Donath

Zu den Autoren

AKUTAGAWA RYŪNOSUKE, geb. 1892 als Sohn eines Milchhändlers, Freitod 1927, lebte in Tōkyō. Wegen Geisteskrankheit der Mutter 1903 von der Familie eines Onkels mit dem Namen Akutagawa adoptiert. 1913–1916 Studium der englischen Literatur an der Kaiserl. Universität Tōkyō, Englischlehrer, ab 1919 freier Schriftsteller. Gesammelte Werke in 8 Bänden (Erstausgabe: Iwanami-Verlag).

ARIYOSHI SAWAKO, 1931–1984, geb. in Wakayama als älteste Tochter eines Bankangestellten, 1937–41 wohnhaft in Jakarta. Schon während ihres durch einjährige Krankheit unterbrochenen Studiums der englischen Literatur in Tōkyō verfaßte sie Theaterstücke. 1951 Gewinn des Wettbewerbs der Theaterzeitschrift ›Engekikai‹. Zahlreiche Fernsehspiele, 1957 dafür Förderpreis des Kultusministeriums. Debüterzählung 1956 für Akutagawa-Preis vorgeschlagen; seitdem zahlreiche Romane und Novellen. 1959 Reise nach New York (Rockefeller-Stiftung), 1960 in elf Länder Europas und des Nahen Ostens; drei Chinareisen 1961, 1965 und 1978; Studienaufenthalt in Neuguinea 1968. Kurze Ehe 1962–64, Geburt einer Tochter 1963. Bahnbrecherin für Frauenliteratur, Bestseller-Autorin. Mehrere Zeitschriften-Leserpreise, 1970 Sonderpreis des Kultusministeriums; Akademie-Preis u. v. a. 1970/78 Ausgewählte Werke in 26 Bänden.

ENCHI FUMIKO, 1905–1986 in Tōkyō, Tochter des bekannten Japanologen Ueda Mannen. Moderne Koedukationsschule; Studien bei Privatlehrern. 1925 Erstveröffentlichung eines Dramas. Ende der Zwanziger Jahre Freundschaft mit Vertretern der ›Proletarischen Literatur‹, 1930 Heirat mit dem

Journalisten Enchi Yoshimatsu (gest. 1972), 1932 Geburt einer Tochter. 1935 Veröffentlichung einer Dramensammlung, danach Hinwendung zur Prosa. Während des Krieges Etappen-Truppenbetreuung in Nordkorea und Südchina. 1953 Frauen-Literaturpreis. 1977/78 Gesammelte Werke in 10 Bänden. 1968–76 Vorsitzende des Schriftstellerinnen-Verbandes, 1970 Wahl in die Akademie der Künste, 1985 höchster japanischer Kulturorden (Bunka-kunshō).

IBUSE MASUJI, geb. 1898 als Sohn eines Grundbesitzers in der Kleinstadt Kamo der Präfektur Hiroshima. 1917–22 Studium der französischen Literatur an der Waseda-Universität Tōkyō, ab 1921 auch Malerei-Studien. 1923 Debüterzählung, die später in die Schullesebücher aufgenommen wurde. Ab 1927 als freier Schriftsteller in Tōkyō. In den dreißiger Jahren Romane, historisierende Novellen, Gedichtbände. 1941 Propaganda-Einsatz in Singapur; 1943 ein Kriegstagebuch. Unter seiner Nachkriegsprosa 1951 eine Kurzgeschichte mit dem Thema Atombombenabwurf auf Hiroshima, 1965 dann der vielbeachtete Hiroshima-Bestsellerroman ›Schwarzer Regen‹ (Kuroi ame). In seinem Spätwerk gibt er u. a. einen Überblick über fünf Jahrzehnte miterlebte Geschichte der literarischen Welt von Tōkyō (Ogikubofudoki, 1982). Gesamtausgabe in 14 Bänden. Träger aller wichtigen Literaturpreise.

INOUE YASUSHI, geb. 1907 auf Hokkaidō als Sohn eines Militärarztes, wuchs auf bei der Großmutter in ländlicher Umgebung auf der Halbinsel Izu. Studium in Fukuoka und Kyōto bis 1936, dann mehrere Jahre Redakteur bei der Zeitung Mainichi-shimbun in Ōsaka und Tōkyō. 1937/38 sieben Monate Militärdienst in Nordchina. Literarischer Durchbruch 1947, Akutagawa-Preis u. a. Viele seiner Romane spielen in China, bes. im Seidenstraßengebiet Nordwestchinas. 1981 japanischer PEN-Präsident, 1984 internat. PEN-Vizepräsident.

KANAI MIEKO, geb. 1947 in Takasaki. Erste Story-Sammlung sowie preisgekrönte Gedichte 1968, Gedichtsammlung 1971.

KŌNO TAEKO, geb. 1926 als zweites von fünf Kindern eines Großhandelskaufmanns in Ōsaka. Schulzeit unterbrochen von Fabrikarbeit und Kriegsdienstübungen. Wirtschaftsstudium an der Frauenhochschule Ōsaka. 1952 Übersiedlung nach Tōkyō; nachts schriftstellerische Arbeit; lungenkrank. 1961 erster literarischer Erfolg, 1963 Akutagawa-Preis. 1965 Heirat mit dem Maler Ichikawa Yasushi. Seit 1969 umfangreiches Œuvre aus Romanen, Erzählungen, Essays und Theaterstücken; mehrere Literaturpreise. 1983 Präsidentin des Schriftstellerinnenverbandes.

MISHIMA YUKIO, geb. 1925 in Tōkyō als Hiraoka Kimitake, Sohn eines Ministerialbeamten. 1944–47 Jurastudium an der Staatl. Universität Tōkyō, die nachfolgende Beamtenlaufbahn nach neun Monaten abgebrochen. Erstveröffentlichung 1941 unter dem Künstlernamen Mishima, ab 1948 freier Schriftsteller. 1954 Shinchōsha-Preis, Nominierung für den Nobelpreis. Romane, Kurzgeschichten, Essays, Lyrik, Theaterstücke (darunter moderne Kabuki- und Nō-Spiele). 1967/68 Offiziersschule und kurzzeitig Mitglied der Selbstverteidigungsstreitkräfte; 1968 Gründung des Klubs Tatenokai für Studenten mit ähnlicher Truppenerfahrung, Essay ›Zur Verteidigung der Kultur‹. 1970 nach vergeblichem Aufruf zum Aufstand gemeinsam mit vier Klubgenossen Freitod durch rituelles Bauchaufschlitzen.

NAKAGAMI KENJI, geb. 1946 auf der Halbinsel Kishū, die zur mitteljapanischen Landschaft Kumano gehört, die wegen ihrer landschaftlichen Ursprünglichkeit und ihrer tiefen Wurzeln in Brauchtum und Kultur von Nakagami als eine Sonderwelt innerhalb des japanischen Horizonts gesehen wird. Angehöriger der Paria-Schicht (Burakumin) und uneheliches Kind; nach Heirat seiner Mutter mit einem Bandenchef wurde er von diesem adoptiert. Nach Abschluß der Oberschule ging er mit achtzehn Jahren nach Tōkyō, nahm den Namen Nakagami an und arbeitete in verschiedenen Jobs. Ab 1970 Kritiker für Literatur, Film und Theater, dann auch als Erzähler etabliert. Ab 1973 für den Akutagawa-Preis nominiert, den er 1976 erhielt.

ŌBA MINAKO, geb. 1930 als älteste Tochter eines Marinearztes; häufiger Wohnortwechsel, 1944/45 bei Hiroshima lebend, dort als Schülerin zur Trümmerarbeit eingesetzt. 1949–53 Studium der englischen Literatur an der Tsuda-Juku-Universität Tōkyō, Studententheater. Kurzzeitig als Lehrerin tätig. 1955 Heirat, 1956 Geburt einer Tochter, 1959 mit der Familie Übersiedlung nach Sitka, Alaska, bis 1970. Während des USA-Aufenthaltes Studium an den Universitäten von Wisconsin und Washington; Reisen nach Europa, Afrika und Indien. 1969 literarischer Durchbruch und Akutagawa-Preis.

ŌE KENZABURŌ, geb. 1935 als drittes von sieben Kindern auf Shikoku. 1954–59 Studium der französischen Literatur an der Tōkyō-Universität. 1956 erste Veröffentlichung; 1958 Akutagawa-Preis. 1960 Heirat mit der Tochter eines Schriftstellers; Geburt eines schwerbehinderten Sohnes. Reisen nach China und Europa. 1963 Teilnahme an der 9. Weltkonferenz gegen Atom- und Wasserstoffbomben in Hiroshima. Umfangreiches Prosawerk, darunter mehrbändige Romane 1967, 1973, 1979. Mehrere Literaturpreise.

SATA INEKO, geb. 1904 in Nagasaki als Kind einer Schülerliebe (Eltern 14 und 18 Jahre alt; die Mutter verstarb 1911), ab 1915 in Tōkyō. Mit elf Jahren Abbruch des Schulbesuchs und Arbeit in verschiedenen Fabriken und einem Restaurant, später als Geisha. Nach kurzem Aufenthalt beim Vater in der Präfektur Hyōgo (dort erste Gedichtveröffentlichungen 1918) wieder in Tōkyō, 1923 Buchhandlungsverkäuferin. 1924 Heirat, mehrere Selbstmordversuche, Trennung nach einem Jahr, Geburt einer Tochter. Zweite Ehe mit dem linksgerichteten Schriftsteller Kubokawa Tsurujirō und Anschluß an die ›Proletarischen Literaten‹, 1928 Debüterzählung in der Zeitschrift ›Proletarische Kunst‹. Ab 1929 Mitarbeit in Frauenkomitees beim ›Bund Proletarischer Schriftsteller‹ und der ›Proletarischen Kulturliga Japans‹, 1932 Mitglied der Kommunistischen Partei. Redaktionsmitglied, dann Herausgeberin der Zeitschrift ›Die arbeitende Frau‹. 1935 zwei Monate Haft (Verhaftung ihres Mannes schon 1932). Während des Krieges Etappen-Truppenbetreuung in Korea, der Mandschurei, China, Singapur und Sumatra; 1943 Teilnahme am ›Kongreß der Schriftsteller Groß-Ostasiens‹, deswegen 1951 und (nach Wiederaufnahme 1955) nochmals 1964 aus der KP ausgeschlossen. Seit Scheidung 1945 mit ihren drei Kindern alleinlebend. Seit 1946 Pseudonym Sata Ineko. Mitarbeit beim Aufbau des ›Demokratischen Frauenklubs‹, 1956 Teilnahme an der 2. Konferenz für Atom- und Wasserstoffbomben-Verbot in Nagasaki. Zahlreiche Literaturpreise. 1958/60 Gesammelte Werke in 15, 1977/80 in 18 Bänden.

SHIGA NAOYA, 1883–1971, großbürgerlicher Herkunft, lebte in Tōkyō. Kurzzeitiges Studium der englischen Literatur an der Tōkyō-Universität. Ab 1910 im literarischen Zirkel ›Weiße Birke‹ (Shirakaba). Meister des Ich-Romans. Gesammelte Werke in 14 Bänden (Iwanami-Verlag, 1973).

TANIZAKI JUNICHIRŌ 1886–1965, lebte in Tōkyō (Studium der Literatur an der Kaiserl. Universität) und ab 1923 in Kyōto, dort Beschäftigung mit altjapanischer Literatur. Westliche Vorbilder Poe, Wilde, Baudelaire u.a. Gesammelte Werke in 28 Bänden (Verlag Chūō-kōron, 1966–70).

TSUSHIMA YŪKO, geb. 1947 in Tōkyō mit dem Vornamen Satoko, Tochter des bekannten Autors Tsushima Shuji alias Dazai Osamu, der das Schriftstelleridol der studentischen Jugend nach dem Krieg war und 1948 Selbstmord beging. Ihr geistig behinderter Bruder verstarb 1960. Studium der englischen Literatur bis 1969. 1970 Heirat; Geburt einer Tochter und eines Sohnes; 1976 Scheidung, danach mit ihren Kindern vom Ertrag ihrer schriftstellerischen Arbeit lebend. Debüterzählung 1969. Tamura-Toshiko-Preis 1976, Izumi-Kyōka-Preis 1977, Frauen-Literaturpreis 1978, Noma-Preis für junge Autoren 1979.

YASUOKA SHŌTARŌ, geb. 1920 auf Shikoku als Sohn eines Militärarztes und einer geistig instabilen Mutter. Häufige Wohnortwechsel zwischen der Mandschurei und Japan. Studium an der Keiō-Universität Tōkyō. 1944 Soldat in der Mandschurei. Während sechsjähriger schwerer Krankheit begann er zu schreiben. Nach dem Krieg literarischer Durchbruch, 1953 Akutagawa-Preis. 1981 Großer Preis der Japanischen Literatur.

YOSHIYUKI JUNNOSUKE, geb. 1924 in Okayama als Sohn des Schriftstellers Yoshiyuki Eisuke; ab 1926 in Tōkyō aufgewachsen. Studium der englischen Literatur an der Tōkyō-Universität ohne Abschluß. Journalist und Schriftsteller seit 1948; lungenkrank. 1954 Akutagawa-Preis, 1978 Noma-Preis u. a. Gesammelte Werke in 8 Bänden (Verlag Kōdansha, 1971/72).

Quellenhinweis

AKUTAGAWA RYŪNOSUKE, Der Faden der Spinne. Aus: Rashōmon. Übersetzung: Jürgen Berndt. © C.H. Beck, München 1985.

ARIYOSHI SAWAKO, Laternchen (Tomoshibi). Aus: Japan erzählt. Übersetzung: Margarete Donath. © Fischer Bücherei, Frankfurt am Main 1969; © 1962 by Ariyoshi Sawako

ENCHI FUMIKO, Ahorn im Winter (Fuyu-momiji, Bungakkai 1959/1. Aus: Das elfte Haus. Übersetzung: Barbara Yoshida-Krafft. © iudicium verlag, München 1987.

IBUSE MASUJI, Das Soldatenlied ›Alte Kameraden‹. Aus: Pflaumenblüten in der Nacht. Übersetzung: Jürgen Berndt. © Ostasien-Verlag, Berlin 1985.

INOUE YASUSHI, Ein Brief aus der Wüste. Aus: Ein Brief aus der Wüste (Literatur aus Japan, 2). Übersetzung: Siegfried Schaarschmidt. © Ostasien-Verlag, Berlin 1985.

KANAI MIEKO, Platonische Liebe (Puraton-teki ren'ai). Für diese Ausgabe erstmals aus dem Japanischen übersetzt von Diana Donath, © Fischer Taschenbuch Verlag GmbH, Frankfurt am Main 1990; die Originalausgabe erschien 1979 im Verlag Kōdan-sha, Tōkyō. © 1979 by Kanai Mieko

KŌNO TAEKO, Der Eisenfisch (Tetsu no uo). Aus: Knabenjagd. Übersetzung: Irmela Hijiya-Kirschnereit. © Insel Verlag, Frankfurt am Main 1988.

MISHIMA YOKO, Rosinenbrot (Budō-pan). Aus: Japan erzählt. Übersetzung: Itsuko Gelbrich. © Fischer Bücherei, Frankfurt am Main 1969. © 1963 by Mishima Yoko

NAKAGAMI KENJI, Der Bergasket. Aus: Ein Brief aus der Wüste. (Literatur aus Japan, 2). Übersetzung: Siegfried Schaarschmidt. © Ostasien-Verlag, Berlin 1985.

ŌBA MINAKO, Blauer Fuchs (Aoi kitsune). Für diese Ausgabe erstmals aus dem Japanischen übersetzt von Margarete Donath, © Fischer Taschenbuch Verlag GmbH, Frankfurt am Main 1990; die Originalausgabe erschien 1973 im Verlag Kōdan-sha, Tōkyō. © 1973 by Ōba Minako

ŌE KENZABURŌ, Stolz der Toten (Shisha no ogori). Aus: Japan erzählt. Übersetzung: Margarete Donath und Itsuko Gelbrich. © Fischer Bücherei, Frakfurt am Main 1969. © 1958 by Ōe Kenzaburō

SATA INEKO, Ihr eigenes Herz (Jibun no mune). Aus: Das elfte Haus. Übersetzung: Hilaria Gössmann. © iudicium verlag, München 1987.

SHIGA NAOYA, Das Verbrechen des Han (Han no hanzai). Aus: Der Flaschenkürbis. Übersetzung: Oscar Benl. © Nymphenburger Verlagshandlung, München 1960.

TANIZAKI JUNICHIRŌ, Tätowierung (Irezĭemi). Aus: Matsuoka-Hass, Japanische Geschichten. Übersetzung: Heinz Brasch. Überarbeitung: Margarete Donath. © H.-Fikentscher-Verlag, Leipzig.

TSUSHIMA YŪKO, Heimlicher Handel (Danmari ichi). Für diese Ausgabe erstmals aus dem Japanischen übersetzt von Diana Donath, © Fischer Taschenbuch Verlag GmbH, Frankfurt am Main 1990; die Originalausgabe erschien 1984 im Verlag Shinchō-sha, Tōkyō. © 1982 by Tsushima Yūko

YASUOKA SHŌTARŌ, Regen (Ame). Aus: Japan erzählt. Übersetzung: Margarete Donath. © Fischer Bücherei, Frankfurt am Main 1969. © 1963 by Yusuoka Shōtarō

YOSHIYUKI JUNNOSUKE, Erdbeeren (Sara no ichigo). Aus: Die Welt erzählt. Übersetzung: Ekkehard Gelbrich. © G. B. Fischer, Frankfurt am Main 1966.

Die Herausgeber und der Fischer Taschenbuch Verlag danken allen Rechteinhabern für die Abdruckgenehmigung.

Der Rechtsnachfolger für die im H.-Fikentscher-Verlag, Leipzig, erschienene Erzählung von Tanizaki Junichirō ›Tätowierung‹ konnte nicht ausfindig gemacht werden. Der Fischer Taschenbuch Verlag verpflichtet sich, rechtmäßige Ansprüche nach den üblichen Honorarsätzen zu vergüten.

fi 1075/1